Innsbrucker Studien zu Literatur und Film der Gegenwart
Band 2

Leben ist Kommunikation und Kommunikation ist Leben, Kommunikation macht den Menschen aus und begründet seine Freiheit. Wer wissen will, welche Möglichkeiten Kommunikation bereitstellt, der ist gut beraten, sich auch mit Literatur und Film zu beschäftigen. Literatur und Film konstruieren, reflektieren, kommentieren, verfremden, entwerfen Wirklichkeit(en), sie haben den Vorzug, dabei nicht an die Regeln der Realität gebunden zu sein.

Die Reihe konzentriert sich auf das, was uns heute am nächsten ist – die Literatur und den Film der Gegenwart. Sie bezieht dabei nicht nur als besonders künstlerisch geltende Arbeiten, sondern populäre Lese- und Filmstoffe, auf Spannung und Unterhaltung zielende Texte und Filme ebenso mit ein. Die von den Arbeiten der Reihe diskutierten Filme und Texte werden als einschlägig angesehen für den Literatur- und Filmbetrieb der Gegenwart und damit auch für die Gesellschaft und die Zeit, in der sie entstanden sind und rezipiert werden.

Vorschläge für die Reihe sind jederzeit gern willkommen.

Reihenherausgeber: Univ.-Prof. Dr. Stefan Neuhaus, Universität Innsbruck.
stefan.neuhaus@uibk.ac.at

„Jetzt ist schon wieder was passiert." Intertextualität in den Brenner-Kriminalromanen von Wolf Haas

von

Claudia Braito-Indra

Tectum Verlag

Claudia Braito-Indra

„Jetzt ist schon wieder was passiert."
Intertextualität in den Brenner-Kriminalromanen von Wolf Haas
Innsbrucker Studien
zu Literatur und Film der Gegenwart, Band 2
ISBN: 978-3-8288-2844-5

Umschlagabbildung: © cyrop | istockphoto.com
Umschlaggestaltung: Sieg/Hieronimi | Tectum Verlag

Besuchen Sie uns im Internet
www.tectum-verlag.de

Bibliografische Informationen der Deutschen Bibliothek
Die Deutsche Bibliothek verzeichnet diese Publikation in der Deutschen Nationalbibliografie; detaillierte bibliografische Angaben sind im Internet über http://dnb.ddb.de abrufbar.

Weil endlich jemand ausspricht, wie es bei uns in Tirol wirklich ist:

„Du musst wissen, in den Alpen schicken die dich noch mit 40 Grad Fieber auf den Berg hinauf. Und oben badest du ein bisschen im Gletscherwasser, das ist gesund. Ich muss ganz ehrlich sagen, das Herzlose hat auch seine Reize […].“[1]

---

[1] Haas 2004, S.43.

Inhaltsverzeichnis

Danksagung

Ich möchte mich an dieser Stelle bei all jenen bedanken, die mich bei der Erstellung dieses Buches unterstützt haben.

Mein erster Dank gilt Univ.-Prof. Dr. Dr. h. c. Stefan Neuhaus, der der mich während des Schreibens betreut und umfangreich unterstützt hat. Sein Engagement hat maßgeblich dazu beigetragen, dass ich meine Arbeit so rasch vollenden konnte. Auch die Veröffentlichung derselben wäre ohne ihn nicht möglich gewesen.

Bedanken möchte ich mich auch bei meiner Familie und allen voran meinen Eltern für die Ermöglichung dieses Studiums und ihre finanzielle Unterstützung.

Besonderer Dank gebührt meinem Ehemann Roland Indra für seine Geduld, sein unerschütterliches Vertrauen in mich und meine Fähigkeiten sowie die stets liebevollen Worte. Dieses Buch widme ich ihm.

Claudia Braito-Indra

Innsbruck, im Oktober 2011

1 Einleitung

Intertextualität ist nicht erst seit der Postmoderne ein beliebtes Mittel bei Autoren, um auf große Vorbilder zu verweisen und die Rezipienten zum „aktiven“ Lesen anzuregen. Wolf Haas gilt als einer der beliebtesten jüngeren Autoren Österreichs, seine Brenner-Romane haben sich in den letzten zehn Jahren zu Kult-Romanen entwickelt. Was das Besondere an diesen Detektivgeschichten ist und warum die Leserschaft von Wolf Haas immer weiter wächst, seine Romane zusehends auch mit Größen der österreichischen Schauspiel- und Kabarettszene verfilmt werden, lässt sich kaum auf eine einzelne Ursache zurückführen. Der beißende Humor, der geniale Sprachwitz, die kreativen Geschichten und nicht zuletzt die Fülle an intertextuellen Bezügen, mit denen sich diese Arbeit befasst, führen zur Popularität und unterstreichen den literarischen Anspruch der Romane.

Für die vorliegende Arbeit wird vorerst die Diskussion um den Textbegriff aufgegriffen, um eine Grundlage für die folgenden intertextuellen Analysen bilden zu können. Es gilt also anfänglich zu klären, was ein „Text“ ist und ob und unter welchen Voraussetzungen auch Kultur, ein Thema oder ein Mythos als Text betrachtet werden können. Ausgehend von den gängigsten Begriffsdefinitionen über die Forschungslage in Sprach- und Literaturwissenschaft wird auf eine, für die Untersuchung der Intertextualität in dieser Diplomarbeit gültige, Definition von „Text“ hingearbeitet.

Anschließend folgt ein Überblick über die Entwicklung der Intertextualität seit Julia Kristevas Definition in den 1960er-Jahren. Es wird herausgearbeitet, anhand welcher Begriffsdefinition eine sinnvolle Analyse von intertextuellen Bezügen überhaupt durchgeführt werden kann.

Kapitel 2 beschäftigt sich schließlich mit den konkreten Analysekriterien der Intertextualität nach Manfred Pfister und Ulrich Broich sowie mit den Formen der Transtextualität von Gérard Genette. Die Messbarkeit der Intensität eines intertextuellen Verweises wird anhand von qualitativen Kriterien und Markierungen im Haupttext aufgezeigt, eine Unterscheidung zwischen Einzeltext- und Systemreferenz wird getroffen.

In Kapitel 3, dem praktischen Analysekapitel, werden unterschiedliche Arten von intertextuellen Bezügen in Haas' Brenner-Romanen aufgezeigt, die Gattungsdefinition wird eruiert. Der richtigen Exegese des Titels als paratextuellem Element in 3.2 folgt die Analyse der von Haas durchgehend eingesetzten Lieder mit leitmotivischem Charakter in 3.3. Den Bezügen auf Werke des literarischen Kanons bzw. auch weniger kanonisierte Literatur widmet sich 3.4.

Geschichte als Text begreift 3.5 und zeigt ausgewählte Beispiele intertextueller Bezüge auf Personen und historische Ereignisse auf. 3.6 verweist auf die zahlreichen Redewendungen und Sprichwörter und ihren oft wörtlichen Gebrauch sowie die für Haas so typischen Sprachspiele in den Brenner-Romanen. 3.7 fasst schließlich kulturgeschichtliche Bezüge zusammen und spricht über die Integration von Markennamen, bekannten Persönlichkeiten und Orten sowie Informationen aus den Bereichen Medien, Politik, Religion und Kirche sowie Kunst und Kultur.

Ob die Brenner-Romane als postmodern oder popliterarisch anzusehen sind, soll in Kapitel 4 diskutiert werden. Im Vergleich mit Umbertos Ecos *Der Name der Rose* und Patrick Süskinds *Das Parfum* werden Ähnlichkeiten bzw. Unterschiede zu als typisch postmodern angesehenen Romanen herausgearbeitet. Der Marken- und Warenkultur in den Brenner-Romanen widmet sich hingegen der Abschnitt über die Popliteratur.

Die abschließende Conclusio fasst die wichtigsten Punkte noch einmal zusammen und gibt einen Überblick über die wichtigsten in der Arbeit herausgearbeiteten Thesen und Bezüge. Die Möglichkeit der Verortung von Haas' Brenner-Romanen in ihrer literarischen Epoche wird ebenfalls angesprochen.

2 Text? Intertext?

2.1 Definition des Textbegriffs

Wie definiert man den Begriff „Text"? Ist ein Text ausschließlich schriftlich oder kann er auch mündlich sein? Kann auch ein Stoff, ein Motiv, ein Mythos[2] als Text betrachtet werden? Obwohl „nahezu alle geistes- und kulturwissenschaftlichen Disziplinen"[3] mit dem Textbegriff arbeiten,[4] konnte bis heute keine einheitliche, spezifische Definition dieses Begriffs gefunden werden.

Ausgehend von Parametern wie z. B. Verknüpfungsweisen, Medialität bzw. medienbezogene Kriterien, Intentionalität und Sinnkonstitution haben sich diverse Begriffskonzepte entwickelt.[5] Um zu einer für meinen Untersuchungsgegenstand relevanten Definition von „Text" zu gelangen, habe ich mich mit der Geschichte des Textbegriffs[6] und unterschiedlichen Textmodellen[7] auseinandergesetzt.

In der Linguistik wird Text als „eine komplex strukturierte, thematisch wie konzeptuell zusammenhängende sprachliche Einheit, mit der ein Sprecher eine sprachliche Handlung mit erkennbarem kommunikativem Sinn vollzieht",[8] definiert. Die semiologischen Textmodelle[9] bekannter Literaturtheoretiker wie Jurij M. Lotman, Roland Barthes und Jacques Derrida „konzipieren Text als (Struktur von) Zeichen"[10] und lehnen sich dabei an

2 Vgl. Broich/Pfister 1985, S. 193.

3 Kammer/Lüdeke 2005, S. 9.

4 Vgl. ebd.

5 Vgl. Müller u. a. 2003, S. 596.

6 Siehe dazu ebd., S. 594-596. Sowie Kammer/Lüdeke 2005, S. 23-73.

7 Vgl. Kammer/Lüdeke 2005, S. 23-73.

8 Linke/Nussbaumer/Portmann 2001, S. 245.

9 Vgl. Kammer/Lüdeke 2005, S. 23-73.

10 Ebd., S. 17.

Ferdinand de Saussures strukturalistische Zeichentheorie[11] an. Lotman spricht zwar davon, dass „Textualität nicht auf literarisch-sprachliche Manifestationsformen beschränkt“[12] sein muss, dass auch ein „künstlerischer Text“[13] möglich sei, bezieht sich dabei aber vor allem auf andere modellierende Systeme[14] „nach dem Typus der Sprache“[15] wie die Malerei oder die Musik. Zudem legt er dem Textbegriff die Definitionen „Explizität“,[16] „Begrenztheit“[17] und „Strukturiertheit“[18] und damit eine recht statische Beschreibung zugrunde. Jacques Derrida und Roland Barthes verweisen hingegen bereits auf die Unmöglichkeit eines statischen Textbegriffs.[19] Wie Barthes verweist auch Gunter Martens darauf, Text als „ein dynamisches Gebilde“[20] zu begreifen.

Die Theorie von Michail M. Bachtin[21] betrachtet Text auch als „das primär gegebene (die Realität) und de[n] Ausgangspunkt jeder geisteswissenschaftlichen Disziplin“.[22] Sie lässt die Möglichkeit eines Textes als etwas Nicht-Schriftliches zu: „Eine menschliche Tat ist ein potentieller Text [...]“[23] – der allerdings immer im Kontext betrachtet werden muss. Und während Bachtin noch „zwischen der Wirklichkeit von Geschichte und Gesellschaft einerseits und den Wörtern, der Rede und der Sprache andererseits“[24] unterscheidet, erweitert Julia Kristeva schließlich den „Textbegriff im Sinn einer allgemeinen Kultursemiotik so radikal“,[25] dass „alles, oder doch zumindest jedes kulturelle System und jede kulturelle Struktur, Text sein

---

11 Siehe dazu Saussure 2001.

12 Kammer/Lüdeke 2005, S. 23.

13 Ebd.

14 Vgl. ebd.

15 Lotman 1973, S. 23.

16 Ebd., S. 83.

17 Ebd., S. 84.

18 Ebd., S. 85.

19 Vgl. Kammer/Lüdeke 2005, S. 17.

20 Ebd., S. 97.

21 Vgl. ebd., S. 172-183.

22 Ebd., S. 181.

23 Ebd., S. 179.

24 Broich/Pfister 1985, S. 7.

25 Ebd.

soll".[26] Ein sehr weit gefasster, entgrenzter Textbegriff also. Welche Problemstellung sich durch Kristevas Textdefinition für den Intertextualitätsbegriff ergibt, soll noch in 1.2 geklärt werden.

Die kulturwissenschaftlichen Modelle[27] von Clifford Geertz[28] und Louis A. Montrose[29] begreifen Text als „Reflexions- und Ordnungsmodell kulturellen Selbstverständnisses".[30] Kulturbeschreibungen können „als Texte zweiter (oder dritter oder vierter ...) Stufe"[31] verstanden werden. Sowohl Geertz als auch Montrose gelten als Vertreter des New Historicism[32], einer theoretischen Dimension, die besonders in Hinblick auf die Interpretation bestimmter Brenner-Romane teilweise hilfreich erscheint. So verweist Haas mitunter auf Ereignisse in der Geschichte,[33] die sich nicht als intertextueller Bezug auf einen einzelnen konkreten Text reduzieren lassen. Vielmehr handelt es sich dabei um Beschreibungen historischer und gesellschaftspolitischer Ereignisse – wie z. B. den Fall Groer in *Silentium!* (in Folge als S! bezeichnet) oder die Umstrukturierung des Rettungssystems in Wien zur Entstehungszeit von *Komm, süßer Tod* (in Folge als KsT bezeichnet) –, also um Themen und Stoffe.

---

26 Ebd.

27 Vgl. Kammer/Lüdeke 2005, S. 247-314.

28 Vgl. ebd., S. 274-292.

29 Vgl. ebd., S. 296-314.

30 Ebd., S. 20.

31 Ebd., S. 21.

32 Der New Historicism, in England und den USA um 1980 erstmals erwähnt, gilt in der Germanistik seit Mitte der Neunzigerjahre als einflussreicher literaturwissenschaftlicher Ansatz. Begründet von Stephen Greenblatt und Louis Montrose beschäftigt sich der New Historicism mit einer „historisch ausgerichteten Kulturkritik" (Culler 2002, S. 175.), einer „kritische[n] Rekonstruktion auf Basis eines überkommenen Geschichtsbildes" (Baasner/Zenz 2001, S. 240.). Ziel des New Historicism ist die Entwicklung einer „Poetik der Kultur" (Baasner/Zenz 2001, S. 240.) auf Basis eines Kulturbegriffs, der auch kulturelle Handlungen als Texte versteht. Siehe dazu auch: Baasner/Zenz 2001, S. 239-242.

33 Wobei Geschichte sich hier nicht nur auf vergangene Ereignisse bezieht, sondern auch das Hier und Jetzt meint, die Realität zur Zeit der Erstellung der Romane. In diesem Sinne verlangt auch der literaturwissenschaftliche Ansatz des New Historicism, auf den ich mich in weiterer Folge beziehen werde, „Anstrengungen, die Gegenwart ebenso zu historisieren, wie die Vergangenheit die Gegenwart geformt hat und die Gegenwart die Vergangenheit neu gestaltet." (Kammer/Lüdeke 2005, S. 312.)

Geertz versteht Kultur als „selbstgesponnene[s] Bedeutungsgewebe“,[34] was der etymologischen Bestimmung von Text sehr nahe kommt:

> Text Sm std. (14. Jh.). Entlehnt aus l. textus »Text«, eigentlich »Gewebe« zu l. textere »weben«, das mit gr. téchnē f. »Handwerk, Kunst, Fertigkeit« verwandt ist (↑Technik).[35]

Der Text wird also zum Knotenpunkt in einem kulturellen Gewebe.

Geertz definiert „Kultur als Text“.[36] Er spricht sich für einen „semiotische[n] Kulturbegriff“[37] aus und fordert dazu auf, „auch kulturelle Handlungen wie Texte zu deuten“,[38] da sich die Gegenstandserschließung nicht auf ausschließlich sprachliche Zeugnisse beschränkt.[39] Louis Montrose besteht auf einer „Neuausrichtung der Achse der Intertextualität“.[40] Aus dem diachronen Text der Literaturgeschichte soll ein synchroner Text eines kulturellen Systems werden.[41] Die „Unterscheidungen zwischen »Literatur« und »Geschichte«, zwischen »Text« und »Kontext«“[42] sind laut Montrose irrelevant, da mit dem Versuch, „die Gesamtheit der Kultur zur Domäne der Literaturwissenschaft zu machen“,[43] diese zu einem „unendlich interpretierbaren Text“[44] wird. Montrose spricht diesbezüglich auch von einer „Geschichtlichkeit von Texten“[45] und einer „Textualität von Geschichte“.[46]

Diese „Verschiebung des Textbegriffs“[47] ist auch im Reallexikon der deutschen Literaturwissenschaft verankert,[48] das bei einem Text ursprünglich

---

34 Kammer/Lüdeke 2005, S. 274.

35 Kluge 2002, S. 914.

36 Kammer/Lüdeke 2005, S. 272.

37 Ebd., S. 280.

38 Baasner/Zenz 2001, S. 241.

39 Vgl. ebd., S. 240.

40 Kammer/Lüdeke 2005, S. 300.

41 Ebd.

42 Ebd., S. 301.

43 Ebd., S. 304.

44 Ebd.

45 Ebd., S. 305.

46 Ebd.

47 Ebd., S. 293.

nur von einer „Folge von Sätzen oder sonstigen sprachlichen Äußerungen, die als Einheit betrachtet werden kann",[49] ausging.

Ungeklärt ist nun noch die Frage, „inwiefern man beispielsweise ein Motiv oder einen Mythos [oder einen Stoff bzw. ein Symbol] als Text auffassen und folglich unter dem Blickwinkel der Intertextualität betrachten will".[50] Wolf Haas bezieht sich in seinen Brenner-Romanen nicht nur auf historische und gesellschaftspolitische Ereignisse, sondern auch auf Motive und Symbole wie z. B. die Rettung als todbringendes statt als heilbringendes Kreuz in KsT, den Staudamm in *Auferstehung der Toten* (in Folge als AdT bezeichnet) als fragwürdiges „Symbol der Republik" (AdT, S. 32) oder den „Knochenmann" als personifizierten Tod in *Der Knochenmann* (in Folge als DK bezeichnet). Broich vermutet den Bereich solcher Bezüge, die nicht auf einen konkreten Text zurückgreifen können, in den „Randzonen der Intertextualität".[51] Allerdings betont er auch, dass Textbezug und z. B. Wirklichkeitsbezug von Texten „miteinander vergleichbare Phänomene"[52] sind, demnach also auch für eine Intertextualitätsanalyse mit einbezogen werden können. Archetypen und Mythen lassen sich laut Pfister als Dimension einer intertextuellen Systemreferenz betrachten, die zwar nicht vorwiegend einen formalen oder strukturellen, dafür aber einen umso dominanteren thematischen Bezug aufweisen.[53] Auch Gérard Genette betrachtet den Mythos als Text.[54]

Susanne Horstmann verweist im *Reallexikon der deutschen Literaturwissenschaft* auf das Fehlen von „verbindlichen, unumstößlichen, ‚objektiven' Kriterien darüber, was ein Text ist – und was keiner [...]".[55] Die Definition eines Textes richtet sich demnach „nach dem eigenen Analysebedarf",[56] für die

---

48 Vgl. Müller u.a. 2003, S. 596.

49 Ebd., S. 594.

50 Broich/Pfister 1985, S. 193.

51 Ebd., S. 48.

52 Ebd.

53 Ebd., S. 56.

54 Genette 1993, S. 533.

55 Müller u.a. 2003, S. 596.

56 Ebd.

„Beurteilung von Texten oder Nicht-Texten müssen die jeweils angewendeten Kriterien offengelegt werden".[57]

Aufbauend auf den gewonnenen Erkenntnissen aus den unterschiedlichen Texttheorien erweitere ich die bereits beschriebenen gängigen literaturtheoretischen und literaturwissenschaftlichen Textbegriffe im Rahmen meiner Analysen um den Kulturbegriff des New Historicism und die Integration von Mythos, Motiv und Symbol als Text im weiteren Sinne laut Broich / Pfister und Genette.

Ich definiere Text weiters als dynamisch und intentional „im Gegensatz zur spontanen Äußerung".[58] Ein Text gilt als nicht zwingend materiell, als mögliches kohärentes Kommunikat schriftlicher oder mündlicher Art, aber auch als Mythos, Stoff, Thema, Ereignis und Handlung gleichermaßen.

2.2 Vom Text zum Intertext

Der Begriff der Intertextualität meint laut Ulrich Broich und Manfred Pfister „das, was sich zwischen Texten abspielt, d.h. den Bezug von Texten auf andere Texte".[59]

Nahezu jeder Text ist heutzutage in gewissem Sinne intertextuell, ist „Reaktion auf vorausgegangene Texte".[60] Denn welcher Autor wurde nicht von anderen Werken beeinflusst? Welcher Autor ist eine „tabula rasa"[61] und hat noch keine anderen Texte – seien es literarische bzw. kritisch-diskursive Texte oder alltäglich-normalsprachliche Äußerungen – wahrgenommen?[62]

Bereits seit der Antike vielfach angewandt,[63] ist der Intertextualitätsbegriff erst seit Ende der 1960er-Jahre durch Julia Kristeva ein vieldiskutierter Bestandteil der Literaturtheorie. Kristeva, die sich auf Michail Bachtins Konzept der Dialogizität „als Moment des ‚offenen' und ‚polyphonen' Tex-

57 Ebd.

58 Ebd.

59 Broich/Pfister 1985, S. IX.

60 Ebd., S. 11.

61 Ebd.

62 Vgl. ebd., S. 12.

63 Vgl. ebd., S. 1.

tes“[64] bezieht, geht – ganz im Sinne der Poststrukturalisten – von einer generellen Intertextualität aus, einer „undifferenzierten Universalität“[65] von Intertextualität. Sie definiert den Intertextualitätsbegriff wie folgt:

> [...] jeder Text baut sich als Mosaik von Zitaten auf, jeder Text ist Absorption und Transformation eines anderen Textes. An die Stelle des Begriffs der Intersubjektivität tritt der Begriff der Intertextualität, und die poetische Sprache läßt sich zumindest als eine doppelte lesen.[66]

Susanne Holthuis verweist in *Intertextualität – Aspekte einer rezeptionsorientierten Konzeption* auf Kristevas radikal erweiterten Textbegriff, der dazu führt, dass sie Text als Intertext und somit als „gesamte[n] Bestand soziokulturellen Wissens, an dem jeder Text partizipiert, auf ihn verweist, aus ihm entsteht und sich wieder in ihm auflöst“[67] begreift.

In Kristevas Sinne äußert sich auch Roland Barthes zum Text- bzw. Intertextbegriff:

> [...] aber während man dieses Gewebe [Anm. den Text] bisher immer als ein Produkt, einen fertigen Schleier aufgefaßt hat, hinter dem sich, mehr oder weniger verborgen, der Sinn (die Wahrheit) aufhält, betonen wir jetzt bei dem Gewebe die generative Vorstellung, daß der Text durch ein ständiges Flechten entsteht und sich selbst bearbeitet; in diesem Gewebe – dieser Textur – verloren, löst sich das Subjekt auf wie eine Spinne, die selbst in die konstruktiven Sekretionen ihres Netzes aufginge.[68]

Die Konzeptionierung des Textes als Intertext liegt demnach auch bei Roland Barthes und u. a. bei Michel Riffaterre, Charles Grivel und Vincent B. Leitch vor.[69] Barthes betont: „Und eben das ist der Inter-Text: die Unmöglichkeit, außerhalb des unendlichen Textes zu leben – ob dieser Text nun Proust oder die Tageszeitung oder der Fernsehschirm ist: das Buch macht

64 Holthuis 1993, S. 12.

65 Broich/Pfister 1985, S. X.

66 Julia Kristeva, zit. nach Schedel 2004, S. 25.

67 Holthuis 1993, S. 15.

68 Barthes 1974, S. 94.

69 Vgl. Broich/Pfister 1985, S. 12.

den Sinn, der Sinn macht das Leben."[70] Er bezeichnet den Intertext weiters als eine „chambre d'échos"[71] und auch Leitch unterstreicht: „Every text is intertext".[72]

Anfang der 1980er-Jahre versucht schließlich Gérard Genette eine „Systematisierung der zahlreichen Formen der Intertextualität".[73] Sein *Palimpseste* gilt nach wie vor als das wohl „umfangreichste und differenzierteste Beschreibungssystem intertextueller Bezugsmöglichkeiten".[74] Wie in 2.1 noch genau beschrieben wird, definiert Genette unter dem Oberbegriff der Transtextualität fünf Formen intertextueller Bezugsarten.

Während Barthes noch auf die Bedeutung „nicht-poetischer Texte, ja trivialer Texte"[75] für intertextuelle Bezüge verweist, bezieht sich Genette beim Textbegriff auf Textsysteme und – ebenso wie die Theoretiker Harald Bloom und Laurent Jenny[76] – hauptsächlich auf literarische bzw. poetische Texte. Genettes Theorie ist zwar dem poststrukturalistischen Intertextualitätsbegriff noch nahe, weist aber bereits deutliche Merkmale in Richtung „analysepraktische Operationalisierung"[77] auf.

Intertextualität wird nicht nur von der Beziehung zwischen Text und Prätext bedingt, sondern ist auch immer vom Autor bzw. Leser abhängig. Während manche Autoren die Intertextualität für den Rezipienten offensichtlich herausstellen, ihn zur „Clearingstelle der intertextuellen Transaktionen"[78] machen und intertextuelle Verweise teilweise auch kommentieren, integrieren andere intertextuellen Beziehungen diffiziler in den Text. Und wiederum andere streiten Intertextualität gänzlich ab, wie es z. B. bei Plagiaten der Fall ist. Grundvorausetzung ist hier natürlich eine intendierte Intertextualität.

---

70 Barthes 1974, S. 53 f.

71 Roland Barthes, zit. nach Broich/Pfister 1985, S. 12.

72 Vincent B. Leitch, zit. nach Broich/Pfister 1985, S. 12.

73 Broich/Pfister 1985, S. X.

74 Schedel 2004, S. 26.

75 Broich/Pfister 1985, S. 13.

76 Vgl. ebd., S. 13 f.

77 Ebd., S. 18.

78 Ebd., S. 20.

Aufgrund der Intertextualitätsforschungen[79] Renate Lachmanns und Wolfgang Preisendanz' wird Intertextualität schließlich „zum Oberbegriff für jene Verfahren eines mehr oder weniger bewußten und im Text selbst auch in irgendeiner Weise konkret greifbaren Bezugs auf einzelne Prätexte, Gruppen von Prätexten oder diesen zugrundeliegenden Codes und Sinnsystemen".[80] Zu diesen zählen in der Literaturwissenschaft u. a. Begriffe wie „Quellen und Einfluß, Zitat und Anspielung, Parodie und Travestie, Imitation, Übersetzung und Adaption".[81]

So unterschiedlich die Ansätze zur Begriffsdefinition der Intertextualität sein mögen, in einem sind sich alle neueren Literaturtheoretiker einig: Poststrukturalistische Intertextualitätskonzepte á la Kristeva, Barthes und Grivel mögen zwar universeller und „von größerer literaturwissenschaftlicher Tragweite"[82] sein, bieten jedoch kaum Potential für eine konkrete Analyse. Intertextualität ist hier „kein besonderes Merkmal"[83] mehr, sondern bereits aufgrund der Textualität gegeben.[84]

Ich halte mich deshalb für die Analysen der Brenner-Romane an Genette und vor allem an Broich / Pfister, die für ihre Theorien explizit auf einen „nicht [...] poststrukturalistische[n] Intertextualitätsbegriff"[85] verweisen. Sie betrachten den hermeneutischen Ansatz als eine Spezifizierung des globalen Modells und unternehmen deshalb mit ihren „Kriterien für die Intensität intertextueller Verweise"[86] einen Vermittlungsversuch zwischen dem weiten, poststrukturalistischen Modell und prägnanteren, strukturalistischen Modellen, die Intertextualität auf „bewußte, intendierte und markierte Bezüge zwischen einem Text und vorliegenden Texten oder Textgruppen"[87] einengen.

---

79 Der genaue Forschungsstand im Bereich der Intertextualität ist in einschlägiger Fachliteratur wie Broich/Pfister 1985, Plett 1991 u.a. genau nachzulesen. Von einer detaillierten Beschreibung der Intertextualitätsforschung wird deshalb abgesehen.

80 Broich/Pfister 1985, S. 15.

81 Ebd.

82 Ebd., S. 25.

83 Ebd., S. 8.

84 Vgl. ebd.

85 Ebd., S. X.

86 Ebd., S. 26.

87 Ebd., S. 25.

3 Aspekte der Intertextualität

Die wohl grundlegendsten Arbeiten im Bereich der intertextuellen Forschung sind die von Gérard Genette sowie vor allem die von Ulrich Broich und Manfred Pfister.

3.1 Genettes Formen der Transtextualität

1982 veröffentlicht Gérard Genette den Band *Palimpseste*, in dem er von der „Transtextualität“[88] spricht, der „Literatur auf zweiter Stufe“,[89] der „textuelle[n] Transzendenz des Textes“,[90] die er als das definiert, „was ihn in eine manifeste oder geheime Beziehung zu anderen Texten bringt“.[91] Genette unterscheidet zwischen fünf Arten der Transtextualität:[92]

1. Intertextualität – die spürbare, effektive Anwesenheit eines Textes im Haupttext, sei es in Form eines Plagiats, durch ein Zitat oder eine Anspielung. Michel Riffaterre spricht im Sinne Genettes von einem Intertext, „wenn der Leser Bezüge zwischen einem Werk und anderen wahrnimmt, die ihm vorhergegangen oder nachgefolgt sind“.[93]
2. Paratextualität[94] – den vom Autor intendierten Bezug zwischen einem Haupttext und seinen Paratexten, also z. B. „Titel, Untertitel, Zwischentitel, Vorworte, Nachworte, Hinweise an den Leser, Einleitungen usw.; Marginalien, Fußnoten, Anmerkungen; Motti; Illustrationen; Waschzettel, Schleifen, Umschlag“.[95] Genette unterteilte Paratextualität

[88] Genette 1993, S. 9.

[89] Ebd., S. 3 im Untertitel.

[90] Ebd., S. 9.

[91] Ebd.

[92] Ebd., S. 10-18.

[93] Michel Riffaterre, zit. nach: Genette 1993, S. 11.

[94] Dem Thema Paratextualität hat Genette sogar ein eigenes Buch gewidmet: Paratexte (2001).

[95] Genette 1993, S. 11.

zudem in zwei Kategorien: Peritexte – also alle Paratexte, die sich im Umfeld des Haupttextes befinden – und Epitexte – also Paratexte, die sich außerhalb des direkten Textumfelds befinden wie Äußerungen in Interviews, Briefwechsel usw.[96]

3. Metatextualität – die Beziehung zwischen einem Haupttext und einem anderen, mit dem sich der Haupttext auseinandersetzt. Meist geschieht dies in Form eines Kommentars, manchmal aber auch, „ohne ihn [Anm.: den Prätext] unbedingt zu zitierten (anzuführen) oder auch nur zu erwähnen“.[97]
4. Hypertextualität – wenn der Haupttext einen Prätext zur Vorlage nimmt und diesen direkt oder indirekt transformiert, z. B. durch eine Imitation, eine Adaption oder eine Parodie.
5. Architextualität – meint den Gattungsbezug eines Haupttextes. Wird diese Beziehung nicht explizit in einem paratextuellen Hinweis – z. B. einem Titel wie „Roman“ – erwähnt, so kann davon ausgegangen werden, dass „Offensichtliches nicht mehr eigens betont werden muß“[98] oder aber auch, dass keine genauen Definition gewünscht ist.

Dass der Begriff der Intertextualität bei Genette nur als Subkategorie der Transtextualität gesehen wird, ergibt sich aus dem Versuch, die breitgefächerten Arten der Transtextualität genauer zu definieren. Bezeichnen sowohl Genette[99] als auch Pfister[100] die Hypertextualität als die wohl ergiebigste, so muss dennoch davon ausgegangen werden, dass die Intertextualität die gängigste – und für den Leser sicher prägnanteste – Art ist, Prätexte in einen Haupttext einzubinden.

Manfred Pfister bezeichnet Genettes Ansatz 1985 als den „bisher am weitesten ausdifferenzierte[n] Entwurf zu einer Theorie der Intertextualität“,[101] wobei er allerdings kritisiert, dass Genettes Transtextualität „auf Bezüge zwischen literarischen Texten beschränkt bleibt“.[102] Um der Definition der vielfältigen intertextuellen Bezüge in Wolf Haas' Brenner-

[96] Genette 2001, S. 12.

[97] Genette 1993, S. 13.

[98] Ebd.

[99] Ebd., ab S. 14.

[100] Broich/Pfister 1985, S. 17.

[101] Ebd., S. 16.

[102] Ebd., S. 17.

Romanen, die keineswegs nur literarische Texte betreffen, gerecht werden zu können, stimme ich dieser Aussage zu. Ein weiter gefasster Begriff der Intertextualität ist also vonnöten.

3.2 Kriterien der Intertextualität

Pfister wählt eine andere Herangehensweise an die Intertextualität. Um zwischen dem hermeneutischen Modell der Intertextualität und dem Intertextualitätskonzept des Poststrukturalismus zu vermitteln,[103] geht er von einem „übergreifenden Modell der Intertextualität"[104] aus. Diese weit definierte Intertextualität kann schließlich nach dem Intensitätsgrad eines intertextuellen Bezugs bestimmt und abgestuft werden. Pfister definiert in diesem Sinne qualitative und quantitative „Kriterien für die Intensität intertextueller Verweise".[105]

Zu den qualitativen Kriterien der Intensität eines intertextuellen Verweises zählen:[106]

3.2.1 Referentialität

Je offensichtlicher der Haupttext einen anderen thematisiert bzw. auf ihn verweist, umso intensiver intertextuell ist die Beziehung zwischen diesen beiden Texten. Ein Zitat z. B. ist also stärker intertextuell, wenn der Originaltext extra erwähnt wird bzw. durch den Kontext deutlich wird, dass diese Textstelle aus einem Prätext entnommen wurde. Wird ein Zitat hingegen unauffällig in den Haupttext integriert und übernimmt keine spezielle Funktion, so gilt dieser intertextuelle Bezug als wenig intensiv.

Wenn also Wolf Haas in DK schreibt, dass die Frau des Salzburger Polizeipräsidenten holländische Windmühlen für einen wohltätigen Zweck gestickt und „ein bißchen mit ihren Windmühlen dagegen [Anm.: gegen die in der Zeitung geschilderte dunkle Vergangenheit ihres Mannes] angekämpft" (DK, S. 79) hat, so verweist Haas damit im Kontext auf die Romanfigur des Ritters Don Quijote von Miguel de Cervantes und dessen

---

103 Vgl. ebd., S. 25.

104 Ebd.

105 Ebd., S. 26.

106 Vgl. ebd., S. 26 ff.

aussichtslosen Kampf gegen Windmühlen, die er für Riesen hält,[107] sowie auf die geläufige Redewendung „gegen Windmühlen kämpfen". Beide – die Frau des Salzburger Polizeipräsidenten und Don Quijote – können als „Ritter von der traurigen Gestalt",[108] wie Sancho Panza im Originaltext seinen Herrn bezeichnet, betrachtet werden. Die parodistische Ritterthematik wird in DK noch mehrfach aufgenommen.

Die Referentialität zu einem – in diesem Fall allgemein bekannten – Prätext ist gegeben und der intertextuelle Bezug kann somit als intensiv intertextuell angenommen werden.

3.2.2 Kommunikativität

Ausschlaggebend für das Kriterium der Kommunikativität ist die „kommunikative Relevanz"[109] eines intertextuellen Bezuges. Je deutlicher ein intertextueller Bezug im Haupttext markiert und somit offensichtlich vom Autor intendiert und dem Leser bewusst ist, umso stärker ist die Intensität dieses intertextuellen Verweises. Neben den geläufigen „kanonisierten Texte[n] der Weltliteratur"[110] sind hier vor allem auch „gerade aktuelle und breit rezipierte und diskutierte Texte"[111] als Prätexte relevant.

Haas lässt seinen Detektiv in KsT die Melodie eines Kirchenlieds pfeifen (KsT, S. 123, 129, 139, 158, 176-177), bis der auktoriale Erzähler schließlich erläutert, dass es sich dabei um die „Matthäuspassion" (KsT, S. 159) von „Johann Sebastian Bach" (KsT, S. 195) handelt. Autor und Leser ist somit der intertextuelle Bezug eindeutig bewusst, dieser Verweis kann als intensiv intertextuell betrachtet werden. Inwiefern auch die übrigen qualitativen Intensitätskriterien auf diese intertextuelle Stelle zutreffen, wird noch im Hauptteil geklärt.

Die Kommunikativität eines intertextuellen Bezugs ist zudem von dem vom Autor intendierten Lesepublikum abhängig. Ein politisch und am aktuellen Tagesgeschehen interessierter Österreicher wird vermutlich z.B. in

107 Cervantes 2008, S. 69.

108 Ebd., S. 169.

109 Broich/Pfister 1985, S. 27.

110 Ebd.

111 Ebd.

Haas' S! mehr intertextuelle Bezüge entdecken können als ein Leser aus dem restlichen deutschen Sprachraum.

3.2.3 Autoreflexivität

Der Grad der intertextuellen Intensität kann noch gesteigert werden, wenn der Autor die von ihm eingepflegten intertextuellen Bezüge im Haupttext thematisiert. Die Autoreflexivität steht in direktem Zusammenhang mit der Referentialität und der Kommunikativität. Zum bewussten Einsatz der Intertextualität und der deutlichen Markierung eines intertextuellen Verweises kommt hier die Thematisierung der intertextuellen Relevanz bestimmter Textstellen als metakommunikativer Aspekt hinzu, d.h., dass der Autor „die Intertextualität nicht nur markiert, sondern sie thematisiert, ihre Voraussetzungen und Leistungen rechtfertigt oder problematisiert“.[112]

So thematisiert der auktoriale Erzähler in KsT schließlich explizit, nachdem im Rahmen der Handlung mehrfach die Textzeile „Komm, sühüßes Kreuheuz“ (KsT, S. 194, 195, 196, 197) angeführt wird, inwiefern der intertextuelle Bezug der Matthäuspassion für den Haupttext relevant ist: „Der Johann Sebastian Bach hat schon gewußt, warum er so viele Wiederholungen gemacht hat in seinen Liedern. Der hat seine Pappenheimer schon gekannt, daß man die Dinge immer tausendmal sagen muß, bis die Leute es einmal begreifen.“ (KsT, S. 196) Diese Autoreflexivität wird noch durch die inhaltliche Erklärung des Autors, „daß das Kreuz auf den Rettungsautos für die Zuckerpatientinnen nicht die Rettung bedeutet hat, sondern den Tod“ (KsT, S. 196), unterstrichen. Der Bezug zur Matthäuspassion gilt somit als intensiv intertextuell.

3.2.4 Strukturalität

Dieses Kriterium zur Bestimmung des Intensitätsgrades eines intertextuellen Bezugs „betrifft die syntagmatische Integration der Prätexte in den Text“.[113] Je mehr ein Haupttext also der Struktur eines Prätextes entspricht, umso intensiver intertextuell ist er. Relevant wird die Strukturalität als Intertextualitätskriterium vor allem bei literarischen Formen wie „der Parodie, Travestie und Kontrafaktur oder der Übersetzung, Imitation und

---

[112] Ebd.

[113] Ebd., S. 28.

Adaption".[114] Das bloße und punktuelle Zitieren eines Prätextes gilt in diesem Sinne als nur gering intensiv intertextuell und ist für alle sieben Brenner-Romane nicht relevant.

3.2.5 Selektivität

Die Selektivität als qualitatives Kriterium soll die „unterschiedlichen Grade in der Prägnanz der intertextuellen Verweisung erfassen".[115] Je pointierter ein intertextueller Verweis ist, desto größer ist seine intertextuelle Intensität. Ein wörtliches Zitat im Haupttext aus einem Prätext gilt somit als intensiver intertextuell als z. B. nur eine Anspielung auf denselben oder „der Bezug auf die Normen und Konventionen einer Gattung, auf bestimmte Topoi und Mythen".[116]

Wolf Haas' Erzähler zitiert in S! Ausschnitte aus Georg Trakls Gedicht *Vorstadt im Föhn*. Unter anderem:

> *Am Abend liegt die Stätte öd und braun,*
> *die Luft von gräulichem Gestank durchzogen. (S!, S. 135)*

Die selektive Auswahl dieser Textpassage hat für Haas gleich mehrfachen Nutzen. Der Leser greift durch das wörtliche Zitat auf den Gesamtkontext von Trakls Gedicht zurück, in welchem er „Bilder aus der Umgebung des städtischen Schlachthofes"[117] beschreibt und die im Roman an „die Gerüche" (S!, S. 7) im Marianum – „Weil so ein Internat hat Gerüche, die findest du sonst nirgends" (S!, S. 5) – und den dort bildlich abgeschlachteten Gottlieb – „Hier zerstückelt oder dort zerstückelt [...] dreiundzwanzig Leichenteile" (S!, S. 52) – erinnern sollen. Weiters unterstreicht der Umstand, dass sich diese Tafel mit dem Trakl-Gedicht tatsächlich an der von Haas beschrieben Stelle befindet, direkt an der Salzach an einem Brückenpfeiler der Eisenbahnbrücke nahe des „Trakl-Stegs", den intertextuellen Bezug zwischen dem Romaninhalt von S! und dem Prätext.

Haas erwähnt den Namen Trakls hier nicht direkt, spielt jedoch auf den Namen des Dichters an: „*Temperatur-, Regen-Ansage, Kaiserliche Luftdruckmes-*

---

114 Ebd.

115 Ebd.

116 Ebd.

117 http://www.kulturvereinigung.com/de/georg-trakl/gedichttafeln.html, abgerufen am 21.04.2011 um 13.30 Uhr.

sung, hat der Brenner herumprobiert, aber er ist mit der Abkürzung auf keinen richtig grünen Zweig gekommen [...]" (S!, S. 136)

Und auch wenn der auktoriale Erzähler in AdT das „Glaubensbekenntnis" (AdT, S. 74) erwähnt, wird der intertextuelle Bezug des Haupttextes zum Prätext nicht so deutlich als schließlich beim wörtlichen Zitieren aus demselben: „[...] Auferstehung der Toten und das ewige Leben. Amen". (AdT, S. 75)

Durch ein pointiertes, selektiv ausgewähltes Zitat ermöglicht der Autor also dem Leser, den Gesamtkontext des Prätextes zu diesem Textdetail aufzurufen und in einen neuen Sinnzusammenhang zu bringen. Durch eine Anspielung gelingt das weniger.

3.2.6 Dialogizität

Das Kriterium der Dialogizität basiert auf Bachtins Theorie der Dialogizität. Je „stärker der ursprüngliche und der neue Zusammenhang in semantischer und ideologischer Spannung zueinander stehen",[118] desto höher ist die intertextuelle Intensität eines Verweises. Wird der Textsinn des Prätextes z. B. in einem reinen Zitat, einer wortgetreuen Übersetzung, einer Imitation oder bei einer Medialisierung (z. B. Verfilmung) beibehalten, ist der intertextuelle Bezug qualitativ wenig relevant. Wird der Prätext im Haupttext allerdings z. B. in einen neuen Kontext gebracht oder ironisch verwendet und verändert sich dadurch der ursprüngliche Textsinn, so gilt der intertextuelle Bezug als intensiv intertextuell.

Die Verfilmungen der drei Brenner-Romane KsT, S! und DK können somit als wenig intensiv intertextuell betrachtet werden, da es sich hierbei – bis auf ein paar in den Film hinzugefügte bzw. ausgelassene Details – um eine reine „Versetzung von einem Zeichensystem in ein anderes"[119] handelt.

Wenn Wolf Haas in DK nun aber Udo Jürgens' Lied *Siebzehn Jahr, blondes Jahr* aus dem Jahre 1966 nutzt,[120] um seinen auktorialen Erzähler eine Selbstmörderin beschreiben zu lassen – „Und ob du es glaubst oder nicht: Die Tote auch siebzehn Jahr, blondes Haar" (DK, S. 107) –, so liegt hier

---

118 Broich/Pfister 1985, S. 29.

119 Ebd.

120 http://www.udojuergens.at/start6.htm, abgerufen am 21.04.2011 um 14.30 Uhr.

eine deutliche Dialogizität des intertextuellen Verweises vor. Das Lied *Siebzehn Jahr, blondes Jahr* wird deutlich ironisch verwendet, eine hohe intertextuelle Intensität ist gegeben.

Neben den qualitativen Kriterien zur Bestimmung des Intensitätsgrades intertextueller Bezüge sind auch quantitative Kriterien anzuführen. Diese bestimmen sich durch die „Dichte und Häufigkeit der intertextuellen Bezüge“[121] sowie durch die „Zahl und Streubreite der ins Spiel gebrachten Prätexte“.[122]

Dass Intertextualität nicht exakt gemessen werden kann und die Skalierung ihres Intensitätsgrades nur einen Versuch darstellt, die Theoriediskussionen um die Intertextualität zusammenzufassen,[123] steht außer Frage. Dies betonen auch Broich / Pfister, die ihre Kriterien in erster Linie als „heuristische Konstrukte zur typologischen Differenzierung unterschiedlicher intertextueller Bezüge“[124] betrachten.

3.3 Markierungen von Intertextualität

Im Sinne eines engeren Intertextualitätsbegriffs kann davon ausgegangen werden, dass ein Autor, der intertextuelle Verweise bewusst einsetzt, auch annimmt, dass der Leser diese intertextuellen Bezüge als intendiert erkennt. Das intertextuelle Verständnis ist maßgeblich für die Interpretation eines Textes.

Um sicherzugehen, dass die intertextuellen Bezüge vom Leser auch bewusst wahrgenommen werden, bedienen sich Autoren oft bestimmter Markierungsmöglichkeiten, so genannter „Intertextualitätssignale“.[125] Diese erleichtern zwar das Auffinden von intertextuellen Bezügen, sind aber nicht Bedingung für die Intertextualität. Einem breiten Publikum bekannte Prätexte – wie z. B. die Bibel – müssen daher nicht extra markiert werden. Hier kann der Autor davon ausgehen, dass sein Leser intertextuelle Verweise erkennt.

---

121 Broich/Pfister 1985, S. 30.

122 Ebd.

123 Ebd., S. 26.

124 Ebd., S. 30.

125 Ebd., S. 31.

Die Stärke der Markierung von intertextuellen Bezügen lässt sich anhand von Kriterien berechnen.[126] Relevant sind die „Zahl der *markers*"[127] (Markierungen), die „Explizitheit bzw. Lokalisierung im Werk"[128] und natürlich auch die Rezipientenabhängigkeit.[129] Diesen Kriterien möchte ich mich nun gleichermaßen widmen.

Um intertextuelle Bezüge in einen Haupttext zu integrieren, stehen dem Autor unterschiedliche Möglichkeiten zur Verfügung. Die Lokalisierung der Markierungen kann in Nebentexten wie Fußnoten, Titel, Untertitel usw. sowie im inneren Kommunikationssystems des Haupttextes oder in seinem äußeren Kommunikationssystem erfolgen. Im einzelnen Text treten diese Formen der Markierung aber meist nicht getrennt, sondern durchaus „auf verschiedenen Ebenen und durch verschiedene Verfahren gleichzeitig"[130] auf, um intertextuelle Bezüge verstärken zu können. Auch die Verweise auf einen einzelnen Prätext können im Verlauf eines Haupttextes dynamisch sein, d.h., „von wachsender oder von abnehmender Deutlichkeit sein".[131]

3.3.1 Markierung in Nebentexten

Broichs Entwurf von intertextuellen Markierungen in Nebentexten entspricht stark Genettes Idee von der Paratextualität.[132] Während Genette Fußnoten, Titel usw. als Paratexte, als Texte, zu denen „der eigentliche Text im Rahmen des von einem literarischen Werk gebildeten Ganzen"[133] in Beziehung steht, betrachtet Broich sie als Intertextualitätssignale, als Markierungsformen der Intertextualität, durch die die Stärke eines intertextuellen Bezugs eruiert werden kann.

Broich zählt hierzu Fußnoten, Titel, Untertitel, Reihentitel, Vorwort, Nachwort, Klappentext und sogar ein mögliches Motto. Die Fußnote gilt z. B. als – für literarische im Vergleich zu literaturwissenschaftlichen Tex-

---

126 Vgl. Ebd., S. 33.

127 Ebd.

128 Ebd.

129 Vgl. ebd.

130 Ebd., S. 44.

131 Ebd., S. 45.

132 Genette 1993, S. 11 f.

133 Ebd., S. 11.

ten eher seltene – Methode zur Integration eines Prätextes in einen Haupttext. Das Abdrucken des Originaltexts neben den Haupttext des Autors ist in erster Linie bei Imitationen und zweisprachigen Ausgaben üblich, wobei der Bezugstext auch hier oft nur im Titel als Hinweis markiert wird.

Die häufigste Markierung eines Prätextes erfolgt jedoch nachweislich – vor allem in der Gegenwartsliteratur sowie bei Parodien und Travestien – prägnant im Titel eines Buches. Sei es durch „bekannte Zitate aus Texten, auf die sich ihre [Anm.: die zeitgenössischen Autoren] Texte zentral beziehen“[134] oder durch Anspielungen im Titel. So markiert auch Wolf Haas z. B. mit den Titeln seiner Brenner-Romane AdT und *Das ewige Leben* (in Folge als DeL bezeichnet) eindeutig das christliche Glaubensbekenntnis – „[...] Auferstehung der Toten und das ewige Leben. Amen“ – als relevanten Prätext.

Neben dem Titel kann auch der Untertitel eines Textes einen intertextuellen Bezug markieren. Beide – sowohl Titel als auch Untertitel – können zudem nicht nur auf einen speziellen Prätext, sondern auch z. B. auf eine ganze Gruppe von Prätexten wie beispielsweise eine literarische Gattung verweisen. Laut Broich signalisieren in diesem Sinne vor allem Titel von Detektivromanen – als die auch Haas' Brenner-Romane betrachtet werden können – „durchweg ausschließlich den Bezug des Textes zur Gattung“.[135] Bei Haas trifft dies allerdings nur bei KsT und vielleicht noch bei AdT zu. Die Zugehörigkeit zum Kriminalroman wird jedoch – zumindest bei den mir vorliegenden Ausgaben der drei Romane AdT, S! und DK – durch einen anderen Nebentext, eine andere Art des Paratexts, den Titel der Reihe „rororo thriller“ (AdT, S. 4 sowie am Cover und am Buchrücken; DK, S. 4 sowie am Cover und am Buchrücken; S!, S. 4 sowie am Cover, am Buchrücken und auf der Rückseite), signalisiert. Bei den späteren Auflagen der Brenner-Romane fällt diese Reihenbezeichnung schließlich weg.

Die „äußere Aufmachung“[136] als Intertextualitätssignal zu betrachten, „das den Bezug eines Textes auf eine Gattung von Texten markiert“,[137] halte ich für bedingt einsetzbar. Buchgestaltungen können schließlich im Laufe der unterschiedlichen Auflagen verändert werden (vor allem bei Texten, die

---

134 Broich/Pfister 1985, S. 36.

135 Ebd., S. 37.

136 Ebd.

137 Ebd., S. 36.

nicht mehr unter das Urheberrechtsgesetz post mortem auctoris[138] fallen) und entsprechen so nicht immer dieser Markierungsform. Wie in 3.1.1 noch näher ausgeführt wird, verweist bei den mir vorliegenden Ausgaben der Brenner-Romane die äußere Aufmachung nur bei AdT und KsT auf die Gattung Kriminalroman. Die neueren, von Jürgen Mick illustrierten Auflagen von AdT, S! und DK weisen ebenfalls einen Bezug zwischen dieser Gattung und der Umschlaggestaltung auf.

Weitere häufig verwendete Markierungsformen intertextueller Bezüge sind Nebentexte wie „ein Motto, ein Vorwort oder Nachwort des Autors oder ein Klappentext".[139] Auch Äußerungen des Autors – z. B. in Interviews –, „die nicht im Zusammenhang mit diesen Werken publiziert werden",[140] aber auf den Inhalt und seine intertextuellen Bezüge verweisen, gelten als Markierungen im Nebentext. So deklariert auch Wolf Haas in einem Interview mit der *Wiener Zeitung* die Zugehörigkeit z. B. seines Romans AdT zum Genre des Kriminalromans als Teil der „rororo-Thriller-Reihe"[141] – wobei er zeitgleich auch darauf besteht, dass „der Krimi wirklich nur ein Vorwand"[142] war, um seinen experimentellen Sprachstil auszuleben.

3.3.2 Markierung im inneren Kommunikationssystem

Während sich die Markierungen in den Nebentexten im äußeren Kommunikationssystem „ausschließlich an den Rezipienten wenden",[143] sind die intertextuellen Bezüge im inneren Kommunikationssystem auch den Charakteren eines literarischen Textes bewusst bzw. werden sie in diese Bezüge eingebunden.

Dies kann unter anderem dadurch erfolgen, dass die Charaktere im Rahmen der Handlung „andere Texte lesen, über sie diskutieren, sich mit ihnen

---

138 Siehe Bundesgesetz über das Urheberrecht an Werken der Literatur und der Kunst und über verwandte Schutzrechte (Urheberrechtsgesetz), VIII. Abschnitt, § 60 (1): http://www.ris.bka.gv.at/GeltendeFassung.wxe?Abfrage=Bundesnormen&Gesetzesnummer=10001848, abgerufen am 27.04.2011 um 10.30 Uhr.

139 Broich/Pfister 1985, S. 37.

140 Ebd., S. 38.

141 René Freund: Der Wolf im Haaspelz; in: Wiener Zeitung, Ausgabe 245, 22.12.2000, S. 10.

142 Ebd.

143 Broich/Pfister 1985, S. 39.

identifizieren oder sich von ihnen distanzieren".[144] Bereits erwähntes Beispiel dafür wäre bei Wolf Haas z. B. das Pfeifen bzw. Singen und die anschließende Diskussion über J. S. Bachs Matthäuspassion in KsT durch den Detektiv Brenner und seine Jugendliebe Klara:

> «Was pfeifst du da?» hat er gefragt. Er hat es zuerst nicht erkannt, weil sie hat die Melodie so richtig gepfiffen, daß sie vor lauter richtig fast nicht zum Wiedererkennen war.
> Und jetzt hat die Klara mit ihrer Stimme, die von den Medikamenten ein bißchen angegriffen war, leise gesungen: «Komm, sühüßes Kreuz.»
> «Komm, süßer Tod», hat der Brenner sie korrigiert. (KsT, S. 158)

Um diese Markierung noch zu verstärken, führt Wolf Haas – ganz im Sinne von Broichs Markierungen im inneren Kommunikationssystem – eine Kassette mit einer Choraufnahme der Matthäuspassion als „physischen Gegenstand"[145] ein: „Aber die Klara hat eine Kassette geholt und es ihm vorgespielt, und natürlich: Komm, süßes Kreuz." (KsT, S. 159) Das Einführen des Prätextes, auf den der Autor mit seinem intertextuellen Bezug verweisen möchte, als physischen Gegenstand, ist für Broich eine „besonders offensichtliche Form der Markierung innerhalb des inneren Kommunikationssystems".[146]

Lässt ein Autor literarische Figuren in seinem Haupttext sogar „leibhaftig auftreten",[147] gilt dies laut Broich als extremste Form der Markierung eines intertextuellen Bezugs im inneren Kommunikationssystem.

3.3.3 Markierung im äußeren Kommunikationssystem

Wie schon bei den Markierungen in den Nebentexten, ist auch diese Form der Markierung den Charakteren des Haupttextes nicht bewusst. Die Markierung intertextueller Bezüge im äußeren Kommunikationssystem, in diesem Falle also im eigentlichen Haupttext selbst, ist jedoch deutlich häufiger

---

144 Ebd.

145 Ebd.

146 Ebd.

147 Ebd., S. 40.

– wenngleich auch meist weniger offensichtlich – als eine Markierung im Nebentext oder im inneren Kommunikationssystem.

Broich spricht von „zahlreichen Möglichkeiten für eine Markierung“[148] in dieser Kategorie wie z. B. der Namensgebung von Charakteren. Die „Wahl von Namen“[149] kann sich unter anderem auf Figuren aus Prätexten, Titel oder Autoren literarischer Werke, Personen aus dem vergangenen oder aktuellen Weltgeschehen oder der Politik sowie auch Texte im kulturwissenschaftlichen Sinn beziehen – oder entsprechende Anspielungen auf diese enthalten. So verweist der Name „Schorn“ des Bischofsanwärters in S! wohl auf den heutigen Wiener Erzbischof Christoph Kardinal Schönborn und den „Fall Groer“.[150] Neben dem für Haas üblichen Sprachspiel mit dem Namen – Sch[önb]orn – kritisiert er auch Inhaltich in S! die realen Handlungen Schönborns, der 1995 – zu der Zeit als er selbst noch Bischofsanwärter und Nachfolger Groers war – aktuelle sexuelle Missbrauchsvorwürfe gegen seinen Kollegen Groer stets abgestritten hatte.[151]

Auch eine Veränderung des Schriftbildes (Kursivdruck, anderer Drucktyp), das Verwenden von Anführungszeichen oder ein Sprachwechsel können einen intertextuellen Bezug in einem Text kennzeichnen. So werden z. B. die Auszüge aus Trakls *Vorstadt im Föhn* in S! kursiv und vom Fließtext eingerückt markiert.

Diese formale Markierung unterliegt jedoch nicht nur dem Autor, sondern vor allem auch dem Verlag eines Buches, wodurch sich hier Unterschiede in der formalen Gestaltung des Textes zwischen den einzelnen Auflagen bzw. der Neuauflage eines z. B. ursprünglich gebundenen Buches als Taschenbuch in einem neuen Verlag ergeben können.[152]

---

148 Ebd., S. 41.

149 Ebd.

150 Vgl. Josef Votzi: Bekenntnisse des Josef H.; in: profil, Ausgabe 13, 27.03.1995, 26. Jg., S. 64-70.

151 Emil Bobi: Missbrauch: Generalvikar Helmut Schüller kritisiert Kardinal Schönborn; auf: http://www.profil.at/articles/1103/560/286985/missbrauch-general vikar-helmut-schueller-kardinal-schoenborn, abgerufen am 28.04.2011 um 12.40 Uhr.

152 So geschehen bei Wolf Haas *Das ewige Leben* und *Der Brenner und der liebe Gott* (in Folge als DBlG bezeichnet). Die beiden Romane, die zuerst als gebundene Ausgaben bei Hoffmann & Campe erschienen sind, wurden später jeweils als Taschenbuch veröffentlicht. DBlG wurde 2011 im mehr oder weniger „hauseige-

Eine weitere Markierung im äußeren Kommunikationssystem stellt der Stilkontrast dar. Würde Haas Detektiv Brenner nun z. B. eine Kapitel lang in Versen sprechen, so läge der Bezug zu einer formal bzw. inhaltlich relevanten Lyrik nahe.

Auch der intertextuelle Bezug auf werkimmanenter Ebene gilt als Intertextualitätssignal im äußeren Kommunikationssystem. Nachdem der auktoriale Erzähler in S! bereits Auszüge aus Trakls Gedicht *Vorstadt im Föhn* rezitiert und explizit auf den Titel des Gedichts verwiesen hat (S!, S. 134 f.), folgt ein paar Seiten später eine werkimmanente Szenenschilderung, die dem weiteren Inhalt des Gedichts entspricht:

> Aber der Regen hat jetzt fast lauter geprasselt als die Klingel, und durch die plötzliche Abkühlung hat die Erde richtig gedampft, [...]
>
> *Gebilde gaukeln auf aus Wassergräben,*
> *vielleicht Erinnerungen an ein früheres Leben.*
>
> [...]
>
> Obwohl, es ist im Grunde kein Wetterdampf gewesen, der im Wohnzimmer von der Mary Ogusake aufgestiegen ist. Sondern die über das Wohnzimmer verstreuten Leichenteile haben immer noch richtiggehend gedampft. [...] (S!, S. 139 f.)

Während viele Autoren „dann, wenn das Intertextualitätsbewußtsein des Lesers geschärft ist, auf eine Markierung auf dieser Ebene verzichten“,[153] lässt Haas zur Verdeutlichung des Bezugs zwischen der Handlung des Haupttextes und der des Prätextes seinen Erzähler die jeweiligen Verse parallel zur Schilderung vortragen. Für einen belesenen Rezipienten, dem Trakls Gedicht inhaltlich geläufig ist, wäre dies nicht vonnöten gewesen. Die Beschreibung der Szenerie hätte einer Markierung im äußeren Kommunikationssystem durchaus entsprochen.

---

nen“ Verlag – im dtv, dem Deutschen Taschenbuch Verlag, dessen aktueller Hauptgesellschafter die Hamburger Ganske-Verlagsgruppe, zu der auch der Verlag Hoffmann & Campe gehört – neu aufgelegt und konnte somit die ursprüngliche Formatierung beibehalten. Für DeL hingegen wurden die Taschenbuch-Lizenzrechte an die Verlage Piper (mittlerweile Teil der schwedischen Bonnier-Gruppe) – 2004 erschienen – und als Sonderausgabe an den Weltbild Buchverlag – erschienen 2006 – vertrieben. Es ist deshalb zu befürchten, dass die jeweiligen Buch-Ausgaben keine komplett idente Formatierung aufweisen.

153 Broich/Pfister 1985, S. 42.

Möglich – aber selten – ist die Markierung eines intertextuellen Bezugs durch den Kontext. Ob der Autor sich nun der Übernahme eines Hauptthemas aus einem Prätext bedient, diverse Analogien zu Prätexten aufzeigt oder sogar durch das gehäufte Zitieren von Prätexten und Quellenangaben „einen Kontext permanenter Intertextualität“[154] schafft – diese Arten der Markierung gelten als Grenzfälle.

3.4 Einzeltextreferenz vs. Systemreferenz – Bezugsfelder der Intertextualität

Während Genette im Rahmen der Transtextualität intertextuelle Bezüge auf individuelle Prätexte und solche auf „textübergreifende Systeme, auf Texten zugrundeliegende Muster und Codes“[155] gleichermaßen zusammenfasst,[156] grenzen Broich / Pfister diese Bezugsfelder strenger voneinander ab und unterscheiden sie von vornherein nach Einzeltext- und Systemreferenz.[157]

Nach Pfister zählen in erster Linie intertextuelle Bezüge, die sich auf einen bestimmten, individuellen Prätext beziehen, zum Kernbereich der Intertextualität. Diese Bezüge entsprechen im Gegensatz zu „Systeme[n], die nur in einem weiteren – vielleicht nur in einem metaphorischen – Sinn als Texte bezeichnet werden können“,[158] der „Einzeltextreferenz“.[159] Broich hebt hervor, dass auch „die Bezüge eines Textes auf die Konventionen literarischer Gattungen, auf Mythen, philosophische oder rhetorische System und dergleichen“ der Intertextualität angehören, wenngleich nur einem Randbereich, der „Systemreferenz“.[160]

Zur Einzeltextreferenz zählen u. a. „Zitat, Motto, Cento, Übersetzung, Bearbeitung, *imitation* (im klassizistischen Sinn), Paraphrase, Resümee, Kont-

---

154 Ebd., S. 43.

155 Ebd., S. 17.

156 Wobei sich auch bei Genette die Transtextualitätsform „Architextualität“ ausschließlich auf Gattungsbezüge bezieht, also Broichs Definition der Systemreferenz entspricht.

157 Vgl. Broich/Pfister 1985, S. 48 ff.

158 Ebd., S. 48.

159 Ebd.

160 Ebd., S. 49.

rafaktor".[161] Irrelevant ist dabei, ob es sich um Bezüge auf Prätexte eines anderen Autors, auf Prätexte desselben Autors im Sinne der „Auto- oder Intratextualität"[162] oder auf Paratexte des Haupttextes handelt. Auch die Anzahl der Bezüge auf einen individuellen Prätext innerhalb eines Haupttextes ist nicht von Belang – wenngleich auch interessant. Ebenso die Frage danach, ob in einem Haupttext mehrere Prätexte gleichrangig präsent sind oder ob ein bestimmter Prätext dominant ist.[163]

Die Systemreferenz umfasst laut Pfister hingegen Prätexte, die „von Textkollektiva gebildet [werden] oder genauer von hinter ihnen stehenden und sie strukturierenden textbildenden Systemen".[164] Klaus W. Hempfer nimmt an, dass Texte „*immer* und notwendig Aktualisierungen allgemeinerer textkonstitutiver Strukturen [sind], *zusätzlich* können sie Bezüge zu anderen konkreten Einzeltexten aufweisen".[165] Dieser Ansatz zielt jedoch vor allem auf die Markierungstheorie ab und weniger auf eine grundlegende Unterscheidung von Einzeltext- und Systemreferenz.

Pfister grenzt die strukturierenden Systeme auf sprachliche bzw. versprachlichte ein und definiert verschiedene Formen der Systemreferenz. Neben dem „Bezug auf die sprachlichen Codes und das Normensystem der Textualität",[166] das bei Haas z. B. am ehesten Wortkreationen und Sprachspielereien entspricht, die meist auch im Haupttext thematisiert werden, kann es sich bei der Systemreferenz auch um den Bezug auf einen bestimmten „Diskurstyp"[167] handeln – als Teil eines Textes oder als ‚Überformung' des gesamten Texts. Aus literaturgeschichtlicher Hinsicht bedeutend[168] – und vor allem in Hinblick auf die Analysen der Brenner-Romane besonders relevant – ist die Systemreferenz als thematischer „Bezug auf Archetypen und Mythen".[169]

---

161 Ebd.

162 Ebd.

163 Vgl. ebd., S. 50.

164 Ebd., S. 53.

165 Klaus W. Hempfer, zit. nach: Helbig 1996, S. 59.

166 Broich/Pfister 1985, S. 53.

167 Ebd., S. 54.

168 Vgl. ebd., S. 56.

169 Ebd.

Wenn Wolf Haas nun z. B. in AdT mit dem Titel explizit auf einen individuellen Prätext, das römisch-katholische Glaubensbekenntnis, verweist, handelt es sich dabei um eine Einzeltextreferenz. Der Titel seines Roman DK bezieht sich jedoch nicht auf einen individuellen Prätext, sondern auf einen Mythos, ein Symbol – die Allegorie des Knochenmanns als personifizierter Tod. Im Sinne von Broich / Pfister entspricht dieser Bezug wohl der Systemreferenz.[170]

Die Systemreferenz beinhaltet laut Ulrich Suerbaum vor allem auch den Bezug auf literarische Gattungen:

> Gattungen bestehen aus Texten, die ihren Zusammenhang als Reihe oder Gruppe dadurch erhalten, daß sie aufeinander bezogen sind, und die ihre Bezogenheit auf andere Texte in der Regel durch deutliche, von jedem Rezipienten zu lesende Signale und Markierungen zum Ausdruck bringen.[171]

Der Textkomplex des Detektivromans bzw. der Kriminalgeschichte zeigt sich laut Suerbaum – und ich kann ihm im Sinne der Brenner-Romane nur beipflichten – hierfür als besonders ergiebig. Im Rahmen der „lineare[n] Intertextualität“[172] werden z. B. Elemente vorangegangener Texte wieder aufgenommen und so der Reihencharakter von Romanen unterstrichen. So erkennt der Leser der Brenner-Romane jedes Buch[173] sofort anhand des ersten Satzes: „Jetzt ist schon wieder was passiert.“ (DK, S. 5; KsT, S. 5; S!, S. 5; *Wie die Tiere* - in Folge als WdT bezeichnet, S. 7; DeL, S. 5) Weiters

---

170 Hier möchte ich Broichs Diskussion zum Mythos-Begriff aufgreifen. Auch der Literaturwissenschaftler sieht Schwierigkeiten bei der Unterscheidung, ob ein Text sich auf einen „Mythos als Folie“ bezieht, es sich um eine sprachliche Ausformung eine Mythos, den Mythos selbst oder eine mythische Struktur handelt. Ein Mythos kann generell als „intertextuelles Phänomen“ betrachtet werden, als eine Sammlung von Motiven und deren Verknüpfung zu einem System. Ein Bezug auf einen einzelnen Prätext ist unwahrscheinlich, ein mythologischer Text greift immer auf etliche Varianten eines Textes zurück. Vgl. Broich/Pfister 1985, S. 51, S. 56.

171 Broich/Pfister 1985, S. 58.

172 Ebd., S. 61.

173 Außer bei AdT als Beginn der Reihe und bei DBlG, das erst sechs Jahre nach der eigentlich abgeschlossenen Brenner-Reihe erschienen ist. DeL als ursprünglich angedachter Abschluss der Romane endet mit dem Tod des auktorialen Erzählers, was ein Fehlen des bekannten Satzes in DBlG erklärt.

kann die interne Struktur des Textes durch eine „zweiebige Intertextualitätsstruktur“[174] maßgeblich beeinflusst werden.[175]

In den Analysen der modernen Literaturwissenschaft ist vor allem die Einzeltextreferenz vorherrschend. Neben wenigen Formen der Systemreferenz (z. B. „*mock-heroic*“[176]) gibt es natürlich auch Begriffe, die „sowohl eine Einzeltext- als auch eine Systemreferenz bezeichnen können“.[177] Dazu gehören u. a. „Pastiche, Allusion, Parodie und Travestie“.[178]

Im Rahmen meiner Analysen werde ich versuchen, eine Zuordnung der jeweiligen intertextuellen Bezüge zur Einzeltext- oder Systemreferenz vorzunehmen. Da diese beiden Ebenen jedoch oft auch gleichzeitig vorkommen und „ihr Zusammenwirken bei der Konstitution des Textes“[179] meist grundlegend ist, wird dieser Bereich allerdings nur einen geringen Aspekt meiner Analysen ausmachen.

---

174 Broich/Pfister 1985, S. 62.

175 Ulrich Suerbaum spricht von einer „zweiebigen Intertextualitätsstruktur“, wenn ein Haupttext sowohl Zitate aus realen Prätexten als auch einen Anteil an fiktiven Zitaten, die z. B. scheinbar aus einer Zeitung gelesen werden, aufweist. Das Einflechten realer Texte in die Handlung eines Haupttextes unterstützt „die Fiktion in ihrem Realitätsanspruch“, die fiktiven Zitate aus realitätsnahen – aber dennoch nicht realen – Textarten verstärken die Struktur weiter. Vgl. Broich/Pfister 1985, S. 61 f.

176 Broich/Pfister 1985, S. 49.

177 Ebd.

178 Ebd.

179 Ebd., S. 52.

4 Analyse intertextueller Bezüge in Haas' Brenner-Romanen

In meinem Hauptteil widme ich mich der Analyse der unterschiedlichen intertextuellen Bezüge in allen sieben Brenner-Romanen anhand der Kriterien der Intensität eines intertextuellen Verweises nach Pfister.[180] Zusätzlich wird die Markierung im inneren bzw. im äußeren Kommunikationssystem aufgezeigt und eine Zuweisung zur System- oder Einzeltextreferenz getroffen. Auch Genettes Formen der Transtextualität werden in die Analyse eingebunden.

Da eine vollständige Bestandsaufnahme den Umfang dieser Arbeit sprengen würde, werde ich gezielt Beispiele auswählen, die Haas' Vielfalt an intertextuellen Verweisen am besten wiedergeben. Im Rahmen meiner Untersuchungen werde ich zudem auf die Funktion der jeweiligen intertextuellen Bezüge eingehen.

Ausgehend von der Zugehörigkeit der Brenner-Romane zur Gattung „Kriminalroman", die sich laut Ulrich Suerbaum wie alle Gattungen ja erst durch die Intertextualität als konstitutivem Merkmal definiert, werde ich mich auch der speziellen Gattungsstruktur von Haas' erstem Roman AdT widmen, die an eine griechische Tragödie erinnert.

Den von Haas konstant genutzten Textformen wie dem Titel als paratextuellem Element oder den leitmotivisch gebrauchten Liedern gilt im Sinne einer Intensivitätsmessung der Intertextualität in 3.2 und 3.3 mein Hauptaugenmerk. Auch die Bezüge auf literarische Prätexte in 3.4 sind für mich als Literaturwissenschaftlerin natürlich besonders interessant.

Im Rahmen meiner Definitionsfindung des Text- und Intertextualitätsbegriffs hat sich ergeben, dass auch geschichtliche Ereignisse, Themen und sogar Mythen als Texte im kulturwissenschaftlichen Sinne betrachtet werden können. Diesen Bezügen widme ich mich in 3.5 und teilweise auch noch in 3.7.

---

180 Broich/Pfister 1985, S. 26 ff.

Typisch für Haas und dadurch besonders interessant sind der wörtliche gemeinte Gebrauch von Sprichwörtern und Redewendungen sowie mehrdeutige Sprachspiele, die sich durch das Ausnutzen einer phonetischen oder inhaltlichen Ähnlichkeit auszeichnen. Mit diesen Phänomen werde ich mich in 3.6 auseinandersetzen.

Den intertextuellen Verweisen auf Politik, Kirche und Religion, Kunst und Kultur sowie die Marken- und Medienwelt des 20. und 21. Jahrhunderts gilt in 3.7 meine Aufmerksamkeit.

Der Beobachtung von Moritz Baßler zustimmend: „Es geht nicht um erste Worte, sondern um den Import und die Verarbeitung bereits existierender, längst enzyklopädisch aufgeladener Wörter, Redeweisen, diskursiver Zusammenhänge und Vorstellungskomplexe in der Literatur",[181] werde ich mich in diesem Hauptteil intensiv um die ausführliche Analyse diverser intertextueller Bezüge bemühen.

4.1 Der Gattungsbezug der Brenner-Romane

„Bei allen Gattungen gehört Intertextualität zu den konstitutiven Merkmalen",[182] meint Ulrich Suerbaum und betont dabei, dass Gattungen ihren Zusammenhang als Gruppe erst durch Texte erhalten, die aufeinander bezogen sind und die dem Leser diese Bezogenheit durch deutliche Signale vermitteln wollen.[183] Durch ein „System also, das außerhalb der individuellen Beziehungen Autor – Text, Text – Leser, Text – Text existiert".[184] Der Relationstypus für Gattungen als Aspekt der Systemreferenz müsste somit eigentlich „nicht *inter*, sondern *extra*"[185] lauten.

Wolf Haas hat mit seinen sieben Brenner-Romanen eine Reihe geschaffen. Eine Reihe von Kriminalromanen, genauer gesagt Detektivgeschichten. Und obwohl die Arbeitsmethode von Simon Brenner so gar nicht dem Bild eines klassischen, in der kanonisierten Literatur bereits existenten Ermittlers entspricht, der analytisch vorgeht und die „Kräfte der Wahrneh-

---

181 Baßler 2002, S. 186.

182 Broich/Pfister 1985, S. 58.

183 Vgl. ebd., S. 58-59.

184 Ebd., S. 59.

185 Ebd.

mung und gedanklicher Kombination“[186] einsetzt, entsprechen die Brenner-Romane dem Genre des Kriminalromans.

Für die Gattungsbildung sind zwei Arten von Intertextualität besonders relevant: einerseits die lineare Intertextualität, bei der „Segmente vorhergehender Texte [...] zitierend und anspielend aufgenommen“[187] werden, wodurch der Reihencharakter deutlich wird. Typisches Beispiel dafür ist in den Brenner-Romanen der bereits erwähnte erste Satz – „Jetzt ist schon wieder was passiert“ (DK, S. 5; KsT, S. 5; S!, S. 5; WdT, S. 7; DeL, S. 5) – sowie das Fortschreiben der Figur des Brenner, der sich im Laufe der Romane immer weiter entwickelt.

Andererseits ist auch die perspektivierende Intertextualität von entscheidender Bedeutung, da sie dem Haupttext durch „die Bezugnahme auf tatsächlich existierende und auf fiktive Texte“[188] im Sinne von Suerbaums zweiebiger Intertextualitätsstruktur „den Anschein der Tiefe“[189] verleiht. So verleihen das Zitieren der Titel „Auferstehung der Toten“ aus einem fiktiven Zeitungsartikel in AdT oder das Ablesen eines Trakl-Gedichts von einer tatsächlich existierenden Schrifttafel an einem Brückenpfeiler in Salzburg in S! den Brenner-Romanen Glaubhaftigkeit und eine starke intertextuelle Struktur.

4.1.1 Die Brenner-Romane als Kriminalromane/Detektivromane

Wie bei jedem intertextuellen Bezug lässt sich auch bei der Gattungszugehörigkeit eine Unterscheidung treffen, ob sich der intertextuelle Verweis außerhalb des Haupttextes, also z. B. im paratextuellen Rahmen, befindet oder ob die Hinweise direkt im Text enthalten sind. Da diese Bezüge sich grundlegend unterscheiden, teile ich diesen Abschnitt in zwei Bereiche: die Markierungen im äußeren und die Markierungen im inneren Kommunikationssystem.

---

186 Nusser 2003, S. 39.

187 Broich/Pfister 1985, S. 64.

188 Ebd., S. 68.

189 Ebd., S. 64.

4.1.1.1 Markierungen im äußeren Kommunikationssystem

Die Markierung der Gattungszugehörigkeit der Brenner-Romane ist abhängig von den Ausgaben der Romane und erfolgt dadurch mehr oder weniger deutlich. Während AdT noch einige Markierungen im äußeren Kommunikationssystem aufweist, die eine Zugehörigkeit zur Gattung Kriminalroman deutlich machen, erweisen sich diese Hinweise im Laufe der letzten Romane zusehends als rückläufig.

So gehört AdT als erstes Buch der Brenner-Reihe – ebenso wie auch DK und S! – zur „rororo thriller"-Reihe, was sich bei AdT und DK durch Aufdrucke sowohl am Cover – „thriller" – als auch am Buchrücken – „Thriller" – und auf den ersten Seiten des Buches im Rahmen des Reihentitels als Paratext – „rororo thriller; Herausgegeben von Bernd Jost" (AdT, S. 4; DK, S. 4) – zeigt. In S! erscheint die Bezeichnung „Thriller" schließlich auf Titelseite, Buchrücken sowie Rückseite und wird jeweils mit großem Anfangsbuchstaben geschrieben. Der Reihentitel „rororo thriller; Herausgegeben von Bernd Jost" (S!, S. 4) ist auch hier abgedruckt. Diese paratextuellen Verweise auf den Gattungsbezug fasst Genette im Rahmen der Architextualität zusammen. Nachdem sich bei den restlichen vier Brenner-Romanen – KsT, WdT, DeL und DBlG – jeweils auf S. 3 nur noch der paratextuelle Hinweis „Roman" befindet, kann aufgrund des Reihencharakters davon ausgegangen werden, dass „Offensichtliches nicht mehr eigens betont werden muß".[190]

Wie bereits in 2.3.1 näher beschrieben, lässt nur bei wenigen Brenner-Romanen bereits die Titelgebung eine Vermutung zu, welchem Genre dieser Roman zuzuordnen ist. Vor allem hinter den Titelnamen *Komm, süßer Tod* und *Auferstehung der Toten* lässt sich ein Kriminalroman vermuten. *Das ewige Leben* bietet für einen Leser keine Anhaltspunkte für dieses Genre und auch *Der Brenner und der liebe Gott* lässt sich nur als Krimi deklarieren, wenn der Rezipient bereits um den Reihencharakter der Brenner-Romane weiß.

Auch die „äußere Aufmachung"[191] eines Buches kann eine Zuordnung zu einer Gattung unterstützen, ist aber wiederum von der Ausgabe abhängig. So lässt sich bei AdT mit der Titelseiten-Illustration von Detlef Surrey – zwei tote Menschen auf einem Schilift – eindeutig auf die Gattung Kriminalroman schließen. Und auch KsT, illustriert von Jürgen Mick, mit der

---

[190] Genette 1993, S. 13.

[191] Broich/Pfister 1985, S. 37.

Abbildung zweier Sanitäter, die einen toten – oder zumindest bewusstlos anmutenden – Mann in einen Krankenwagen schieben, lässt sich gattungstechnisch als Hinweis verstehen.

Deutlicher wird die Gattungszugehörigkeit schließlich durch die Paratexte Rückseite, Klappentext usw. So verweisen Bezeichnungen wie „Detektiv", „Ermittler[]" und „Schnüffler" in AdT im Paratext „Zu diesem Buch" (AdT, S. 2) sowie „Privatdetektiv" auf der Rückseite bereits auf die Gattung Kriminalroman bzw. genauer auf einen Detektivroman. Auch DK enthält auf Rückseite und in „Zu diesem Buch" (DK, S. 2) zahlreiche Begriffe, die auf einen Kriminalroman schließen lassen. Von „Aktenzeichen XY[192]", „Menschenknochen", „Toten" und „Opfer[n]" ist hier die Rede. Und die „Kripo" sowie der „Privatdetektiv Brenner" machen sich auf die Suche, denn da „fließt auf einmal Blut". (DK, S. 2)

KsT, S! und WdT verzichten auf eine Inhaltsangabe auf S. 2 und verweisen nur auf der Rückseite auf die Gattung Kriminalroman. So spricht KsT vom „Opfer eines wahren Kunstschusses" und dem früheren „Privatdetektiv" Brenner, einem „ehemaligen Schnüffler", der im Rahmen seines neuen Jobs einen „Mord" aufklären muss. Die Rückseite von S! enthält überhaupt nur den Begriff „Privatdetektiv" als Hinweis und WdT lässt durch „Hundemörder[]", die durch präparierte Kekse „Killerhunde[] umbringen", auf einen Kriminalroman schließen.

DeL hat in der mir vorliegenden Ausgabe erstmals einen Klappentext, der damit die sonst auf S. 2 üblichen Kommentare und Informationen ersetzt. Auch hier lassen im vorderen Klappentext Begriffe wie „Privatdetektiv", „Banküberfall" und „tödlich" und auf der Rückseite Brenners „letzter Fall" auf das Genre schließen.

DBlG, sechs Jahre nach dem eigentlich letzten Brenner-Roman erschienen, verweist nur durch eine Modifikation des ersten, bekannten Satzes aus den Brenner-Romanen – „Jetzt ist schon wieder was passiert" – auf seine Zugehörigkeit zur Reihe und somit auch zum Genre: „dass dann doch wieder

---

192 „Aktenzeichen XY", eigentlich „Aktenzeichen XY... ungelöst", war von Ende der 1960er-Jahre bis 2003 eine äußerst populäre Fernsehsendung, die von ZDF, ORF und SF in Kooperation produziert wurde. Ziel der Sendung war die Aufklärung von Straftaten mithilfe der Zuseher im Rahmen einer „Öffentlichkeitsfahndung". Bekanntester Moderater war Eduard Zimmermann. Siehe auch: http://de.wikipedia.org/wiki/Aktenzeichen_xy, abgerufen am 17.05.2011 um 09.45 Uhr.

was passiert“ heißt es auf S. 2 und „bis wieder was passiert“ auf der Rückseite.

Bestätigt wird die Gattungszugehörigkeit der Brenner-Romane letztlich durch Rezensionen und Hinweise in den Paratexten. So steht bereits auf der Rückseite von AdT: „«Vielleicht der beste deutschsprachige Kriminalroman des Jahres.» *Frankfurter Rundschau*“. DK kann man in „Zu diesem Buch“ (DK, S. 2) den Hinweis auf den „Deutschen Krimi-Preis 1999“ für KsT entnehmen und auch der Bayerische Rundfunk wird hier zitiert, der in DK einen „Krimi“ sieht, durch dessen „Genre am ehesten raffinierte Erzählhaltungen und literarische Experimente“ zu finden sind. In KsT wird Haas schließlich als der „erste[n] Liga der deutschsprachigen Krimiautoren“ (KsT, S. 2) zugehörig beschrieben und auch hier finden sich Verweise auf Rückseite und S. 2 für den „Deutschen Krimi-Preis“, den Haas für dieses Buch erhalten hat. S! erwähnt auf S. 2 erneut den „Deutschen Krimi-Preis 1999“ für KsT und die „erste Liga der deutschsprachigen Krimiautoren“ (S!, S. 2). Zudem wird die *Frankfurter Allgemeine Zeitung* zitiert, die von „hinterfotzigen Wiener Krimis“ (S!, S. 2) spricht. Auf der Rückseite von S! bezeichnet schließlich auch die Hamburger Zeitung *Die Woche* S! in einem Statement als „Krimi“. In WdT schreibt *Die Welt* von Haas Romanen als den „komischsten und geistreichsten Kriminalromanen“ und die *Frankfurter Rundschau* ergötzt sich an den Leistungen Wolf Haas' im „Krimi-Hügelland“. (WdT, S. 2). Das „Krimi-Hügelland“ und der „Deutsche[] Krimipreis“ finden auch im hinteren Klappentext in DeL wieder Erwähnung. Und auch das Zitat der *Welt* aus WdT wird erneut auf der Rückseite von DeL untergebracht. DBlG enthält hingegen keinen Verweis auf eine Gattungszugehörigkeit durch eine Rezension.

Gemeinsam ist DK, KsT und S! die Auflistung aller bisher erschienenen Romane von Wolf Haas mit Kommentaren und Kurzrezensionen von populären Zeitungen im Rahmen eines Auszugs aus dem Verlagsprogramm auf den letzten Buchseiten.

Dass die konkreten Hinweise auf die Gattungszugehörigkeit – z. B. bei der Buchgestaltung, der Titelgebung oder der Zugehörigkeit zur „rororo thriller“-Reihe – von Buch zu Buch reduziert werden, zeigt deutlich den Reihencharakter der Brenner-Romane, deren Gattungszugehörigkeit sich schließlich von selbst ergibt.

4.1.1.2 Markierungen im inneren Kommunikationssystem

Im inneren Kommunikationssystem kommt Suerbaums Zuordnung der Gattung zur Systemreferenz zum Tragen. Während der erste Brenner-Roman noch völlig neutral eingeleitet wird, unterstreicht der erste Satz – „Jetzt ist schon wieder was passiert" – in den nächsten fünf Büchern DK, KsT, S!, WdT und DeL den Reihencharakter und durch die Formulierung auch die Zugehörigkeit zur Gattung Kriminalroman. Der Literaturwissenschaftler Moritz Baßler bestätigt dies: „Mit der Wiederholung des Anfangssatzes ‚Jetzt ist schon wieder was passiert' und der Wahl eines dritten österreichischen Schauplatzes ist das Gesetz der Serie definiert."[193] Da der Erzähler am Ende des sechsten Romans DeL erschossen wird und der siebte Brenner-Roman DBlG erst Jahre später erschienen ist, beginnt dieses Buch nun mit einer Erklärung. Der berühmte erste Satz wird ein paar Seiten später etwas umformuliert und gleich thematisch benannt in den Haupttext eingebunden: „[...] weil in der Klinik ist auch was passiert". (DBlG, S. 14)

Häufiger als der bekannte erste Satz – nämlich in allen sieben Büchern – wiederholt sich in den Brenner-Romanen die Information, dass Brenner aus Puntigam, einem Stadtteil von Graz, stammt. Und was nicht fehlen darf, ist hier natürlich die Zusatzinformation, dass dort auch ein Bier hergestellt wird, das Puntigamer Bier:[194]

> „[...] der Brenner aber aus Puntigam, also wo das Bier herkommt, Puntigamer, also aus der Steiermark, in der Nähe von Graz." (AdT, S. 16)
>
> „Der Brenner ist aus Puntigam gewesen, praktisch ein Vorort von Graz, wo das Bier herkommt. Puntigamer." (DK, S. 72)
>
> „Aber andererseits waren die beiden ja aus Puntigam, wo das Bier herkommt." (KsT, S. 120)
>
> „Du mußt wissen, der Brenner war aus Puntigam, wo das Bier herkommt, Puntigamer." (S!, S. 20)
>
> „Der Brenner [...] war ja aus Puntigam, wo das Bier her kommt [...]" (WdT, S. 24)

---

193 edition schreibkraft 2003, S. 27.

194 Ob diese Information die fiktive Geschichte von Brenner realitätsnaher gestalten soll oder ob Haas' Romane nicht vielleicht sogar von der Brauerei Puntigamer finanziell unterstützt wurden, sei dahingestellt.

„Aus Puntigam sind Sie? Wo das Bier herkommt?" (DBlG, S. 72)

Nur in DeL, das direkt in Puntigam spielt, wird dieser Umstand nicht erwähnt. Stattdessen kommt dort dem Puntigamer-Bierlied eine leitmotivische Bedeutung zu.

Auch die Fortschreibung von Figuren wie natürlich in erster Linie dem Brenner, der im Laufe der sieben Bücher eine Entwicklung vom Polizisten zum Privatdetektiv – mit „Zwischenstopps" als Rettungsfahrer in KsT, Chauffeur in DBlG und Ermittler in eigener Sache in DeL – durchmacht, verweist auf die Zusammengehörigkeit als Reihe. Doch auch der „kleine Berti" (KsT, S. 18) aus KsT, dessen Nachname erst zwei Romane später genannt wird, taucht in WdT als „Schattauer Berti" (WdT, S. 101) wieder auf. Seinen Wunsch, ein Detektivbüro zu eröffnen (Vgl. KsT, S. 111), hat dieser sich in WdT schließlich erfüllen können.[195] (Vgl. WdT, S. 101) Und wie er dem Brenner bereits in KsT mit seinem detektivischen Ehrgeiz geholfen hat, indem er „so unauffällig wie möglich den neuen Standort vom Junior durchfunk[t]" (KsT, S. 208), unterstützt er ihn auch in WdT, indem er Brenners Verfolger am Flakturm mit einem Hubschrauber köpft. (Vgl. WdT, S. 205)

Die Anekdote in DK, bei der sich Brenner an die Leichensuche mit einem Kollegen erinnert, der sich „eine Philippinin" (DK, S. 12) aus dem Katalog bestellt hat, und dem „Gestank" (DK, S. 12), der ihnen beim Fund der Leiche entgegen geschlagen ist, könnte bereits auf S! mit seinen Gerüchen und dem philippinischen Mädchenhandel verweisen. Unterstrichen wird dies noch durch die Metapher eines Ford Fiesta mit „Schweigegelübde". (DK, S. 122) Auch der „Höllenlärm" (DK, S. 120), den Brenner in DK ertragen muss, kann als Vorausdeutung auf KsT gesehen werden. Der Vergleich „wie bei den Hunden" (DK, S. 125) lässt schon WdT erahnen. Der Hinweis – „Die Leute vergessen schnell" (DK, S. 147) – erinnert jedoch an die Handlose in AdT: „Das Vergessen ist eine Gnade, müssen Sie wissen." (AdT, S. 141) Die Erinnerung an Brenners Lateinlehrer –

---

195 Inhaltlich jedoch nicht ganz vollständig übernommen hat Haas hier seine eigene Geschichte von Berti, der laut WdT in der Vergangenheit unbedingt mit Brenner ein Detektivbüro aufmachen wollte (Vgl. WdT, S. 101). In KsT spricht er jedoch davon, mit seinem Kollegen vom Rettungsbund ein Detektivbüro eröffnen zu wollen (Vgl. KsT, S. 111), nachdem Brenner für seine Idee mit dem gemeinsamen Büro nicht zu begeistern war (Vgl. KsT, S. 19).

„Schweigen ist Gold“ (KsT, S. 45) – verweist wiederum auf das Schweigen in S!.

Einen thematisch schönen Übergang von DK auf KsT schafft Haas, indem er den auktorialen Erzähler davon berichten lässt, „daß der Brenner selber voriges von den Kreuzrettern gerettet worden ist. Ihm ist damals der kleine Finger abgehackt worden, das ist sogar groß in der Zeitung gestanden“. (KsT, S. 17) Dies bestätigt sich in DK: „Muß man von Glück reden, daß ihm der Alte nur den kleinen Finger abgehackt hat.“ (DK, S. 135) Auf Brenners Karriere als Mitarbeiter der Rettung verweist der Erzähler dann auch in WdT mehrfach (WdT, S. 101, 132, 174), so z. B.: „Du musst wissen, der Brenner hat einmal bei der Rettung gearbeitet [...]“. (WdT, S. 101)

Auf DK verweist in S! der Hinweis der Festspielhaus-Sekretärin, dass Gottlieb Meller „kein richtiger Mann“ (S!, S. 61) war. Denn wie in DK bereits durch die Strophe des Rittersongs gezeigt wurde, waren auch der Löschenkohl und die Kellnerin beim Löschenkohl-Wirt keine „echten“ Männer. Warum das Skelett im Marianum „ausgerechnet Oswald“ (S!, S. 163) heißt, erklärt der auktoriale Erzähler anhand der Wortherkunft, „sprich *os* lateinisch der Knochen, darum «Oswald» für den Knochenmann“. (S!, S. 164) Oswald ist auch der Name des Voyeurs in KsT, der schließlich als „Knochenmann“, als Tod, fungiert und den Junior „mit einem einzigen Schuß“ (KsT, S. 215) tötet. Nicht zuletzt verweisen diese Bezüge natürlich auf den zweiten Brenner-Roman DK, der den „Knochenmann“ bereits im Titel hat.

Obwohl Brenner stets seinen Wohnort wechselt, kommen auch bekannte Gegenstände immer wieder vor. Brenners „*Glock*“ begleitet ihn so z. B. seit dem Kauf in AdT (AdT, S. 132) durch nahezu alle Romane. „Seine Pistole ist ja eine *Glock* gewesen“ (KsT, S. 211), und auch in DBlG wird die „Glock“ (DBlG, S. 96) zwar erwähnt, seitdem er Tabletten nimmt, besitzt er sie jedoch nicht mehr, da der Gesetzgeber gemeint hat, „es ist gescheiter, du gibst uns den Waffenschein zurück“. (DBlG, S. 116) Und sogar die „Nußholzkästchen“ (AdT, S. 24) aus AdT finden ihren Weg durch die Romane: „Wo hast du diese schönen Nußholzkästen her?“ (KsT, S. 181), fragt ihn z. B. sein Kreuzretter-Kollege Hansi Munz in KsT.

Mit Brenners Hoffnung, dass die Frau seines ehemaligen Kollegen Aschenbrenner „zu regelmäßige Zähne“ (DeL, S. 75) hat, schafft Haas einen Bezug zu WdT, wo bereits vom auktorialen Erzähler geschildert wurde, dass Brenner genau auf solch einen „hauchdünnen Sprengriss zwischen den oberen Schneidezähnen“ (WdT, S. 217) steht.

Dass man „über die Toten nicht schlecht reden“ (WdT, S. 11) soll, betont der Erzähler sowohl in WdT als auch schon zuvor in KsT, als der verstorbene Sanitäter Manfred Groß nicht mehr „Bimbo“ genannt wird, „quasi: Respekt vor den Toten“. (KsT, S. 57) Der Tod seines Kollegen Irrsiegler, um den es in DeL hauptsächlich geht, wurde ebenfalls bereits in den Romanen zuvor erwähnt, so z. B. in KsT: „Der Irrsiegler ist später mit dem Motorrad verunglückt [...]“ (KsT, S. 170) oder in S!: „Und ein Kollege von ihm, eigentlich muß ich sagen bester Freund in der Polizeischule, der Irrsiegler [...] ist [...] dann mit dem Motorrad tödlich verunglückt“. (S!, S. 73-74) Brenners Aussage – „Gegen das Gesetz verstoßen haben wir doch alle schon einmal“ (DBlG, S. 136) – und die Beschreibung von Helenas verzweifelter Mutter, „die ausschaut, als wären in zweiundsiebzig Stunden [Anm.: seit dem Verschwinden ihrer Tochter] dreißig Jahre vergangen“ (DBlG, S. 134), erinnert an DeL und Frau Maric, die ihren verstorbenen Geliebten nach 30 Jahren immer noch betrauert. (Vgl. DeL, S. 190 ff.)

Zufall oder Intention? Dass „der liebe Gott“ (DeL, S. 47) nicht nur in DBlG, sondern bereits in DeL erwähnt wird, kann Zufall sein oder bereits eine Vorausdeutung auf den siebten Roman darstellen. Wolf Haas hat ja stets in Interviews betont, dass es definitiv keinen siebten Brenner-Roman mehr geben wird, sogar noch zu einem Zeitpunkt, wo DBlG bereits im Druck war.[196]

Resümee: Die Anzahl an intertextuellen – eigentlich intratextuellen – Markierungen im den Brenner-Romanen belegt in Kombination mit den Markierungen im äußeren Kommunikationssystem eindeutig einen Reihencharakter und die thematische Zugehörigkeit zur Gattung Kriminalroman.

4.1.2 „Auferstehung der Toten“ als griechische Tragödie?

Die tragische Geschichte von Lorenz Antretter in AdT erinnert stark an die Grundzüge einer griechischen Tragödie, was auch der auktoriale Erzähler betont:

> Aber wie der Lorenz von seinen Eltern aufgerieben worden ist, vom Vergolder und seiner Schwester, einer brutaler als der andere. Da hätte der Mandl eine Tragödie draus machen können, praktisch griechische, aber nein. (AdT, S. 152)

---

196 Vgl. Renate Kromp im Interview mit Wolf Haas: Brenners Wiederkehr; in: News, Ausgabe 35/09, 26.08.2009, S. 74.

Lorenz, der als uneheliches Kind aus dem Inzestakt des Vergolders Antretter und der Handlosen, der „Schwester des Vergolders“ (AdT, S. 140), entsteht, kommt – wie ein antiker tragischer Held – mit dieser Last schon unwissend „schuldlos schuldig“[197] zur Welt. (AdT, S. 145-146)

Die Aufgabe der griechischen Tragödie ist es, „Schrecken und Mitleid zu erwecken“.[198] So verwundert es nicht, „daß der tragische Held, um Furcht und Mitleid zu erregen, aus einem Glückszustand ins Unglück stürzen müsse, und zwar nicht aufgrund einer charakterlichen Schlechtigkeit, sondern wegen eines großen Fehlers oder Irrtums“.[199] Da seine Mutter nach seiner Geburt ins Ausland flüchtet (AdT, S. 146), um dem Spott der Bevölkerung zu entgehen und sein Vater – ganz im Sinne der „Fallhöhe“[200] der griechischen Tragödie – zu einem der „Stadtoberen“ (AdT, S. 30) aufsteigt, Lorenz aber aus der Familie ausgrenzt und ihm „nur Verachtung“ (AdT, S. 146) entgegenbringt – „Jedes Jahr bin ich am 21. Dezember bei meinem Onkel. Das ist mein Weihnachten“ (AdT, S. 62), „weil natürlich am 24. Dezember: nur Familie“ (AdT, S. 47) – kommt es, wie es kommen muss.

Wie schon Ödipus tötet schließlich auch Lorenz seinen Vater, ohne zu wissen, dass er sein leiblicher Sohn ist: „Zielt der Lorenz mit dem Benzinschlauch aus zwei Metern Entfernung direkt in das Gesicht seines Onkels. Und da ist auch die brennende Zigarette gewesen. Dann natürlich.“ (AdT, S. 113-114) Dieses Bild vergleicht Haas einige Seiten zuvor mit dem „Jüngste[n] Tag“. (AdT, S. 104) Laut Albin Lesky ist „eine innere Entwicklung der handelnden Personen, die durch den äußeren Druck bedingt ist, nachvollzieh[bar]“[201] und somit Lorenz' Handeln verständlich, wenn auch nicht legitim.

Lorenz ahnt bis zuletzt nicht, wer seine Eltern sind: „Weil den leiblichen Vater habe ich nie gekannt. Und meine Mutter ist ja verschwunden. Also nach meiner Geburt.“ (AdT, S. 63) Dies betont auch seine Mutter nach seinem Tod: „Er hat es ja nicht gewußt, daß es sein Vater ist. Und ich seine Mutter.“ (AdT, S. 146) Und gerade deshalb ist die „Schuld [...] so tragisch,

---

197 Neuhaus 2005, S. 65.

198 Gottsched, zit. nach Neuhaus 2005, S. 66.

199 Zimmermann 1992, S. 146.

200 Neuhaus 2005, S. 66.

201 Zimmermann 1992, S. 147.

weil sie nicht von ihm zu verantworten ist. Er begeht die Schuld, ohne davon zu wissen".[202]

Aristoteles definiert neben einigen anderen Modellen das ideale, am Helden orientierte Handlungsmodell der griechischen Tragödie wie folgt:

> So bleibt der Held übrig, der zwischen den genannten Möglichkeiten steht. Dies ist bei jemandem der Fall, der nicht trotz seiner sittlichen Größe und seines hervorragenden Gerechtigkeitsstrebens, aber auch nicht wegen seiner Schlechtigkeit und Gemeinheit einen Umschlag ins Unglück erlebt, sondern wegen eines Fehlers – bei einem von denen, die großes Ansehen und Glück genießen, wie Ödipus und Thyestes und andere hervorragende Männer aus derartigen Geschlechtern.[203]

Lorenz steht zu seiner Tat: „Der Lorenz hat nichts davon wissen wollen. Er hat mich angeschrien, daß ich das mit dem Unfall auf keinen Fall sagen darf. Weil es unbedingt alle wissen müssen, daß er mit dem Vergolder abgefahren ist. Absichtlich abgefahren. [...] ich muß es jedem sagen, daß er absichtlich mit seinem Onkel abgefahren ist". (AdT, S. 137) Und da sein Freund Andi Fux Lorenz' Tod vortäuscht, um ihn zu schützen, sieht Lorenz sich schließlich gezwungen, sich selbst seiner gerechten Strafe zuzuführen. Er tötet sich, indem er „eine Rumflasche ausgetrunken hat" (AdT, S. 129), „in einem Zug" (AdT, S. 129) – „[e]in Dreiviertelliter Achtzigprozentiger ist das gewesen". (AdT, S. 129)

Die Ähnlichkeit der Thematik und der Struktur mit einer griechischen Tragödie sowie der explizite Hinweis des auktorialen Erzählers auf diese Tatsache zeigen einen besonders intensiven intertextuellen Bezug zu dieser Gattung als Systemreferenz an.

4.2 Der Titel als mehrdeutiger Verweis auf den Inhalt

Generell zählt der Bezug zwischen dem Titel eines Buches und seinem Haupttext zu den paratextuellen Bezügen, genauer gesagt zu den Peritexten, der Transtextualität nach Genette. Auch Broich / Pfister räumen dem Titel – vor allem hinsichtlich seiner „Explizitheit bzw. Lokalisierung im

---

202 Neuhaus 2005, S. 65.

203 Aristoteles 2003, S. 1453a.

Werk“[204] – einen besonderen Stellenwert ein. Die Markierung eines Prätextes im Titel, der als Nebentext zum äußeren Kommunikationssystem zu zählen ist, ist nicht nur die am häufigsten verwendete Methode einer Kennzeichnung, sondern vor allem auch die auffälligste und prägnanteste.

In einem Interview mit dem *Falter* im Juni 2006 über *Das Wetter vor 15 Jahren* erklärt Wolf Haas, dass bei seinen Romanen immer der Titel zuerst entsteht und er die Handlung erst später um diesen herum entwickelt. Auf die Frage von Klaus Nüchtern vom *Falter* – „Der Titel stand am Anfang?“[205] – betont er: „Ja. Übrigens nicht zum ersten Mal: Bei ;Komm, süßer Tod‘ war es auch so: Mit so einem Titel, dachte ich damals, kann ich den Roman gar nicht vergeigen. Im Prinzip gehe ich ja immer von formalen Dingen aus und schaue dann, welcher Inhalt dazu passt.“[206] Ob als Zitat aus einem oder Anspielung auf einen realen Prätext – auch im Sinne eines Mythos oder Themas – bei Wolf Haas' Brenner-Romanen sind die Titel immer von entscheidender Bedeutung, wenngleich auch nicht unbedingt von intertextueller Relevanz.

Bei welchen Brenner-Romanen der Titel einen intertextuellen Bezug aufweist und eine intertextuelle Intensität vorliegt, soll im Folgenden eruiert werden.

4.2.1 Auferstehung der Toten – Spiel mit dem Numerus

Ausgesprochen prägnant und das von Haas beliebte Thema „Religion“ integrierend zeigt sich bereits der Titel des ersten Brenner-Romans 1996. *Auferstehung der Toten* lautet der klingende Titel – und stellt sogleich einen Bezug zum apostolischen Glaubensbekenntnis her. Um diesen Bezug auch im Haupttext explizit und unübersehbar aufzuzeigen, verweist der auktoriale Erzähler wörtlich auf das „Glaubensbekenntnis“. (AdT, S. 74)

Zudem lässt Haas den Pfarrer der Gemeinde Zell gemeinsam mit den wenigen Gläubigen in der Kirche einen Großteil des Glaubensbekenntnis aufsagen:

---

204 Broich/Pfister 1985, S. 33.

205 Klaus Nüchtern: Wie es würklich war; in: Falter, Ausgabe 36, 06.09.2006; auf: http://www.falter.at/web/print/detail.php?id=341, abgerufen am 12.05.2011 um 13.20 Uhr.

206 Ebd.

«Ich glaube an Gott», stimmt der Pfarrer an, und dann auch die
Gläubigen im Chor:
«den Vater, den Allmächtigen,
den Schöpfer des Himmels und der Erde,
und an Jesus Christus,
seinen eingeborenen Sohn, unsern Herrn.»
[...]
«Ich glaube an den Heiligen Geist,
die heilige katholische Kirche,
Gemeinschaft der Heiligen,
Vergebung der Sünden,
Auferstehung der Toten
und das ewige Leben. Amen.» (AdT, S. 74-75)

Neben der wörtlichen Übernahme des Prätextes im Sinne einer Einzeltextreferenz nutzt Haas die Auferstehung der Toten auch thematisch mehrfach, indem er den Numerus von „der Toten" variiert. So übernimmt der Titel „Auferstehung der Toten" sinnbildhaft die Funktion für fünf Personen, die im Laufe des Haupttextes im übertragenen Sinne „auferstehen". So kehrt die Handlose, die „Schwester des Vergolders" (AdT, S. 140) und Mutter von Lorenz Antretter, von der alle geglaubt haben, sie wäre als Jugendliche „in den See gegangen" (AdT, S. 146) (Vgl. auch AdT, S. 63) und somit verstorben, „fast fünfzig Jahre nachdem [s]ie aus Zell verschwunden [ist]" (AdT, S. 140) wieder zurück, „um sich an [i]hrem Bruder zu rächen" (AdT, S. 140), indem sie seine Schwiegereltern tötet und den Verdacht auf ihn lenkt – „[p]raktisch unchristliche Auferstehung".[207] (AdT, S. 151)

Haas fördert in AdT die „zweiebige Intertextualitätsstruktur"[208] nach Suerbaum, indem er neben den Zitaten z. B. aus dem realen Glaubensbekenntnis auch fiktive Zitate und Informationen aus realitätsnahen Textarten wie z. B. der Titelstory „Auferstehung der Toten!" (AdT, S. 98) der Zeitung „Pinzgauer Post" in seinen Haupttext einfließen lässt:[209] Laut diesem scheinen die am Schilift verstorbenen Amerikaner wieder auferstanden zu

---

207 Im apostolischen Glaubensbekenntnis meint die Auferstehung die Rückkehr Jesus' aus dem Reich der Toten. Da die Schwester des Vergolders ihren Tod jedoch nur vorgetäuscht hat, sie also nicht im christlichen Sinne „auferstanden" ist, ist die Bezeichnung „unchristliche Auferstehung" durchaus zutreffend.

208 Broich/Pfister 1985, S. 62.

209 Die *Pinzgauer Post* gibt es zwar tatsächlich, die Headline eines Artikels mit diesem Namen und Inhalt ist jedoch vermutlich frei erfunden.

sein, da „mehrere von den Parsons datierte und unterschriebene Schecks eingelöst worden sind. [...] Und das ein halbes Jahr nach ihrem Tod“. (AdT, S. 98-99) Später stellt sich allerdings heraus, dass Lorenz aus Geldnot die Unterschriften gefälscht hat. Und auch die in den 1920er-Jahren verstorbene Leuchtziffernmalerin Clare Corrigan, deren Person in einem fiktiven „Buch über Leuchtziffern“ (AdT, S. 142) geschildert wird, darf kurzzeitig wieder auferstehen, da die Schülerin Elfi Lohninger zeitweilig ihre Identität übernimmt.

Zuletzt übt sich auch noch Lorenz Antretter in der „Auferstehung“, was durch Haas' Verweis auf den biblisch geprägten „Jüngste[n] Tag“[210] (AdT, S. 104) unterstrichen wird. Obwohl er laut der Schilderung seines Freundes Andi Fux bei einem Tankstellenbrand[211] ums Leben gekommen ist – „Der Lorenz, dieser Spinner hat sich selber in die Luft gejagt, praktisch Selbstmordkommando“ (AdT, S. 113) – und bereits offiziell begraben wurde, erscheint er lebendig, aber so „weiß im Gesicht“ (AdT, S. 128), dass ihn alle für einen „Geist“ (AdT, S. 129) halten, nachts beim „Seewirt“. Dort stirbt er jedoch schließlich an einer selbst zugefügten Alkoholvergiftung

---

210 Als „Jüngster Tag“ wird in der Bibel zumeist ein das Weltgeschehen abschließendes göttliches Gericht aller Lebenden und Toten betrachtet. Dass eine Versammlung von Lebenden UND Toten eng mit dem Gedanken der Auferstehung zusammenhängt und somit auch einen intertextuellen Bezug zwischen dem Romantitel, der betreffenden Bibelstelle und der „Auferstehung“ des totgeglaubten Lorenz aufweist, sei hier nur am Rande erwähnt. Lorenz, der von seinem Vater stets ungerecht behandelt wurde, tötet diesen, richtet ihn „nach seinen Werken“ (Offenbarung 20,12-15) und Jesus' Worten zu den Ungerechten beim Jüngsten Gericht im Matthäusevangelium entsprechend: „Weg von mir, ihr Verfluchten, in das ewige Feuer [...]“ (Mt 25,41) Den Abschluss dieses Bibelauszugs bilden die Worte: „[...] das ewige Leben“ (Mt 25,46), was bereits – ebenso wie im Glaubensbekenntnis – auf den ursprünglich letzten Brenner-Roman verweist.

Biblische Nachweise; in: Bibel nach der Übersetzung Martin Luther in der revidierten Fassung von 1984; auf: http://www.bibleserver.com, abgerufen am 14.05.2011 um 16.00 Uhr.

211 Der scheinbare Tod von Lorenz bei einem Tankstellenbrand erinnert an den Mythos vom Vogel Phönix, der verbrennt, um aus seiner Asche wieder neu zu entstehen. Die Aussage des Pfarrers bei Lorenz' Beerdigung – „Bedenke Mensch, daß du Staub bist und wieder zum Staube zurückkehrst“ (AdT, S. 118) – könnte jedoch bereits ein Verweis darauf sein, dass Lorenz dieses Schicksal des Phönix nicht dauerhaft bestimmt ist.

und den Brenner hat es „gar nicht mehr gewundert, daß der Tote wirklich der Lorenz gewesen ist". (AdT, S. 130)

Im Sinne von Pfisters Kriterien der Intensität eines intertextuellen Verweises,[212] ergibt sich aus dem Bezug zwischen dem apostolischen Glaubensbekenntnis und dem Brenner-Roman AdT folgende Analyse: Haas kennzeichnet seine Bezüge deutlich – im Titel, im Haupttext und in der Handlung selbst. Der Prätext des apostolischen Glaubensbekenntnisses wird im Titel zitiert und im Haupttext ausführlich thematisiert. Die Referentialität ist u. a. durch den Romantitel, die Thematik, das wörtliche Zitat im Haupttext (AdT, S. 74-75) sowie das Gespräch zwischen dem Lokalreporter Mandl von der Pinzgauer Post und dem Detektiv Brenner (AdT, S. 150-151) in hohem Maße gegeben. Dieses Gespräch bringt den Prätext zudem in einen neuen Kontext und entspricht somit dem Kriterium der Dialogizität:

> «Und sicher weißt du auch noch die Überschrift von dem Artikel.»
> «Einmaliges Schreibtalent, der Mandl. Einmalig! Aber da mußt du mir jetzt helfen.»
> «Auferstehung der Toten.»
> «Jajaja, obwohl gar nicht Ostern gewesen ist.»
> «Wie hast du das damals eigentlich gemeint?»
> «Ja, wenn die Parsons nach ihrem Tod noch Schecks ausstellen. Müssen sie ja fast auferstanden sein. Bei Jesus ist das auch nicht anders gewesen.»
> «Also Plural: die Toten. Genetiv: der Toten.»
> «Ja, sag einmal, Brenner!»
> «Aber bei Jesus, da hätten wir Singular: Auferstehung des Toten.»
> «Ja, sag einmal, Brenner, zu was fragst du mich das alles?»
> «Wozu, Mandl, man sagt: wozu! Und wie heißt es richtig, wenn die Vergolder-Schwester auferstanden ist?»
> «Da heißt es, aha! Wieder: Auferstehung der Toten.»
> «Genau. Weil zu was haben wir eine Grammatik.»
> «‹Der Duden-Detektiv!› Da wird unser Leser stolz auf dich sein, Brenner. Und die Tote ist nach fünfzig Jahren auferstanden, nur damit sie zwei andere umbringt. Praktisch unchristliche Auferstehung.» (AdT, S. 150-151)

---

212 Broich/Pfister 1985, S. 26 ff.

Dass in AdT die vermeintlich Toten der Reihe nach (scheinbar) wieder auferstehen, dies einen Bezug zum apostolischen Glaubensbekenntnis darstellt und dem christlichen Glauben von der Wiederauferstehung entspricht, ist nicht nur dem Leser, sondern auch manchen Charakteren im Haupttext bewusst: „«Auferstehung der Toten.» «Jajaja, obwohl gar nicht Ostern ist.»" (AdT, S. 150) Somit erzeugt die deutliche Markierung – sowohl im äußeren (Titel) als auch im inneren Kommunikationssystem – eine hohe „kommunikative Relevanz"[213] und Autoreflexivität. Die vielfachen Verweise auf das Glaubensbekenntnis als Prätext führen schließlich zu einer hohen Intensität dieses intertextuellen Bezuges.

4.2.2 Der Knochenmann – Mythos des personifizierten Todes

Der Knochenmann lautet der düstere Titel von Haas' zweitem Brenner-Roman und erinnert sogleich an das Darstellungsmotiv des personifizierten Todes. Passend zur Ritterthematik, die sich im Lied „Die Rittersleut" (DK, S. 73, 74) und beim intertextuellen Bezug zu Miguel de Cervantes *Don Quijote* (Vgl. DK, S. 79) wiederfindet, zieht sich auch die mittelalterliche Vorstellung eines personifizierten Todes durch den gesamten Roman. Wobei Haas natürlich auch hier wieder mit der potentiellen Mehrdeutigkeit des Begriffs „Knochenmann" spielt.

Der Begriff „Knochenmann" ist eine um ca. 1350 entstandene „Personenallegorie des Todes",[214] ein Mythos im Rahmen der „breitgestreuten, internationalen Literatur der ›Ars moriendi‹".[215] Ausgelöst durch das Massensterben infolge der Pest entwickelte sich im 14. Jahrhundert ein „neues Todesbewußtsein".[216] Denn „wenn es um die eigenen Knochen geht" (DK, S. 116), merkt man es – auch laut dem auktorialen Erzähler in DK –

---

213 Ebd., S. 27.

214 Haas 1989, S. 175.

215 Ebd., S. 174.

Die Kunst des Sterbens – „ars moriendi" – wurde ursprünglich in so genannten „Sterbebüchlein" gelehrt, Werken früher geistlicher Literatur. Sie enthielten neben Ermahnungen und christlich-moralischen Fragen auch Gebete und eine Reihe von Vorschriften im Umgang mit dem Sterbesakrament. Hier überwog – im Gegensatz zur Literatur rund um den personifizierten Tod – noch der positive Gedanke an das Sterben, welches das „persönliche Heil" begründet. Vgl. Haas 1989, S. 176-177.

216 Ohler 1990, S. 276.

den Menschen an, „daß sie sich vor dem Tod in die Hosen machen". (DK, S. 42) Im Rahmen der bildenden Künste entstehen schließlich Darstellungen des Todes, „personifiziert als dürres Gerippe",[217] mit Stundenglas und Sense oder Schwert, der diejenigen in das Reich der Toten bzw. in den Himmel geleitet, deren Zeit gekommen ist. So fürchten sich z. B. die älteren Personen in Klöch davor, dass „der Knochenmann [sie ab]holt" (DK, S. 26) und in diesem Sinne will auch der alte Löschenkohl „den Brenner ein bißchen mit seiner Fleischerhacke [...] berühren". (DK, S. 135)

Knochen sind das zentrale Thema in DK: Vom „Knochenabfieseln" (DK, S. 7) der Gäste beim Hühnchenessen im Gasthaus Löschenkohl über den „Knochenberg" (DK, S. 10), der sich mit der alten „Knochenmehlmaschine" (DK, S. 9) kaum mehr bewältigen lässt, bis zu der „größere[n] Anzahl menschlicher Knochen" (DK, S. 32), die die Lebensmittelpolizei beim Löschenkohl findet. Und mit dem immer lauter werdenden Surren der Knochenmehlmaschine (DK, S. 13, 17, 19-20, 131-133, 138), Brenners Suche nach der Herkunft dieses Geräuschs und seinem schrecklichen Fund sowie dem Zusammentreffen mit dem Knochenmann häufen sich schließlich die Knochenbegriffe: „Knochenmehlmaschine" (vier Erwähnungen), „Knochenberge", Knochenkeller" (zwei Erwähnungen), „Knochenraum" (zwei Erwähnungen) und natürlich immer wieder dieses „Surren" (sechs Erwähnungen) (Vgl. DK, S. 132-133) – wie die Sense eines Knochenmanns, die durch die Luft schwingt.

Der Romantitel *Der Knochenmann* trifft – wie schon bei AdT – gleich auf mehrere Personen zu: Erstens den „Goran Milovanovic" (DK, S. 31), dem vor ein paar Jahren aufgrund einer „Familienangelegenheit" (DK, S. 150) „alles gebrochen" (DK, S. 21) wurde und der „die Knochen schon lange vor der Lebensmittelpolizei gefunden" (DK, S. 150) hat, aber trotzdem „fast bis zur Hüfte in einem Knochenberg gestanden ist" (DK, S. 20), um für das Gasthaus Löschenkohl die Hühnerknochen mit der Knochenmehlmaschine zu verarbeiten. Zweitens den Klöcher Verteidiger, der einen gegnerischen Fußballspieler von Oberwart derart foult, „daß du die Knochen krachen gehört hast". (DK, S. 15) Drittens den Stürmer Ortovic, der „dem Tormann Milovanovic das Gesicht eingetreten hat" (DK, S. 150) und schließlich selbst zum Opfer wird. Viertens den Künstler „Julius Palfinger" (DK, S. 68), der „sich die Knochen dreiundzwanzigmal gebrochen" (DK, S. 100) hat, also vermutlich unter der Glasknochenkrankheit leidet.

[217] Ebd., S. 263.

Und schließlich auch noch der Brenner, der beim Anblick der attraktiven Schwester der Löschenkohl-Wirtin weiche Knie bekommt, aber sonst: „der reinste Knochenmann“. (DK, S. 155)

Der sechste und relevanteste Knochenmann ist natürlich der alte Löschenkohl-Wirt, der zum Schutz seines Gasthauses zum Mörder, zum personifizierten Tod für vier Menschen, und damit auch zum Knochenmann wird, indem er alle Leichen mithilfe der Knochenmehlmaschine zu beseitigen versucht. (Vgl. DK, S. 134 f.) Die mythische Bezeichnung „Knochenmann“ ergibt sich dadurch, dass der personifizierte Tod „manchmal mit mehr oder weniger Haut und Fleisch überzogen ist“.[218] Dass bei historischen Darstellungen auch oft „der Unterleib aufgeschnitten“[219] ist, passt mit Haas' Beschreibung des alten Löschenkohls, der „groß“ (DK, S. 7) und „majestätisch“ (DK, S. 8) ist, aber einen „zerfetzten Unterleib“ (DK, S. 23) hat, gut überein.

Im Mittelalter, zur Zeit von Rittern und „Schloßherrn“ (DK, S. 8), verliert die christliche Konnotation des Sterbens an Bedeutung, tritt an die Stelle von Hölle und Paradies „die Vorstellung der eigenen physischen Vernichtung“,[220] was sich auch in DK durch eine deutliche geringere Anzahl an religiösen Verweisen im Vergleich zu z.B. AdT und S! und die Zerstückelung der einzelnen Toten in DK durch den „Knochenmann“ Löschenkohl zeigt. „Der Tod holt alle“,[221] betonen die Totentänze im Mittelalter und so fallen auch in DK vier völlig unterschiedliche Personen dem Knochenmann, „der da so brutal in der Steiermark umgegangen ist“ (DK, S. 61), zum Opfer.

Mythen sind, wie Genette und Pfister unterstreichen, im Rahmen der Intertextualität ebenfalls als Texte anzusehen und somit ist die Personenallegorie des Todes ein intertextueller Bezug als Systemreferenz. Als Thema und wörtlich im Titel als Paratext sowie im Haupttext mehrfach erwähnt, markiert und thematisiert, entspricht der Mythos vom Knochenmann nahezu allen Pfister'schen Kriterien der intertextuellen Intensität. Das Kriterium der Strukturalität ist für diesen intertextuellen Bezug irrelevant – umso intensiver intertextuell sind dafür die thematischen Bezüge.

---

218 Ebd., S. 266.

219 Ebd.

220 Haas 1989, S. 179.

221 Ohler 1990, S. 263.

4.2.3 Komm, süßer Tod – eindeutig zweideutig

Wie noch in 3.3 deutlich werden wird, verweist Wolf Haas mit seinem Titel *Komm, süßer Tod* unter anderem auf einen speziellen Prätext, ein Sterbelied aus dem 18. Jahrhundert mit dem Titel *Komm, süsser Tod, komm, selge Ruh:*[222]

> *Komm, süsser Tod, komm, selge Ruh,*
> *komm, führe mich im Friede,*
> *weil ich der Welt bin müde,*
> *komm bald, erlöse mich, drück mir die Augen zu.*
> *Komm, süsser Tod, komm, selge Ruh.*[223]

lautet die erste Strophe des Liedes und steht in direktem Zusammenhang mit dem Titel und der Handlung von KsT. Denn dort hat im Zuge eines Streits um die Vormachtstellung im Rettungswesen die Kreuzrettung, für die der Brenner arbeitet, „für die Zuckerpatientinnen nicht die Rettung bedeutet [...], sondern den Tod". (KsT, S. 196)

Haas verweist mit seinem Romantitel nicht nur auf den Inhalt, sondern auf die Thematik des Todes, des Sterbens und im Sinne der Wortverwechslungen bzw. umgedrehten Wortbedeutungen im Roman natürlich auch auf das Kreuz[224] als christliches und kulturelles Symbol sowie eine Komposition

---

222 Leipziger Gesang-Buch 1729, S. 478.

223 Ebd.

224 Die Kreuz-Symbolik soll an dieser Stelle kurz aufgegriffen werden. Der ehemalige Polizist und Detektiv Brenner arbeitet bei den „Kreuzrettern" (KsT, S. 17), die eigentlich zum Wohl der Menschen handeln sollten. Doch um die Vormachtstellung im Kampf gegen den Rettungsbund nicht zu verlieren, töten der Sanitäter Manfred Groß und der Kreuzretter-Chef Junior der Reihe nach ältere Menschen, missbrauchen also das Symbol des Kreuzes statt als heilbringendes als todbringendes Kreuz. Der einst so „kreuzfidel[e]" (KsT, S. 37) Manfred Groß alias Bimbo wird jedoch aufgrund seines Übermuts alsbald ermordet – mit seiner „nicht kreuzgeschweißt[en]" (KsT, S. 21) Halskette erwürgt. Dem anderen ehemaligen Mitwisser, dem Rettungsfahrer Lungauer, wurde zuvor schon ein Kreuz in Gestalt eines „Kreuzschraubenzieher[s]" (KsT, S. 180) zum Verhängnis. Nach einer wilden Hetzjagd durch die Stadt – bei der sich die Leute aus Angst vor der Rettung, die mit überhöhter Geschwindigkeit vor ihnen über die „Kreuzung" (KsT, S. 6) fährt, „bekreuzigen" (KsT, S. 5) – meldet der Junior schließlich seinen Standort bei der „Spinnerin am Kreuz" (KsT, S. 205), wo ihn Brenner und Herr Oswald einholen können. Zu den Klängen der Arie „Komm, süßes Kreuz" (KsT, S. 194-197) aus Bachs Matthäuspassion kommt es schließlich zum tödlichen

sakral konnotierter Lieder. Gemeint ist mit dem Romantitel nämlich die Matthäuspassion mit der Arie *Komm, süßes Kreuz* als Prätext in Kombination mit dem Kirchenlied *O Haupt voll Blut und Wunden*, was in 3.3.3 noch genau erklärt wird. Haas verwirrt den Leser bewusst, indem Brenner darauf besteht, dass der Titel der Melodie, die er stets vor sich hin pfeift, „Komm, süßer Tod" (KsT, S. 130, 132, 158) lautet. Erst aufgrund des „Bach-Wahn[s]" (KsT, S. 159) von Brenners Jugendfreundin Klara kann diese Wortverwechslung aufgeklärt werden.

Thematisch bezieht sich der Titel auch auf den Tod der alten Diabetikerinnen, die von Manfred Groß und dem Kreuzretter-Chef Junior „mit einem Zuckerschock ins Jenseits befördert" (KsT, S. 194) wurden – quasi ein „süßer Tod". (KsT, S. 194) Süß war der Tod auch für die 17-jährige Klara, denn in diesem Alter „hat der Tod eine gewisse Süße" (KsT, S. 132). Zuletzt setzt Haas den wörtlichen Titel jedoch im Zusammenhang mit dem ehemaligen Rettungsfahrer Lungauer ein, dessen Mutter durch ihren Anruf beim Junior fast den Tod ihres Sohnes bewirkt:

> «Schnell!» hat die alte Lungauerin ins Telefon geschrien. «Komm!»
> «Süßer Tod», hat der Brenner sie ergänzt. Weil ihr Anruf hätte wirklich den sicheren Tod für ihren Sohn bedeutet, wenn nicht der Herr Oswald mit seiner Anlage gewesen wäre. (KsT, S. 201)

In KsT verbindet sich die Bedeutung des Titels als paratextuelles Phänomen mit der Bedeutung der Lieder als Prätexte. Der Titel muss von daher mehr als thematisch interessant betrachtet werden, während die Intensität der Intertextualität im Falle von KsT durch die Lieder bestimmt wird.

4.2.4 Das ewige Leben – Alles hat ein Ende?

Nachdem DeL eigentlich Haas' letzter Brenner-Roman werden sollte, hat er ihn ganz im Sinne des bereits durch die Namensgebung des ersten Romans bestimmten apostolischen Glaubensbekenntnisses benannt: von der *Auferstehung der Toten* bis zu *Das ewige Leben.* Doch während der intertextuelle Bezug in AdT zum Glaubensbekenntnis deutlich intendiert und markiert war, das Glaubensbekenntnis ja sogar ansatzweise wörtlich zitiert wurde

Showdown und die positive Symbolik des Kreuzes wird durch den Tod des Kreuzretter-Chefs wieder hergestellt.

(Vgl. AdT, S. 74), ist der Bezug in DeL größtenteils eher ein weit gegriffener thematischer als ein textlicher.

Mit DeL verweist Haas durch den Titel als paratextuellem Bezug auf den Prätext Glaubensbekenntnis – und in gewisser Weise auch auf seinen ersten Roman, in dem der Titel des letzten Krimis ja bereits angekündigt wird: „das ewige Leben". (AdT, S. 75) In der Religion bezieht sich das ewige Leben auf den Fortbestand der Seele bzw. des Geistes nach dem Tod des Körpers – ob im Paradies, der Hölle oder an einem anderen Ort. Der christliche Glauben kennt zudem das Phänomen der Wiederauferstehung Christi, der laut Glaubensbekenntnis „am dritten[225] Tage auferstanden von

---

[225] Der Zahl 3 (bzw. in DeL auch 30) kommt nicht nur in der Bibel, sondern auch in DeL eine ausgesprochen große Bedeutung zu. Die 3 „steht in besonderer Beziehung zu Gott" (Salomon 1989, S. 40), sie ist eine „Dreiheit von Geist, Seele und Leib", (Salomon 1989, S. 40) sie weist darauf hin, „daß etwas »solide, real (= wirklich), wesentlich, vollständig«„ (Salomon 1989, S. 37) ist. So kehrt Brenner genau nach dreißig Jahren in seine Heimatstadt zurück (Vgl. DeL, S. 27) und erinnert sich an eine „Lausbubengeschichte" von früher, von der nur noch drei – von ursprünglich vier – Kollegen am Leben sind. (Vgl. DeL, S. 41) Sein damaliger bester Freund Irrsiegler verstarb direkt während eines Banküberfalls und genau drei Monate vor seinem großen Vorbild und Spitznamengeber Saarinen. (Vgl. DeL, S. 29) Brenner liegt schließlich drei Wochen im Koma (Vgl. DeL, S. 8), fängt erst drei Tage nach seinem Erwachen wieder zu sprechen an, wo er schließlich genau drei Worte sagt (Vgl. DeL, S. 9), und kann sich genau an die drei Tage vor seinem Unfall nicht mehr erinnern. (Vgl. DeL, S. 23) Zudem ist er in der Klinik ausgerechnet im dritten Stock untergebracht. (Vgl. DeL, S. 24) Als er seinen früheren Kollegen Köck anrufen will, verwählt sich Brenner dreimal (Vgl. DeL, S. 33) und muss bei einem Besuch bei diesem schließlich feststellen, dass Köck seit drei Stunden tot ist. (Vgl. DeL, S. 46) Brenner reist mit seinem Freund Tomas, der in den letzten drei Jahren in fünf Städten gewohnt hat (Vgl. DeL, S. 162), und drei anderen Zigeunern in die Slowakei (Vgl. DeL, S. 111), wobei sie allerdings den Zug verlassen und drei Stunden Fußmarsch auf sich nehmen müssen. (Vgl. DeL, S. 113) In Hostice angekommen stoßen sie im dritten Haus auf die Leichen der Stadion-Zeugen. (Vgl. DeL, S. 124) Brenner wird beim Besuch bei der alten Hellseher-Zigeunerin dreimal von einem Fotoapparat-Blitz geblendet (Vgl. DeL, S. 125) und hört sich schließlich Eric Burdons Song *When I was young* dreißigmal hintereinander an (Vgl. DeL, S. 132) – für jedes Jahr, das seit dem Tod von Irrsiegler vergangen ist, ein Mal. Bei der Versammlung der Hobbypolizisten im Arnold-Schwarzenegger-Stadion werden drei Mikrofone aufgestellt (Vgl. DeL, S. 147) und einer der drei Redner äußert sich bereits nach drei Minuten (Vgl. DeL, S. 149) ausländerfeindlich darüber, dass man schon bald dreisprachig in Graz um Hilfe rufen muss. (Vgl. DeL, S. 148) Brenner benötigt für die

den Toten“ ist und fortan ewig weiter leben wird. So kehrt auch Brenner nach einem Kopfschuss aus dem „Totenreich“ (DeL, S. 8) zurück. Doch während Christus als Märtyrer von den Juden getötet wurde,[226] bildet sich Brenner den Anschlag auf sein Leben nur ein – „die Grazer Kripo will mich beseitigen“ (DeL, S. 11) – und ist für seinen Beinahe-Tod selbst verantwortlich (Vgl. DeL, S. 135). Beim erneuten Zusammentreffen mit Aschenbrenner, den er für seinen Kopfschuss verantwortlich macht, hat er sogar das Gefühl, „er ist im Paradies gelandet“ (DeL, S. 65).

Die urchristliche Vermutung, dass Jesus durch die Juden ermordet wurde, lässt sich – frei interpretiert – im intertextuellen Sinne auch auf den Tod Irrsieglers umlegen. So bezeichnet die alte Zigeunerin Brenner als „Jud“ (DeL, S. 86) und der Vergleich von Brenners Schlaf mit dem von einem „Neugeborene[n]“ (DeL, S. 111) erinnert an die Bezeichnung Jesus' kurz nach seiner Geburt durch die drei[227] heiligen Könige: „Wo ist der neugeborene König der Juden? Wir haben seinen Stern aufgehen sehen und sind gekommen, um ihm zu huldigen.“ (Mt 2,2[228]) Doch Brenner ist nicht Christus, obwohl auch er „vom Totenreich zurückgekehrt“ (DeL, S. 8) ist.

Durchsuchung von Major Heinz' Wohnung dreimal so lange wie früher und als Frau Marie ihm erzählt, dass sie ihr Lokal drei Jahre nach dem Tod ihres Geliebten Irrsieglers eröffnet hat (Vgl. DeL, S. 193), zieht es Brenner gefühlsmäßig dreitausend Kilometer durch den Erdmantel. (Vgl. DeL, S. 197) Seine Kopfwunde platzt durch die Erinnerungen wieder auf und er erwacht erst dreißig Stunden später wieder im Krankenhaus. (Vgl. DeL, S. 199) Schlussendlich verabschieden ihn die Ärzte mit dem Wunsch, ihn nicht noch ein drittes Mal operieren zu müssen. (Vgl. DeL, S. 208)

226 Ob Jesus' Tod tatsächlich auf die Juden oder auf verschiedenen Gruppen, die gemeinsam seinen Tod verursacht haben, zurückzuführen ist, wird im Christentum diskutiert. Während die Urchristen von den Juden als Tätern ausgehen – „ihn, der nach Gottes beschlossenem Willen und Vorauswissen hingegeben wurde, habt ihr durch die Hand von Gesetzlosen ans Kreuz geschlagen und umgebracht“ (Apg 2,23) –, spricht das Neue Testament teilweise von einer Kollektivschuld des Volkes Israel.

Apg 2,23; in: Bibel nach der Übersetzung Martin Luther in der revidierten Fassung von 1984; auf: http://www.bibleserver.com/#/text/LUT/Apostelgeschichte2, abgerufen am 14.05.2011 um 17.00 Uhr.

227 Auch hier wieder die 3 als biblisches Zahlensymbol

228 Mt 2,2; in: Bibel nach der Übersetzung Martin Luther in der revidierten Fassung von 1984; auf: http://www.bibleserver.com/#/text/LUT/Matth%C3%A4us2, abgerufen am 14.05.2011 um 16.30 Uhr.

Vielmehr könnte man ihn als denjenigen betrachten, der zwar unbeabsichtigt, aber dafür maßgeblich am Tod seiner drei Freunde beteiligt ist.

Zwar sind für den tödlichen Unfall des unbewaffneten Saaringen während eines Banküberfalls vor 30 Jahren – einem „Bubenstreich mit Pistole“ (DeL, S. 192) – die Freunde im Kollektiv verantwortlich, doch ist es im Falle vom Kripo-Chef Aschenbrenner der Brenner, der dafür sorgt, dass ihn „der Schlag getroffen hat“. (DeL, S. 202) Und auch den Köck ereilt erst sein Schicksal, als Brenner nach Puntigam zurückkehrt und die „alten Geschichten“ (DeL, S. 129) aufwärmt. Köck, der damals den Saaringen durch „eine einzige große Lüge“ (DeL, S. 195) gegenüber seinen Freunden diskreditiert, ja geradezu verraten hat, wie auch Jesus von einem seiner Freunde, dem Apostel Judas, verraten wurde, büßt schließlich mit seinem Leben dafür.

Im Markus-Evangelium steht:

> Der Menschensohn muss zwar seinen Weg gehen, wie die Schrift über ihn sagt. Doch weh dem Menschen, durch den der Menschensohn verraten wird. Für ihn wäre es besser, wenn er nie geboren wäre. (Mk 14,21[229])

Und so bezahlt Köck für seinen Verrat am unschuldigen Saaringen mit seinem Leben. (Vgl. DeL, S. 46 ff.)

Die Erinnerungen an die Geschehnisse vor 30 Jahren werden am Ende des Romans nicht nur den direkt daran beteiligten Brenner, sondern auch die beiden Leidtragenden Maria Maric und Soili „bis in alle Ewigkeit“ (DeL, S. 134) beschäftigen. Das ist schließlich auch der Grund, warum Brenner sich – mehr oder weniger versehentlich – den Kopfschuss zugefügt hat, „weil die ewigen Erinnerungen und das ewige Kopfweh und das ewige Leben und das ewige Aufstoßen und das ewige Hupen“ (DeL, S. 134-135) ihn nach seiner Rückkehr in die Heimat und die Jugendzeit stark belasten.

Haas vermittelt dem Rezipienten hier nicht mehr die biblische Vorstellung vom ewigen Leben, sondern eine lebensverneinende Einstellung, dass ein Leben, das man so nicht führen möchte, einfach zu lange, also „ewig“, dauert. Da der auktoriale Erzähler somit die Bedeutung des ewigen Lebens für den Brenner umdeutet, den Begriff praktisch missbraucht, wird Bren-

---

229 Mk 14,21; in: Bibel nach der Übersetzung Martin Luther in der revidierten Fassung von 1984; auf: http://www.bibleserver.com/#/text/LUT/Markus14, abgerufen am 14.05.2011 um 16.30 Uhr.

ner schließlich die „Bibel“ (DeL, S. 157) auch als physischer Gegenstand – als Markierung im äußeren Kommunikationssystem – zum Verhängnis, da ihm einer der Hobbypolizisten „die Hand mit seinem Militärmesser derart an die Bibel [nietet], dass dem Brenner beim Davonrennen noch ein paar Schritte lang das heilige Buch an der Hand geklebt ist“. (DeL, S. 158-159)

Der vor 30 Jahren verstorbene Saaringen lebt jedoch – ganz bibelkonform – durch sein Kind, seine Tochter, weiter. Sie verleiht ihm ewiges Leben. Ein Auszug aus dem 1. Brief des Johannes bestätigt dies: „Und dies ist das Zeugnis: dass Gott uns ewiges Leben gegeben hat, und dieses Leben ist in seinem Sohn. Wer den Sohn hat, hat das Leben; wer den Sohn Gottes nicht hat, hat das Leben nicht.“ (1 Joh 5,11-12[230]) Johannes spricht von einem „Sohn“, was auch Frau Marics Aussage, dass sie sich eigentlich „einen Buben gewünscht“ (DeL, S. 194) hätte, entspricht.

Da DeL sich nicht ausschließlich auf den Prätext des Glaubensbekenntnisses bzw. eine spezielle Bibelstelle bezieht, sondern vielmehr den Begriff, den Mythos des biblischen „ewigen Lebens“ meint, kann der intertextuelle Bezug darauf mehr als Systemreferenz denn als Einzeltextreferenz betrachtet werden. Im inneren Kommunikationssystem des Haupttextes sind weder der Mythos noch der potentielle Prätext markiert. Zudem sind auch Pfisters Kriterien der Intertextualität hier nicht gegeben. Einzig die Dialogizität erlaubt im Rahmen einer freien Interpretation, wie sie von mir getätigt wurde, eine Betrachtung des ewigen Lebens als intertextuellen Bezug.

4.2.5 Nicht jeder Brenner-Roman-Titel muss gleich intertextuell sein

Sowohl S! als auch WdT und DBlG beinhalten keinen relevanten intertextuellen Bezug im Titel. Natürlich verweisen aber auch die Titel dieser drei Romane auf den Inhalt und auf einen Textbaustein, der für das Buch eine tragende Rolle übernimmt.

Das „Silentium!“ in S! bezieht sich auf den fiktiven Schriftzug im Büro des Regens vom Salzburger Marianum, der „in goldenen Buchstaben“ (S!, S. 9) über dessen Schreibtisch prangt. Interessant ist die spezielle Schreibweise, die allerdings nicht bei der Umschlaggestaltung berücksichtigt wurde, bei

230 1 Joh 5,11-12; in: Bibel nach der Übersetzung Martin Luther in der revidierten Fassung von 1984; auf: http://www.bibleserver.com/#/text/LUT/1.Johannes5, abgerufen am 14.05.2011 um 17.30 Uhr.

der der Künstler „für das «t» in der Mitte [...] keinen richtigen Buchstaben verwendet [hat], sondern ein schlichtes Kreuz". (S!, S. 11) Das Symbol des Kreuzes ist auch in KsT von großer Bedeutung und wurde daher bereits in 3.2.3 aufgegriffen. Inhaltlich ist das „Silentium!" wörtlich zu verstehen: das jahrelange Schweigen von Gottlieb über seine Missbrauchserfahrungen, das „Duschkeller-Silentium" (S!, S. 22) und das daraus resultierende bewusste Schweigen der Kirche zu diesen Vorwürfen,[231] das geforderte Schweigen der Schüler im Marianum, das verärgerte Schweigen der Mutter Oberin bei Brenners Aufenthalt im Krankentrakt, das berechnende Schweigen der Festspiel-Sekretärin über den Vater ihres Sohnes und dessen wahre Identität – und sogar das Schweigen der Wand, die Brenner immer wieder anstarrt und die „mit niemandem auch nur ein einziges Wort geredet" (S!, 149) hat. Quasi „Totalsilentium". (S!, S. 48)

In WdT betrifft der Titel einen Witz, den der Zuhälter Schmalzl dem Detektiv Brenner seit Beginn des Romans erzählen möchte, den er aber bis zuletzt nicht beenden kann. Wie schon bei KsT werden aber auch hier von Haas zwei Wörter vertauscht, um mit dem Titel eher auf die Handlung zu verweisen als auf den potentiellen Prätext. Statt „Lass es uns doch mal wie die Tiere machen" (WdT, S. 25), sollte der Vergleich im Witz laut Brenner „wie die Hunde" (WdT, S. 217) lauten. Beendet wird der Witz zwar im Schlusssatz durch Brenners Freundin Conny, was jedoch für die Romanhandlung nicht relevant ist. Obwohl sich einige Menschen in WdT wie Tiere verhalten – der Brenner beim Observieren der Hundekeksmörderin, der Flakturm-Architekt, der den Hojac in der „vollaufgedrehten Sonnenbank" (WdT, S. 173) zum Sterben zurücklässt, die Kinder beim Hinunterschlingen ihrer Suppe –, lautet das Resümee des Erzählers, dass man eigentlich „viel von den Tieren lernen" (WdT, S. 130) könnte.

Den lieben Gott höchstpersönlich trifft Brenner im siebten – und eigentlich offiziell gar nicht geplanten – Brenner-Roman im Zuge eines Nahtoderlebnisses in einer Jauchegrube. Später kann er sich nicht mehr an diese Begegnung erinnern, nur „dass es etwas wahnsinnig Wichtiges war. Etwas Weltbewegendes". (DBlG, S. 196) Doch auch der liebe Gott ist im intertextuellen Sinne nicht für meine Analysen von Bedeutung.

---

231 Die Grundthematik des sexuellen Missbrauchs eines Zöglings durch einen Bischofsanwärter beruht auf einer realen Begebenheit, wie noch in 3.5.2 genau geschildert wird.

Bernhard Flieher unterstellt Wolf Haas in einem Interview mit den Salzburger Nachrichten einen „Verkaufstrick",[232] weil er Gott bereits im Titel einführt. Haas schmettert diese Vermutung natürlich gewohnt ironisch ab: „Ja, genau, ich hab mir gedacht, ich marschiere direkt auf die kaufkräftige Zielschicht Nonnen und Pastoralassistenten zu, und wenn die alle zum Brenner-Kult konvertieren, bin ich ein gemachter Mann."[233] Einzig das Foto der Jauchegrube von Josef Perndl auf dem Buchumschlag der gebundenen Ausgabe ist als paratextueller Hinweis auf den Haupttext verwertbar.[234] Im Taschenbuch gibt es dieses Bild allerdings nicht.

4.3 Die Lieder als Lösungshilfe

Ein beliebtes und von Wolf Haas vom ersten bis zum letzten Brenner-Roman eingesetztes Mittel zur Lösungsfindung und im Laufe der Handlung auch in Elementen thematisch immer wiederkehrendes Stilmittel ist die Integration eines realen Liedtextes als intertextuellen Bezug in den Haupttext:

> Und dazu ist immer diese Musik gelaufen, also nicht in Wirklichkeit. Dem Brenner sein Kopf, der hat irgendwie so einen Tick gehabt. Plötzlich ist irgendein Schlager aus seinem Gedächtnis aufgetaucht, und er ist ihn nicht mehr losgeworden. Aber nicht, weil er das Lied wo gehört hat, und deshalb. Sondern auf einmal ist es dagewesen, aus dem Nichts heraus. Und jetzt paß auf. Wenn der Brenner sich dann überlegt hat, was für einen Text dieses Lied eigentlich hat, obwohl er ja innerlich nur die Melodie gesummt hat, dann hat der Text immer genau gepaßt. Genau zu der Situation, in der er gerade gesteckt ist. (AdT, S. 55)

Haas spielt in seinen Romanen allerdings nicht nur auf jeweils ein Lied an, sondern integriert zusätzliche Musiktitel, um die Handlung zu veranschau-

---

232 Bernhard Flieher im Interview mit Wolf Haas: „Dann erschieße ich die Sprache"; in: Salzburger Nachrichten, Ausgabe 197, 27.08.2009, S. 9.

233 Ebd..

234 Christian Schachinger im Interview mit Wolf Haas: „Den habe ich mir eingetreten"; in: derStandard.at, 26.08.2009; auf: http://derstandard.at/1250691296113/STANDARD-Interview-Den-habe-ich-mir-eingetreten, abgerufen am 12.11.2010 um 12.15 Uhr.

lichen und zu dramatisieren. So erwähnt der Erzähler in DK Udo Jürgens' *Siebzehn Jahr, blondes Jahr*, um eine Selbstmörderin zu beschreiben (Vgl. DK, S. 107) und lässt Brenner die Schmusesongs von „Adriano Celentano. Greatest Hits" (AdT, S. 79) bei seinem Besuch bei der Lehrerin Engljähringer in AdT als „gutes Zeichen" (AdT, S. 79) werten. Weiters singt Brenner in KsT als Kommentar zu den 800.000 Schilling, die sich plötzlich am Konto des verschuldeten Sanitäters Lanz befinden: „Wer wird das bezahlen? Wer hat das bestellt? Wer hat so viel Pinkepinke? Wer hat so viel Geld?" (KsT, S. 134)

In S! dient der Gesang der Schüler während des Sonntagsgottesdienstes im Marianum zur Dramatisierung der Situation, als der völlig geschockte Schüler Franz mit einer abgetrennten Hand die Dachkirche betritt:

> *Maria, wir dich grüßen,*
> *o Maria hilf!*
> *Und fallen dir zu Füßen,*
> *o Maria hilf!*
> *O Maria hilf uns all*
> *hier in diesem Jammertal. (S!, S. 48)*

Diesem intertextuellen Verweis auf das Marienlied „Maria, wir dich grüßen" kennzeichnet Haas zwar sogar durch Kursivdruck und Einrückung, die leitmotivische Bedeutung in S! kommt jedoch eindeutig *Crazy about girls* zu. Der Klingelton des Mobiltelefons des Zuhälters und Argentino-Hundebesitzers Schmalzl in WdT lautet „*Don't cry for me, Argentino*" (WdT, S. 27,29), was nicht nur auf die Hunderasse Argentino und seinen Hund Evita verweisen soll – „Ja, darum hab ich ja auch das Lied auf dem Handy" (WdT, S. 27) –, sondern vor allem auch auf das Lied *Don't cry for me Argentina* aus dem Andrew Lloyd Webber Musical *Evita.*[235] „Über den Wolken" (DBIG, S. 210) wünscht sich der verstorbene Herr Zauner als Beerdigungslied, „weil Traumberuf Pilot" (DBIG, S. 210). Und auch der Jazzstandard[236]

---

235 Andrew Lloyd Webbers Musical *Evita* entstand 1976 als Studioalbum und wurde 1978 in London das erste Mal auf einer Bühne aufgeführt. In *Don't Cry for Me Argentina* besingt die Titelheldin Evita „an indestructible bond with the Argentine people". Vgl. Knapp 2006, S. 342, 346.

In WdT besteht auch zwischen dem Zuhälter Schmalzl und seinem Hund Evita diese starke Verbundenheit – bis er sie schließlich erschießt. (Vgl. WdT, S. 29)

236 Das Lied *On the Sunny Side of the Street* wurde 1930 von Dorothy Fields und Jimmy McHugh als eines von vier Liedern für die Broadwayshow *The Vanderbilt Revue*

„*The sunny side of the street*" (DBlG, S. 143) in DBlG dient nur zur Verdeutlichung des Namens „Sunny". Daher betont der Erzähler auch: „Nicht gesungen natürlich, nur gesagt." (DBlG, S. 143)

Die Funktion der Lieder in den Brenner-Romanen erklärt der auktoriale Erzähler bereits im ersten Buch. So erwähnt er das amerikanische Spiritual „Nobody knows the trouble [I've seen]" (AdT, S. 57) in AdT, um die Funktion des Ohrwurms bei Brenner anhand eines Beispiels zu schildern: „Das erste Mal ist es ihm so gegangen, da ist der Brenner erst sechzehn gewesen, und seine erste Freundin ist ihm damals davongelaufen" (AdT, S. 57), „also quasi Selbstmitleid". (AdT, S. 57) Und auch in KsT betont er nochmal die Funktion der Melodie: „«Ich kauf mir lieber einen Tirolerhut, der steht mir so gut», wenn ihm der Friseur die Haare verschnitten hat". (KsT, S. 123)

Vom französischen Chanson (AdT), einer selbstkreierten Strophe eines dialektischen Rittersongs (DK) oder einem falsch zitierten Auszug aus einer Passion (KsT) über den Refrain eines Rocksongs (S!), einen deutscher Schlager (WdT), einer Komposition aus einem Bierlied mit einem zigeunerischen Lied und einem orientalisch anmutenden Rocksong (DeL) bis hin zu einer Melodie von Brenners Lieblingsmusiker Jimi Hendrix (DBlG) – Haas zeigt sich in seiner Liedauswahl betont vielseitig und vor allem auch mehrsprachig. Und: Alle Lieder helfen Brenner bei seiner umständlichen, „ruhige[n], gemütliche[n]" (AdT, S. 14) Ermittlungsarbeit, die „der Nemec [Anm.: sein ehemaliger Chef bei der Polizei] ihm immer vorgeworfen hat". (AdT, S. 28)

Den in den sieben Brenner-Romanen ausführlicher erwähnten und zumeist wörtlich zitierten Liedern kommt eine leitmotivische Bedeutung. zu. Ihnen gilt die folgende Analyse.

---

geschrieben. Die Show hielt sich nur knapp zwei Wochen, das Lied wurde aber sehr bekannt, etablierte sich als Jazzstandard und wurde im Laufe der Jahrzehnte von etlichen Musikgrößen interpretiert. So z. B.: Louis Armstrong, Ella Fitzgerald, Nat King Cole und Frank Sinatra in der ersten Hälfte des 20. Jahrhunderts. 2008 wurde das Lied von der Berliner Country-Rock-Band „The BossHoss" aufgegriffen und 2010 sogar von Rod Stewart für sein Album neu interpretiert. Vgl. Greenspan 2010, S. 71.

4.3.1 Auferstehung der Toten – Nichts hat sich geändert...

In seinem ersten Brenner-Roman pflegt Wolf Haas das reale „französische Chanson" (AdT, S. 55) *Rien n'a changé*[237] von „Georges Moustaki" (AdT, S. 57) als Prätext ein, welcher im Laufe des Haupttextes immer wieder zitiert und im Rahmen des Inhalts wiederholt wird. Auch die Handlung des Liedes bietet Interpretationspotential in Bezug auf die Handlung des Romans. Im Sinne Genettes ist der Bezug zwischen dem Lied als Prätext und dem Haupttext eindeutig der Intertextualität zuzurechnen.

Rien n'a changé
(Text und Musik: Georges Moustaki – 1972)

Rien n'a changé et pourtant tout est différent
Rien n'est pareil et pourtant tout est comme avant
Où es-tu si loin mon amour
Pourquoi es-tu si loin

Au café de nos rencontres je m'assieds à la terrasse
J'y vois les mêmes amis les mêmes gens
Poliment je les écoute je souris à leurs grimaces
Mais c'est toi que je vois c'est toi que j'entends

Rien n'a changé et pourtant tout est différent
Rien n'est pareil et pourtant tout est comme avant
Où est-tu si loin mon amour
Pourquoi es-tu si loin

Je m'arrête à la vitrine de la librairie d'en face
Puis je repars les mains vides nez au vent
Et je continue de vivre parmi les ombres qui passent
Et ramènent mes souvenirs au présent

Rien n'a changé et pourtant tout est différent
Rien n'est pareil et pourtant tout est comme avant
Où es-tu si loin mon amour
Pourquoi es-tu si loin

---

237 *Rien n'a changé* erschien Anfang 1994 auf George Moustakis Audio-CD *Ballades en Balade: Jardins Secrets et Terres Promises* (Titel Nr. 7). Siehe: http://music.aol.com/song/georges-moustaki/rien-n-a-changa/2275830, abgerufen am 14.05.2011 um 13.15 Uhr. Den französischen Songtext findet man auf http://www.paroles.net, abgerufen am 15.03.2007 um 16.20 Uhr. Infos zum Erscheinungsjahr siehe offizielle Fanseite von Georges Moustaki, auf: http://www.creatweb.com/moustaki/Aindex.htm, abgerufen am 13.03.2007 um 14.30 Uhr.

J'ai fait rentrer quelques bûches j'ai changé le lit de place
Et j'ai fait repeindre les murs tout en blanc
Mais les nuits semblent bien longues la solitude me glace
Et le lit est devenu beaucoup trop grand

Rien n'a changé et pourtant tout est différent
Rien n'est pareil et pourtant tout est comme avant

Das erste Mal „plagt" (AdT, S. 55) den Detektiv Brenner die Melodie des französischen Chansons, als er sich mit der Handlosen bei der Sommereisbahn über die toten Amerikaner, das Vormachen und das Heimattheater unterhält und mit ihr und dem Tankwart Andi Fux schließlich den Lorenz Antretter aus der Nervenheilanstalt abholen möchte. Doch der Vergolder Antretter kommt ihnen zuvor. „«Rien n'a changé, mais pourtant tout est different», hat es im Brenner seinem Kopf wieder und wieder gesungen" (AdT, S. 57), als er über das Verhalten des Vergolders nachdenkt.

„Das Lied ist ihm immer noch umgegangen" (AdT, S. 56), als er am Tag darauf seinen seit Monaten üblichen Beschäftigungen nachgeht, „da ist ihm wieder die Melodie durch den Kopf gegangen, also ein richtiger Ohrwurm, obwohl es von der Melodie her überhaupt kein Ohrwurm gewesen ist". (AdT, S. 56) In weiterer Folge wird vom auktorialen Erzähler auch der reale Schöpfer und Interpret des Chansons – „Georges Moustaki" (AdT, S. 57) – genannt und zusammen mit Brenners Summen der Melodie, seiner Erinnerung, dass er das Lied „überhaupt nur ein einziges Mal in seinem ganzen Leben gehört" (AdT, S. 57) hat, und den zahlreichen Markierungen im inneren Kommunikationssystem gewährleistet dies neben dem Kriterium der Kommunikativität auch die Autoreflexivität.

Auch die Referentialität nach Pfister ist gegeben, da das Zitat und der restliche Liedinhalt aus dem Chanson in direktem Bezug zur beschriebenen Handlung stehen und vom auktorialen Erzähler thematisiert werden: „«Rien n'a changé, mais pourtant tout est different.» Und wirklich hat sich eigentlich nichts verändert. Der Brenner hat nichts Neues gewußt [...] Und doch. Alles ist jetzt auf einmal anders gewesen". (AdT, S. 57)

Haas lässt den Refrain sinngemäß, pointiert und teilweise auch in deutscher Sprache z. B. für Themen wie das Kraftwerk Kaprun oder Brenners Ermittlungen in den Haupttext einfließen: „Der Stausee ist noch oben, und sonst hat sich auch nichts geändert. Weil wenn er ehrlich war, dann hat er auch jetzt, ein halbes Jahr später, noch keine Spur gehabt". (AdT, S. 33) „«Rien n'a changé, mais pourtant tout est different.», spielt ihm sein Hirn beim Anblick der Instrumente [Anm.: kurz vor dem Treffen mit Lorenz

Antretter im Cafe Feinschmeck] sofort wieder vor". (AdT, S. 60) Und auch beim Thema Kirche kommt das Lied zum Einsatz: „weil in der Kirche ändern sich die Dinge ja nicht jede Saison" (AdT, S. 71) und: „Da hat sich überhaupt nichts geändert, technische Revolution hin oder her, das hat der Zeller Mesner genau gleich gemacht wie vor bald vierzig Jahren der Mesner von Puntigam." (AdT, S. 71) Auch die seit Kindheitstagen bestehende „Geilheit" von Brenner bei einem Aufenthalt in einer Kirche hat sich nicht verändert: „Dreißig Jahre später, und nicht die geringste Veränderung." (AdT, S. 75)

Damit sind auch die Kriterien der Selektivität und der Dialogizität erfüllt, wobei nicht nur der der Bezug zwischen Prä- und Haupttext, sondern auch der Liedinhalt selbst genug Spielraum für neue Interpretationszusammenhänge bietet. Denn nicht nur der zitierte Refrain-Ausschnitt scheint für die Handlung relevant. Der restliche Liedtext übernimmt eine gewisse hypertextuelle Funktion und dient dazu, die tiefere Bedeutung der Geschichte der Handlosen zu unterstreichen. Betrachtet man den tatsächlichen Handlungsablauf der Geschichte, würde der Prätext auch der Strukturalität nach Pfister entsprechen. Da die Geschichte jedoch in einer anderen Reihenfolge erzählt wird, ist dieses Kriterium für den intertextuellen Bezug nicht relevant. „Rien n'a changé et pourtant tout est différent", übersetzt „Nichts hat sich geändert und dennoch ist alles anders": Die Schwester des Vergolders, die ihren Bruder „gleich lieben [hat] müssen" (AdT, S. 145), kehrt nach fünfzig Jahren wieder in ihren Heimatort zurück und trifft dort auf die Menschen, die sie damals „fortgetrieben" (AdT, S. 141) haben: „J'y vois les mêmes amis les mêmes gens / Poliment je les écoute je souris à leurs grimaces".

Ursprünglich in Bezug auf die Kirche erwähnt der auktoriale Erzähler: „Jetzt hat es ja Neuerungen gegeben [...] Aber da hat man in Zell dreißig Jahre später immer noch nicht viel davon gemerkt. Frauen zum Beispiel." (AdT, S. 71) Ein geschickter Verweis Haas' auf die Handlose, die man „in Zell nicht wiedererkannt" hat (AdT, S. 141) und die sich deshalb unauffällig unter die Menschen mischen konnte – „Et je continue de vivre parmi les ombres qui passent". Doch da sich auch ihr „eigener Bruder" (AdT, S. 141) nicht an sie erinnert, beschließt sie, „sich an [i]hrem Bruder zu rächen" (AdT, S140) – „Mais c'est toi que je vois c'est toi que j'entends". Indem sie seine vermögenden Schwiegereltern im Sinne ihres eigenen fünfzig Jahre andauernden Schmerzes und des Chansons langsam erfrieren lässt – „Mais les nuits semblent bien longues la solitude me glace", übersetzt

„Aber die Nächte erscheinen lang, die Einsamkeit erfriert mich" – soll er des Mordes verdächtigt und bestraft werden. Die letzte Strophenzeile – „Et le lit est devenu beaucoup trop grand" – verdeutlicht noch einmal, dass es sich bei der Beziehung zwischen dem Vergolder und seiner Schwester um eine sexuelle handelt bzw. gehandelt hat. Dieser Bezug zwischen dem Liedtext und dem Haupttext zeigt sich auch, als der Brenner am Weg zum Waffengeschäft „natürlich gleich wieder die Melodie" (AdT, S. 56) im Ohr hat, nachdem ihm die Handlose erzählt: „Sogar das Morden darf hier langsam gehen. In Hamburg wird abgeknallt. Und hier wird tiefgefroren." (AdT, S. 54)

Für AdT hat Haas bewusst das Chanson *Rien n'a changé* gewählt, das nicht nur dem Inhalt des Romans entgegenkommt, sondern auch die gelassene, melancholische, französische Lebensart repräsentiert, die auch der Detektiv Brenner in AdT an den Tag legt. Und so betont auch die Handlose, von deren Schicksal die Ballade auch irgendwie handelt: „Hier darf alles ein bisserl langsamer gehen." (AdT, S. 54)

4.3.2 Der Knochenmann – „Echte" Männer?

Lange hat der Detektiv Brenner keine Spur in DK, aber dann ist sie wieder da, „diese unmögliche Gewohnheit mit dem Pfeifen". (DK, S. 73) „Die Rittersleut" (DK, S. 73, 74) singt und pfeift der Brenner „gedankenlos vor sich hin" (DK, S. 73) – einen „uralte[n] Rittersong",[238] der ursprünglich 1940 von Karl Valentin mit dem Titel „Ja so war'ns die alten Rittersleut" verfasst wurde. Durch den Einfallsreichtum zahlreicher Interpreten wurde der Song, der laut dem auktorialen Erzähler an „tiefstes Bierzelt" (DK, S. 73) erinnert, im Laufe der Jahre um mehrere hundert Strophen erweitert. Doch der Brenner hat „nur eine einzige Strophe von dem Lied gekannt" (DK, S. 73):

> «Und dem Ritter von Manhattan
> habn's beim Kampf den Schwanz abtretn.» (DK, S. 73, 74, 79)

Die Strophe wurde wohl von Haas selbst gedichtet, sie ist nicht im Original enthalten. Und obwohl es sich dabei nur um eine Anspielung auf das Originallied[239] und – wenn man die ursprüngliche Versform betrachtet – auch

238 Valentin 1995, S. 7.

239 Vgl. ebd., S. 7-10.

nur um eine halbe Strophe handelt, tut das dem Wiedererkennungseffekt dieser Einzeltextreferenz keinen Abbruch.

Beide Liedzeilen hat Haas bewusst gewählt und im Sinne der Selektivität pointiert eingesetzt. „Jetzt, warum sage ich «Manhattan»„ (DK, S. 73), fragt der auktoriale Erzähler und hat die Frage eigentlich schon ein paar Zeilen zuvor selbst beantwortet. Manhattan, seiner etymologischen Bedeutung nach ein „Ort der Trunkenheit",[240] ist mit der steirischen Gemeinde Klöch und vor allem der dortigen Hendlstation gleichzusetzen. Das betont auch der Erzähler indirekt, indem er den Brenner aufatmen lässt, als „er die Grillhendlstation und dieses Klöch hinter sich hat" (DK, S. 73) und in Graz endlich besser durchatmen kann als in „Manhattan" (DK, S. 73). Der Wortbedeutung entsprechend werden Brenner und die anderen Gäste in der Grillhendlstation Löschenkohl auch immer wieder gut mit Alkohol versorgt: „Die Äpfel tun mir nichts. Aber die Prozent tun mir was." (DK, S. 111)

Der „Ritter" von Manhattan meint den alten Löschenkohl, dem man im Jugoslawien-Krieg „vor 50 Jahren die Eier weggeschossen" (DK, S. 34) hat. Seine Hendlstation dient ihm daher nun als „Festung gegen die fürchterliche Vergangenheit". (DK, S. 34) Die Geschichte des „Hendlkönig[s]" (DK, S. 8) entspricht der Liedstrophe, die im äußeren Kommunikationssystem nicht durch das Einrücken im Fließtext und das Setzten von typografischen Zeichen sondern – wie schon bei AdT die Geschichte der Handlosen dem Liedinhalt des Chansons entspricht – auch durch den Kontext deutlich markiert. Da dadurch allerdings der ursprüngliche Textsinn beibehalten wird, gilt dieser intertextuelle Bezug zumindest im Rahmen der Dialogizität als nicht intensiv intertextuell.

Dem Leser ist der Bezug auf Karl Valentins Rittersong bewusst. Denn obwohl das Originallied nicht zitiert, sondern nur auf dieses angespielt wird, kann durch die Kanonisierung desselben auf die Referentialität dieses intertextuellen Bezuges geschlossen werden. Und auch thematisiert wird der Prätext kurz vom auktorialen Erzähler – „«Die Rittersleut», natürlich schon tiefstes Bierzelt" (DK, S. 73) –, was der Autoreflexivität nach Pfister entgegenkommt.

---

240 Manhattan ist der indianische Name für den Stadtteil des heutigen New York, „weil die Entdecker die Eingeborenen mit Branntwein bewirteten und in Trunkenheit versetzten". Vgl. Lokotsch 1926, S. 46.

Die inhaltliche Lösung des Falls ist schließlich von kommunikativer Relevanz, übernimmt das Lied doch eine entscheidende Funktion für den Haupttext: Es bringt Brenner auf die Fährte des alten Löschenkohls, wodurch er vermeiden kann, dass es „heute noch einen Toten mehr auf dem Klöcher Friedhof" (DK, S. 129) gibt. Zusammenfassend lässt sich sagen, dass es sich bei dem intertextuellen Bezug auf Karl Valentins *Ja so war'ns die alten Rittersleut* um einen relativ intensiven intertextuellen Bezug handelt.

Dass Haas für die tragische Geschichte des Wirts mit dem „zerfetzten Unterleib" (DK, S. 23) ausgerechnet ein so derbes Lied gewählt hat, kann man wohl auf die Thematik des Buches zurückführen.

Exkurs: Am Rande soll nicht unerwähnt bleiben, dass Haas' Ritterlied-Strophe symbolisch für das Thema Männlichkeit steht. So kann das Lied in gewisser Weise auf die meisten männlichen Charaktere von DK bezogen werden. Z. B. auf den Künstler Horvath, der „seit fast einem Jahr als Kellnerin in der Grillstation Löschenkohl gearbeitet hat" (DK, S. 105), weil er „lieber eine Frau sein" (DK, S. 115) will. Oder den Sohn des alten Löschenkohl, der sich weder gegen seine Frau noch gegen seinen Vater behaupten kann und deshalb auch von seiner Schwägerin kritisiert wird: „«Was für ein Mann?»" (DK, S. 78) Der Brenner hingegen ist erleichtert über seine Männlichkeit, als sich beim Pfeifen des Liedes vor dem Schaufenster der Schwester der Löschenkohl-Wirtin „was gerührt" (DK, S. 75) hat. Doch am Ende ist sogar ihm seine Manneskraft „peinlich bis dorthinaus" (DK, S. 155), als er von der attraktiven Löschenkohl-Schwägerin aus dem Krankenhaus abgeholt wird.

4.3.3 Komm, süßer Tod – das todbringende Kreuz

„Ein Kirchenlied" (KsT, S. 129) pfeift der mittlerweile als Rettungsfahrer arbeitende Simon Brenner vor sich hin, als er langsam Verdacht schöpft, dass nicht alles mit rechten Dingen zugeht bei den Kreuzrettern und dem Rettungsbund in Wien. (Vgl. KsT S. 123, 129, 139, 158, 176, 177, 180) Doch Brenner verwechselt – als Anspielung an die vermeintliche Aphasie (KsT, S. 169) des ehemaligen Kreuzrettermitarbeiters Lungauer – die Worte und statt „Komm, süßer Tod" (KsT, S. 130) lautet der richtige Text der Melodie, die er „leise vor sich hin gepfiffen" (KsT, S. 129) hat, „Komm, süßes Kreuz" (KsT, S. 159) – ein Ausschnitt aus der „Matthäuspassion" (KsT, S. 159) von „Johann Sebastian Bach". (KsT, S. 195-196) Moritz Baßler spricht hier von einer „metonymischen Verschiebung“,[241] einer Namensvertauschung.

Haas nimmt – wie so oft – im Haupttext eine Aufklärung des Bezugs vor und lässt seinen auktorialen Erzähler erklären, „warum er [Anm.: der Brenner] den Text des Liedes verwechselt hat“ (KsT, S. 196): Weil „das Kreuz auf den Rettungsautos für die Zuckerpatientinnen nicht die Rettung bedeutet hat, sondern den Tod“. (KsT, S. 196) Der Verweis auf die Matthäuspassion und das „Barockgedicht“ (KsT, S. 159) „Haupt voll Blut und Wunden“ (KsT, S. 159) gelten als besonders intensiv intertextuell, wie im Folgenden detailliert ausgeführt wird.

Während der Großteil der Texte der Bach'schen Matthäuspassion aus der Bibel bzw. dem Evangelium nach Matthäus entnommen wurde, entstammen die beiden von Haas gewählten Textstellen den Federn zweier Schreiber aus Bachs Umfeld. Der Auszug der im zweiten Teil der Passion vorkommenden und unter Nummer 32 erfassten „Dacapo-Arie“[242] wurde von Picander[243] geschaffen:

> *Komm, süßes Kreuz, so will ich sagen,*
> *Mein Jesu, gib es immer her!*
> *Wird mir mein Leben sonst zu schwer,*
> *So hilf du mir es selber tragen.*
> *Komm, süßes Kreuz...*[244]

Haas hat bewusst nur den ersten Teil der Arie übernommen, da sie für sein sprachspielerisches Konzept der Rettung als todbringendes Kreuz[245] wie geschaffen ist. In der realen Passion wird diese Arie mehrmals wiederholt, was auch der auktoriale Erzähler betont: „Der Johann Sebastian Bach hat schon gewußt, warum er so viele Wiederholungen gemacht hat in seinen

---

241 Baßler 2002, S. 198.

242 Marcel 1988, S. 111.

243 Picander, eigtl. Christian Friedrich Henrici, war ein Mitarbeiter Bachs und ein beliebter Dichter seiner Zeit. In der Matthäuspassion gibt Bach ungewöhnlicherweise den Namen des Dichters an, was in der Welt der Literaten Diskussionen und bei Schriftstellern wie z. B. Johann Christoph Gottsched zu Kritik führt. Er betrachtet – gemeinsam mit zahlreichen Bach-Begeisterten – Picanders Textvorlagen als „Beeinträchtigung des künstlerischen Gesamterlebnisses“. Vgl. Rudersdorf 2007, S. 92-94.

244 Bach 1965, S. 26.

245 Wobei sich das Kreuz sowohl als ein Symbol als auch im Sinne der Geschichte des Rettungswesens als intertextueller Bezug gut verwerten lassen würde.

Liedern. Der hat seine Pappenheimer schon gekannt, daß man die Dinge immer tausendmal sagen muß, bis die Leute es einmal begreifen.“ (KsT, S. 195-196) Und so verwundert es nicht, dass der Arien-Ausschnitt vom Tenor auf Klaras „Bach-Kassette“ (KsT, S. 125) im Sinne von Pfisters Dialogizität auch in KsT solange wiederholt wird (KsT, S. 194, 195, 196, 197), bis der Brenner seine Erklärungen über die Bedeutung des „Kreuzes“, also der Rettung, für die Diabetikerpatienten beendet hat. Haupttext und Prätext stehen in einem völlig neuen Zusammenhang – und Brenners Detektivarbeit endet ironischerweise mit dem bereits in 3.2.3 erwähnten Anruf der unwissenden Mutter des verstümmelten Lungauers bei seinem potentiellen Mörder.

Dem Kriterium der Selektivität entspricht schließlich die Integration des Kirchenlieds *O Haupt voll Blut und Wunden*[246] als Kombination aus Matthäuspassion und zusätzlichen Strophenteilen zur Veranschaulichung und Verdeutlichung des Geschehens im Haupttext, nachdem der Kreuzretter-Chef Junior von Herrn Oswald erschossen wurde:

> Und ganz leise hat man auf einmal aus dem 740er herüber die Kassette gehört, die die Klara für den Brenner vor dreißig Jahren in Puntigam zusammengestoppelt hat:
>
> > *«O Haupt voll Blut und Wunden, voll Schmerz und voller Hohn!*
> > *O Haupt zum Spott gebunden mit einer Dornenkron.»*
>
> Du darfst eines nicht vergessen. Der ganze 590er hat ja von dem Schuß immer noch gesungen [...] als würde jemand dem Brenner regelrecht das Trommelfell über die Ohren ziehen. Und aus dem Hintergrund immer noch die ganze Zeit der Klara-Chor:
>
> > *«O Haupt! Sonst schön gezieret mit höchster Ehr und Zier.*
> > *Jetzt aber höchst schimpfieret, gegrüßet seist du mir.»*
>
> Der Brenner hat dem Herrn Oswald in die Augen geschaut, und der Herr Oswald hat dem Brenner in die Augen geschaut [...] und der Chor hat gesungen:
>
> > *«Du edles Angesichte, dafür sonst schrickt und scheut*
> > *das große Welt-Gewichte, wie bist du so bespeit?*
> > *Wie bist du so erbleichet? Wer hat dein Augenlicht,*
> > *dem sonst kein Licht nicht gleichet, so schändlich zugericht?»*

246 Als 22 „Charfreitag-Lied“ an „das Angesicht des Herrn Jesu“ gerichtet. Vgl. Gerhardt 1853, S. 31-32.

> Ganz weit in der Ferne hat der Brenner den Chor nur gehört [...]
>
> *«Die Farbe deiner Wangen, der roten Lippen Pracht*
> *ist hin und ganz vergangen. Des blassen Todes Macht*
> *hat alles hingenommen, hat alles hingerafft.»*
>
> Während der Chor aber gleich fern geblieben ist, sind die Polizeisirenen näher gekommen. Und der Brenner hat schon gespürt, wie die Sirenen den Chor jetzt und jetzt überholen werden [...] aber für eine Sekunde hat er noch gehört:
>
> *«Ich danke dir von Herzen, o Jesu, liebster Freund,*
> *für deines Todes Schmerzen, da du's so gut gemeint.»*
>
> Und dann hat der Brenner nichts mehr gehört von der Musik [...] (KsT, S. 213-215)

Dieser nicht nur im äußeren Kommunikationssystem durch Anführungszeichen und Einrückung formal markierter, sondern auch den Figuren im inneren Kommunikationssystem bewusster und durch einen „physischen Gegenstand“,[247] die Kassette, integrierter intertextueller Bezug endet jäh mit der Zerstörung des Radios durch einen gezielten Schuss Herrn Oswalds. Inhaltlich beschreiben die von Haas pointiert eingesetzten Zitate aus dem Prätext die Handlung des Haupttextes rund um den Junior und seine Geschichte. Das „Haupt voll Blut und Wunden“ (KsT, S. 213) meint „das bißchen Kopf, was vom Junior noch dagewesen ist“ (KsT, S. 212), nachdem ihn Herr Oswald erschossen hat. „Sonst schön gezieret [...] Jetzt aber höchst schimpfieret“ (KsT, S. 241) beschreibt den Abstieg des ehemals hoch angesehen Kreuzretter-Chefs zu einem gemeinen Mörder. Die nächsten beiden Absätze unterstreichen nochmal auf ironische Weise den Tod des Junior, wobei der letzte Satz – „da du's so gut gemeint“ (KsT, S. 215) – auf den Versuch Juniors anspielt, mit allen Mitteln zu verhindern, dass die Kreuzretter „die Nummer zwei im Rettungswesen“ (KsT, S. 83) werden. Darum hat Haas wohl auch die Zeile „Ich danke dir von Herzen [...]“ (KsT, S. 215) nicht gestrichen, da Juniors Absichten ja an sich keine schlechten waren, denn er hat ja „nicht zur persönlichen Bereicherung [gehandelt], sondern alles nur für den Verein“ (KsT, S. 174) getan hat.

Haas klärt diese Ergänzung der Matthäuspassion um einige Strophen des Barockgedichts *O Haupt voll Blut und Wunden* im Sinne der Referentialität, Kommunikativität und Autoreflexivität schließlich durch die Figur der Kla-

---

[247] Broich/Pfister 1985, S. 39.

ra auf: „Wir haben damals natürlich nur Ausschnitte gesungen. Dafür haben wir bei ‹Haupt voll Blut und Wunden› alle Strophen von dem Barockgedicht gesungen, die in der Matthäuspassion gar nicht vorkommen." (KsT, S. 159)

Dass Haas bei der Erstellung seines Romantitels bewusst war, dass auch ein Sterbelied aus dem 18. Jahrhundert mit dem Titel *Komm, süsser Tod, komm, selge Ruh*[248] existiert, davon kann ausgegangen werden.

4.3.4 Silentium! – Hinweise richtig deuten

Während in den bisherigen Brenner-Romanen AdT, DK und KsT vor allem der Liedtext als Lösungshilfe für das aktuelle Geschehen im Roman relevant war, kommt in S! auch dem Bandnamen – im Rahmen eines typischen Haas'schen Sprachspiels – eine besondere Bedeutung zu: „«Dr. Feelgood», hat der Brenner gesagt. «Das wäre der Hinweis gewesen.»" (S!, S. 220)

Das erste Mal „ein bißchen vor sich hin gepfiffen" (S!, S. 85) hat der Detektiv Brenner, als ihm die Witwe des verstorbenen Gottlieb Meller von der „Heiratsagentur Dr. Phil. Guth" (S!, S. 84) erzählt. Der Name dieser Agentur beinhaltet neben der lautsprachlichen Ähnlichkeit zum englischen Begriff „feel good" auch den Bandnamen der „alte[n] Rocknummer" (S!, S. 144), deren Melodie und Text aus Brenners Gedächtnis „nicht wegzubringen" (S!, S. 144) sind:

> *I'm crazy about girls!*
> *I'm crazy about women!*

Der Liedausschnitt wird durch Einrücken, Kursivdruck und den Sprachwechsel ins Englische im äußeren Kommunikationssystem markiert und sogleich vom auktorialen Erzähler kommentiert: „Weil was soll das für ein Hinweis sein [...]" (S!, S. 144). Somit entspricht der intertextuelle Bezug zum realen Lied *Crazy about Girls* als Einzeltextreferenz auch der Autoreflexivität.

Dr. Feelgood heißt die Band, die dieses Lied Anfang der 1980er-Jahre veröffentlicht hat.[249] Dies betont auch der auktoriale Erzähler im Sinne der

---

248 Leipziger Gesang-Buch 1729, S. 478.

249 Das Album *Fast Women & Slow Horses* erschien 1982. Der Titel *Crazy about Girls* ist das siebte Lied auf der CD und wurde laut Booklet Information vom Gitarristen Johnny Guitar verfasst. Siehe auch: http://www.amazon.de/Fast-Women-

Kommunikativität gegen Ende des Romans: „Und diese englische Band hat Dr. Feelgood geheißen." (S!, S. 219) Auch Brenner selbst ist der Bezug zu dem realen Lied von Dr. Feelgood im inneren Kommunikationssystem bewusst. (Siehe S!, S. 219) Die „kleine Todesnachricht" (S!, S. 219) über den Sänger der Band entnimmt der Erzähler im Roman einer realitätsnahen Textform: einer Zeitung. Und so wurde 1994, als Lee Brilleaux, der Sänger von Dr. Feelgood, an Krebs verstirbt, auch in der Realität in den Zeitungen davon berichtet, z. B. in der New York Times: „Lee Brilleaux, the singer for the British rhythm-and-blues band Dr. Feelgood, which he founded, died on Thursday at his home here."[250]

Typisch für Haas – und in Anlehnung an das sexuell konnotierte Hauptthema in S! – ist die Namensähnlichkeit zwischen dem ursprünglichen Chef der Heiratsagentur, „Dr. Phil. Guth" (S!, S. 84), dem Namen der englischen Rockband „Dr. Feelgood" mit dem perversen Lied und der umgangssprachlichen englischen Bezeichnung für den Penis, „*Dr. Feelgood*". (S!, S. 218)

Im Rahmen der Referentialität und der Dialogizität kann der Textinhalt des Prätextes „Crazy about Girls" auch mit dem Romaninhalt verglichen werden. Der vollständige Liedtext lautet:

> *Crazy about Girls*
> *(Dr. Feelgood, 1982)*
>
> *People come to me and they say that I'm mad*
> *They've heard a 100 stories never one of them bad*
> *I can only tell them 'I'm as sane as can be'*
> *There's only one thing brings out the madness in me*
>
> *I'm crazy about women*
> *I'm crazy about girls*
> *I'm crazy about women*
> *I'm crazy about girls*
>
> *People can remind me of the things that I've done*
> *I can only answer 'I was just havin' fun'*
> *Seems my reputation is gettin' way out of hand*
> *I can hardly help it 'cause I'm only a man*

Slow-Horses-Dr-Feelgood/dp/B00000IMIV/ref=sr_1_2?-ie=UTF8&qid=1306271066&sr=8-2, abgerufen am 12.03.2007 um 12.30 Uhr.

250 The New York Times, 09.04.1994; auf: http://www.nytimes.com/1994/04/09/obituaries/lee-brilleaux-41-british-blues-singer.html, abgerufen am 23.05.2011 um 11.50 Uhr.

I'm crazy about women
I'm crazy about girls
I'm crazy about women
I'm crazy about girls
I'm crazy about women
I'm crazy about women
I'm crazy about girls
I'm crazy about girls
I'm crazy about women
I'm crazy about women
I'm crazy about girls
I'm crazy about girls

If you come and see me and I'm acting bizarre
Notice who I'm sittin' with right here at the bar
Next time that you think I'm goin' rock round the twist
Take a look around me and see what you'd missed

I'm crazy about women
I'm crazy about girls
I'm crazy about women
I'm crazy about girls
I'm crazy about women
I'm crazy about women
I'm crazy about girls
I'm crazy about girls
I'm crazy about women
I'm crazy about women
I'm crazy about girls
I'm crazy about girls...

„There's only one thing brings out the madness in me: I'm crazy about women, I'm crazy about girls", singt Dr. Feelgood, was stark an den Sportpräfekten Fitz erinnert, der seinen Priestertraum verwerfen muss, weil er seine sexuellen Gelüste nicht im Griff hat. Als junger Mann wird er von einer „scheinheiligen Studentin[]" (S!, S. 29) verführt – „I can hardly help it 'cause I'm only a man" –,die er schließlich heiraten muss und der er „fünf Kinder angehängt" (S!, S. 207) hat. Gemeinsam mit seiner Mutter ist er – wohl weil er „eine richtige Wut auf die Weiber gehabt" (S!, S. 205) hat – der Drahtzieher des Mädchenhandels und der Mörder sowohl von dem in „dreiundzwanzig Leichenteile" (S!, S. 52) zerstückelten Gottlieb als auch der regelrecht abgeschlachteten Mary Ogusake, wo bereits zu Beginn von S! darauf verwiesen wird, dass man froh sein muss, „wenn er dir nicht das Küchenmädchen in Stücke reißt" (S!, S. 10). Dies erklärt zwar sein Handeln – „If you come and see me and I'm acting bizarre" –, rechtfertigt dieses aber noch lange nicht: Denn schließlich muss „jemand ein bißchen *crazy* sein [...], wenn er eine Frau so zurichtet" (S!, S. 144). Das Wort „*crazy*" markiert den Prätext erneut im äußeren Kommunikationssystem durch Kursivdruck und den Sprachwechsel mitten im Satz.

Der Refrain „I'm crazy about women, I'm crazy about girls" bezieht sich außerdem auf die „heimliche[n] Leidenschaften" (S!, S. 178) der prominenten Festspiel-Besucher für „Serviceleistungen" (S!, S. 178) wie die Vermittlung von „philippinischen Jungfrauen an die Festspielstars". (S!, S. 204) Der Bezug des Haupttextes zum Inhalt des Prätextes ist somit eindeutig gegeben.

4.3.5 Wie die Tiere – Mamaaaaaaaaaaaaaa

Nicht nur pfeifend, sondern vor allem summend hilft auch in WdT wieder ein „Ohrwurm" (WdT, S. 111) dem Detektiv Brenner bei der Lösung seines aktuellen Falles – doch ironischerweise zu einem Zeitpunkt, als schon „alles zu spät" (WdT, S. 180) erscheint. Der bekannte Schlager „Mama" (WdT, S. 109) von „dem holländischen Wunderkind Heintje" (WdT, S. 211) begleitet ihn während seiner Ermittlungen.[251] Er wird außerdem sowohl im äußeren Kommunikationssystem durch Anführungszeichen und den Kontext als auch im inneren Kommunikationssystem durch die Thematisierung des Liedes durch den Erzähler und die Wiedergabe von Textzeilen durch den Brenner markiert.

Mama
(Heintje, 1962)

Mama, Du sollst doch nicht um Deinen Jungen weinen.
Mama, bald wird das Schicksal wieder uns vereinen.
Ich werd es nie vergessen,
was ich an Dir hab besessen,
daß es auf Erden nur eine gibt,
die mich so heiß hat geliebt;
Mama, und bringt das Leben mir auch Kummer und Schmerz,

---

[251] 1967 gelang dem damals 12-jährigen Heintje mit *Mama* der Durchbruch in der deutschen Schlagerwelt. Die von Wolf Haas gewählte Bezeichnung „Wunderkind" lässt auf seinen Erfolg beim Publikum und die „wahrscheinlich steilste Interpretenkarriere in der Geschichte der deutschen Unterhaltungsmusik" schließen. Vgl. Mezger 1975, S. 226-228.

dann denk ich nur an Dich,
es betet ja für mich, o Mama, Dein Herz.

Tage der Jugend vergehen,
schnell wird der Jüngling ein Mann.
Träume der Jugend verwehen,
dann fängt das Leben erst an.
Mama ich will keine Träne sehen,
wenn ich von dir dann muß geh'n:

Mama, Du sollst doch nicht um Deinen Jungen weinen.
Mama, bald wird das Schicksal wieder uns vereinen.
Ich werd es nie vergessen,
was ich an Dir hab besessen,
daß es auf Erden nur eine gibt,
die mich so heiß hat geliebt;
Mama, und bringt das Leben mir auch Kummer und Schmerz,
dann denk ich nur an Dich,
es betet ja für mich, o Mama, Dein Herz.

Mama! Mama!

Nachdem in den ersten drei Brenner-Romanen AdT, DK und KsT ausschließlich die Liedinhalte relevant waren, hat Wolf Haas in S! ja erstmals auch den Interpreten Bedeutung verliehen. In WdT kommt nun ein weiterer Aspekt hinzu, denn dem Detektiv Brenner haben diesmal „die Stimmbänder den besten Hinweis seines Lebens gegeben" (WdT, S. 172), da er das Lied „nicht pfeifen wollte, sondern summen". (WdT, S. 172) Das „Summen" folgt einem Haas'schen Wortspiel, das noch in 3.6.1 näher beschrieben wird.

Haas nutzt Heintjes Schlager diesmal gleich mehrfach – nicht zuletzt, um den Rezipienten zu verwirren. Dass der Detektiv Brenner das Lied jedes Mal unterschiedlich von sich gibt, unterstreicht zudem Pfisters Kriterium der Selektivität. So pfeift Brenner das Lied „mit so viel Vibrato [...], dass die Fensterscheiben gezittert haben" (WdT, S. 110), als er die Tierzüchterin Hartwig aus dem Flakturm im Wiener Augarten „um Hilfe schreien" (WdT, S. 109) hört, ihre Stimme jedoch mit einem „Krähenschrei" (WdT, S. 183) verwechselt. Langsam in ein Summen verwandelt sich sein Pfeifen, als er auf den Treuhund-Verwalter Hojac trifft, den Sohn der verstorbenen Frau Summer, die ihr gesamtes Vermögen ihrem Hund Puppi hinterlassen hat. Er lässt im Gedanken „Jimi Hendrix auf der Elektrogitarre «Mama» [...] jaulen" (WdT, S. 113), als er an die Hundekeksmörderin Mali und ihre attraktive Mutter Conny denkt. Schließlich summt er das Lied nur noch, bis er begreift, dass das Lied in seinem Kopf eigentlich der „Mama vom Flakturm-Architekten“ (WdT, S. 180) und ihrem mörderisch-ehrgeizigen Sohn gilt. Dass auch in Heintjes Interpretation „Summchöre[]“[252] einen besonderen Stellenwert einnehmen, hat Werner Mezger bereits 1975 in seinen Untersuchungen zum „Phänomen Heintje“[253] festgestellt.

„Verbindungsstück“ zwischen allen besungenen Mamas und ihren Kindern ist interessanterweise die Tierzüchterin „Herta Hartwig“ (WdT, S. 69), die selbst keine Kinder hat. Ihr Hund war es, der die 4-jährige Mali vor Jahren gebissen (Vgl. WdT, S. 114), die Mutter zur Lügnerin – „Autounfall. Drei Tage vor ihrem vierten Geburtstag“ (WdT, S. 88) – und das Mädchen schließlich in der Pubertät zu einer Hundemörderin gemacht hat. Die Hartwig ist auch diejenige, zu der die verstorbene Frau Summer, deren Sohn Hojac seinen Namen verändert und die Verwaltung des Treuhandfonds übernommen hat (Vgl. WdT, S. 100), ihren Hund Puppi in Pflege gegeben hat. (Vgl. WdT, S. 69) Und schließlich ist es auch die Hartwig, welche durch das Vermögen der verstorbenen Frau Summer den Flakturm im Augarten zu einem Hundeheim umbauen lassen möchte. Die Pläne dafür hat der „Sohn der Amtsärztin“ (WdT, S. 179), ein Architekt, erstellt, der „natürlich noch in einem Alter auf [s]einen ersten Bau [gewartet hat], wo ein anständiger Mensch schon um Frühpension ansucht“. (WdT, S. 50) Auch Brenner sucht die Hilfe einer Mama, der Conny, als die junge Mali ihn becirct: „Rein innerlich hat er ein bisschen «Mama» gesummt, aber natürlich, keine Mama ist ihm zur Hilfe gekommen.“ (WdT, S. 127) Durch den mehrfachen Bezug des Haupttextes zum Prätext ist somit auch die Kommunikativität nach Pfister gegeben.

Im Sinne der Referentialität wird in WdT zwar hauptsächlich der Liedtitel erwähnt, durch die kontextuelle Verbindung des Prätextes zum Haupttext, also allen Mutter-Kind-Beziehungen, wird der Prätext jedoch auch ausgiebig thematisiert und mehrfach auf diesen verwiesen. Der auktoriale Erzähler thematisiert den Prätext auch im Sinne der Autoreflexivität deutlich – unter anderem durch den Kommentar, „dass der Heintje der größte Versager auf der Welt ist, weil er das «Mama» in Wirklichkeit für die Amtsärztin gesungen hat, nicht für die Hojac-Mama“. (WdT, S. 182) Durch den Liedausschnitt „Mama, du sollst nicht um deinen Jungen weinen“ (WdT, S. 171), den Brenner beim Gedanken an Hojac, der gerade vom Architek-

---

252 Mezger 1975, S. 227.

253 Ebd., S. 226.

ten in der eigenen Solariumsliege zum Sterben zurückgelassen wurde, mitsingt, sorgt Wolf Haas für eine makabere Neuinterpretation der zentralen Themen des Heintje-Schlagers: „Flüchtigkeit kindlicher Idyllen und leise Andeutungen eines rasch herannahenden Abschieds".[254]

Die Funktion von Heintjes „Mama" ist neben den Beziehungsbeschreibungen als Lösungshilfe, denn natürlich steckt „im Ohrwurm die Mordlösung drin" (WdT, S. 111), auch die Vermittlung eines „illusionäre[n] Wunschbild[s] des anständigen, folgsamen, dankbaren Sprößlings, wie Heintje ihn verkörperte".[255] So ist der Architektensohn stets um einen „außergewöhnlichen beruflichen Erfolg"[256] bemüht, um seiner Mutter zu imponieren. Haas unterstreicht dies, indem er auch Heintjes Liedtitel „«Oma so lieb, Oma so nett», oder noch besser: «Ich bau dir ein Schloss»" (WdT, S. 109) nennt, wobei das Oma-Lied sich völlig nebensächlich auf Brenners Gefühl einer Ähnlichkeit zwischen seiner Großmutter und er Amtsärztin bezieht. (Vgl. WdT, S. 50)

Das bezeichnende Lied *Ich bau dir ein Schloss* verweist jedoch auf das Bemühen des Architektensohnes um seine Mutter durch den Bau eines „Schlosses" – den Umbau des Flakturms. „Ich bau Dir ein Schloß, so wie im Märchen. Da wohn ich mit Dir dann ganz allein. Ich bau dir ein Schloß, wenn ich einst groß bin, da kannst Du dann froh und glücklich sein",[257] singt Heintje und unterstreicht damit die Beziehung zwischen dem Architekten und seiner Mutter. Dies wird auch beim Showdown deutlich, denn „für einen Augenblick hat es ihm Leid getan, dass er seiner Mama mit seinem Jahrhundertbau so viel beweisen wollte" (WdT, S. 206). Die Beziehung zwischen dem Sohn, der am Muttertag „ein wunderbares Frühstück bei der Mama genossen" (WdT, S. 194-195) hat, und seiner Mutter, die im Alter „immer noch gearbeitet [hat], damit sie dem Herrn Sohn die großen Pläne ermöglicht" (WdT, S. 50), ist nicht nur durch den Bezug zum Inhalt des Prätextes ödipal konnotiert und steht in direktem Zusammenhang zu dem Interpreten des Liedes *Mama*, dem „armen Ödipus Heintje".[258]

---

254 Ebd., S. 230.

255 Ebd., S. 227.

256 Kayser 1975, S. 84.

257 Mezger 1975, S. 232.

258 Kayser 1975, S. 84.

Zuletzt ertönt das Lied schließlich – typisch für Wolf Haas – am „zweiten Sonntag im Mai" (WdT, S. 184), also ausgerechnet am „Muttertag" (WdT, S. 204), aus „dem Heim der Sängerknaben" (WdT, S. 207) im Augarten, die das „«Mama» singen [können] bis zum Jüngsten Tag" (WdT, S. 110) – als letzter intertextueller Verweis und als Erinnerung an den jungen Heintje, der das Lied Ende der 1960er-Jahre ebenfalls „mit schmetterndem Knabenchor"[259] gesungen hat. Der intertextuelle Bezug zu Heintjes Schlager *Mama* als Einzeltextreferenz lässt sich somit nach Broich / Pfister als intensiv intertextuell bestimmen.

4.3.6 Das ewige Leben – Trinität, wohin man sieht

Der sechste und ursprünglich letzte geplante Brenner-Roman DeL steht auch bei der Integration von realen Liedern als Prätexte in den Haupttext ganz im Zeichen der Trinität. Nicht nur ein Lied beschäftigt Brenner bei seiner Rückkehr nach Puntigam, sondern gleich drei Lieder, wie sie unterschiedlicher nicht sein könnten: Das österreichische Trinklied *Lustig samma, Puntigamer!*,[260] Anfang der 1980er-Jahre von Joesi Prokopetz verfasst, das Zigeunerlied *Te me pijav laches rosnes*[261] aus dem Jahre 1998 von der bekannten Roma-Sängerin Věra Bílá und der englische Rocksong *When I was*

---

259 Mezger 1975, S. 230.

260 Joesi Prokopetz hat den Slogan *Lustig samma, Puntigamer!* im Rahmen seiner Tätigkeit als Werbetexter Anfang der 1980er-Jahre im Auftrag der Grazer Brauerei Puntigamer kreiert. Der provokante Werbeslogan stieß jedoch bald auf Kritik, da er – zwar subtil aber doch – „Alkoholkonsum als ein probates Mittel gegen die Depression propagiert". Prokopetz hatte damals auch selbst „versucht, seine Depressionen im Alkohol zu ertränken". Siehe Sedlacek am Mittwoch: Lustig samma – Puntigamer!; in: Wiener Zeitung, 23.05.2007; auf: http://www.wienerzeitung.at/DesktopDefault.aspx?TabID=4409&Alias=wzo&cob=285222, abgerufen am 26.05.2011 um 10.00 Uhr

261 Die Roma-Sängerin Věra Bílá – ursprünglich aus der Slowakei, heute wohnhaft in Tschechien – gilt als die „greatest voice of the Slovak Gypsies". Ihre Lieder handeln zumeist von „the hardship and tragedy of Gypsy life". Bílá hat *Te me pijav laches rosnes* in den 1990er-Jahren verfasst und zusammen mit ihrer Band „Kale" performt. Erschienen ist das Lied schließlich 1998 als 15. Titel auf ihrem Album *Kale Kaloré*. „I always drink" übersetzt Simon Broughton in seinem Artikel über Gipsy Music den Titel. Vgl. Broughton 2000, S. 151-157. Bílá selbst übersetzt ihr Lied „When I'm getting drunk". Vgl. Věra Bílás offizielle Website: http://www.verabila.com/index.php?pid=1, abgerufen am 14.03.2007 um 14.30 Uhr.

young[262] von 1967 aus der Feder von Eric Burdon. Und doch führen alle drei Lieder gemeinsam schließlich zur Auflösung der Vergangenheit und der daraus resultierenden Verbrechen.

„Lustig samma, Puntigamer!" (DeL, S. 9), sind Brenner's erste Worte gleich zu Beginn des Romans, als er aus dem Koma erwacht. Dieser Satz, der „idiotische[r] Werbespruch" (DeL, S. 32) und Teil eines Trinklieds gleichermaßen ist, dient Brenner als Hinweis für ein Treffen am Tag vor dem Unfall mit seinem ehemaligen Polizeischulkollegen Köck, mit dem ihn ein folgenschwerer „Bubenstreich unter Polizeischülern" (DeL, S. 35) verbindet. Beim Erinnern an „die alte Geschichte" (DeL, S. 35) mit „ein paar Flaschen Puntigamer" (DeL, S. 32) hat er „die ganze Nacht die Melodie im Kopf gehabt". (DeL, S. 32) Auch nach seinem Koma führt ihn dieser „Ohrwurm" (DeL, S. 32) wieder „schnurstracks zum Köck" (DeL, S. 33) und schließlich auch zur Soili, die „den Köck erschossen hat" (DeL, S. 186), weil sie ihn für den Tod ihres Vaters verantwortlich macht, und zu ihrer Mutter, die laut Köck „sehr lebenslustig" (DeL, S. 214) war und vermutlich mit mehr als nur einem der vier Freunde damals geschlafen hat. (Vgl. DeL, S. 214)

> *Lustig samma – Puntigamer!*
> *(Joesi Prokopetz, ca. Anfang 1980er-Jahre)*
>
> *Ich und du und olle hier*
> *trink ma immer gern a Bier.*
> *Miteinander lustig samma!*
> *Mia und unser Puntigamer!*
>
> *Ich und du und olle hier*
> *trink ma immer gern a Bier.*
> *Miteinander lustig samma!*
> *Mia und unser Puntigamer!*
>
> *Miteinander lustig samma!*
> *Mia und unser Puntigamer!*

Thematisch verweist das Lied nicht nur auf das fröhliche Sinnieren von Köck und Brenner beim Biergenuss, sondern vor allem auch auf die gemeinsame Zeit der vier Puntigamer Polizeischüler Brenner, Aschenbrenner, Köck und Irrsiegler, die vor 30 Jahren aus Übermut – sinnbildhaft

262 Der englische Rockmusiker Eric Burdon spielte den Song *When I was young* erstmals 1967 gemeinsam mit seiner Band, „The Animals". 1993 erschien das Lied als 10. Titel auf dem Album *The Very Best of Eric Burdon and the Animals.*

„am Faschingsdienstag" (DeL, S. 38) – einen bewaffneten Raubüberfall auf „die Puntigamer Filiale der Raiffeisenkasse" (DeL, S. 35) verübt haben, bei dem einer der vier Freunde schließlich ums Leben kam. Dieses Unglück, der Verlust des „beste[n] Freund[s] vom Brenner" (DeL, S. 44), leitet direkt zum zweiten Lied über, das Brenner beim Besuch einer Zigeuner-Handleserin verinnerlicht. „Te me pijav laches rosnes" (DeL S. 88), singt die Zigeunerin – ein Lied „about drinking herself to death because of her lover's left her".[263] Die Zigeunerin übersetzt den Titel mit „Wenn ich mir betrinken tu, ich viel traurig" (DeL, S. 89) und Brenner sieht das Zigeunerlied sogleich als Kontrast, als „Ausgleich" (DeL, S90) zum lustigen österreichischen Bierlied, als ein zigeunerisches „Bierlied mit traurig" (DeL, S. 90): „Traurig samma." (DeL, S. 89)

Haas flicht hier sogar im direkten Zusammenhang Anspielungen auf zwei weitere Lieder ein, ohne jedoch aus diesen wörtlich zu zitieren. Bei Brenners Suche nach den Zigeuner-Zeugen meint der Erzähler „Wanderlust nichts dagegen" (DeL, S. 81), womit er vermutlich das bekannte Volkslied *Das Wandern ist des Müllers Lust*[264] meint. Die Anspielungen „lustig ist das Detektivleben" (DeL, S. 81) und „Zigeunerleben ja immer lustig" (DeL, S. 90) verweisen hingegen recht deutlich auf das spöttische Volkslied *Lustig ist das Zigeunerleben.*

Der Titel *Te me pijav laches rosnes* verweist im Kontext zum Haupttext DeL auf „Maria Maric" (DeL, S. 187), die Mutter von Soili und ehemalige Geliebte von Brenners Kollegen Irrsiegler, der sie immer liebevoll „Maritschi" (DeL, S. 49) genannt hat. Durch den unerwartet frühen Tod von Irrsiegler, zu dem immer „alle Saarinen gesagt haben" (DeL, S. 29), während des Banküberfalls, verliert Frau Maric ihren Geliebten und beginnt, „jeden Tag ihre Flasche Zitronenlikör" (DeL, S. 188) zu trinken. Denn „wenn einem ein geliebter Mensch stirbt, dann glaubt man im ersten Moment auch, dass man mitgestorben, ist". (DeL, S. 194) Der Inhalt des Prätextes steht somit im Sinne der Dialogizität im Kontext zu der Geschichte von Frau Maric im Haupttext.

Aufgrund der melancholischen Grundstimmung der Zigeuner (Vgl. DeL, S. 115), die ja laut dem Volkslied eigentlich genauso lustig sein sollten wie die Puntigamer laut dem Trinklied, und nicht zuletzt wegen dem Brenner, der „beim Köck zu viel Puntigamer getrunken [hat], und [den] der Alkohol

---

263 Broughton 2000, S. 151.

264 Der Text dazu stammt von Wilhelm Müller. Vgl. Müller 1986, S. 13-14.

[...] gern ein bisschen nachdenklich gemacht" (DeL, S. 130) hat, kombiniert Haas schließlich beide Lieder miteinander, indem Brenner sich einbildet:

> Aber wilde Katzen, die haben ihm irgendwie Übelkeit eingejagt. Und diese Müllkatzen hier, das war noch einmal was anderes. So etwas Böses hat der Brenner schon lange nicht mehr gesehen, wie die herumgestreunt sind und den Buckel aufgestellt haben, und die haben Geräusche gemacht, gar nicht katzenartig, sondern ihm ist vorgekommen, die pfeifen, er hat sich eingebildet, die Katzen pfeifen seinen Ohrwurm: »Lustig samma, traurig samma.« Weil interessant. Obwohl das zwei komplett unterschiedliche Melodien waren, das Zigeuner-Bierlied und das Reklame-Bierlied, die Katzen haben das gekonnt, dass es bei ihnen zu ein und derselben Melodie verschmolzen ist. (DeL, S. 119-120)

Die Enthüllung des Zusammenhangs zwischen den Figuren von Frau Maric und ihrer Tochter Soili sowie dem wahren Tathergang des Überfalls vor 30 Jahren erklärt schließlich die Verbindung der beiden Trinklieder.

Das dritte Lied *When I was young* wird zwar zuletzt – als Erinnerung – in den Haupttext integriert, muss gedanklich aber an zweiter Stelle gleich nach „Lustig samma, Puntigamer!" positioniert werden, da Brenner sich das Lied noch in der Nacht, nachdem er sich mit dem Köck getroffen hat, anhört. Es entspricht – wie auch die anderen beiden Lieder – einer Einzeltextreferenz und zeigt sich inhaltlich gegenüber den anderen beiden Liedern stimmig, da es zum Ausdruck bringt, dass die beschriebenen Geschehnisse seine „Erinnerungen" (DeL, S. 133), die Zeit vor 30 Jahren, als sie alle noch „jung" waren, betreffen. Haas fügt – wie bereits in KsT – diesen Prätext, der sowohl dem Brenner als auch dem Erzähler im Rahmen der Referentialität und Kommunikativität bewusst ist, als physischen Gegenstand ein – in diesem Fall als „Schallplatte aus der Zeit" (DeL, S. 130):

> *The rooms were so much colder then.*
> *My father was a soldier then.*
> *And times were very hard. When I was young.*
>
> Ein wahnsinnig gutes Lied, obwohl es nicht einmal vom Jimi Hendrix war. Der Brenner hat es gar nicht glauben wollen, dass es früher so gute Lieder gegeben hat, jetzt hat er noch ein bisschen lauter aufgedreht.
>
> *I smoked my first cigarette at ten.*
> *And for girls I had a bad yen.*

And I had quite a ball. When I was young.

Mein lieber Schwan! Das orientalische Gedudel dazwischen hat dem Brenner so gefallen, dass er noch ein bisschen lauter gedreht hat.

When I was young it was more important.
Pain more painful and laughter much louder, yeah.
When I was young.

Jetzt war es so weit, dass der Brenner mit dem Eric Burdon um die Wette gesungen hat:

I met my first love at thirteen.
She was brown and I was pretty green.
And I learned quite a lot. When I was young.

Er hat die Lautstärke endgültig bis zum Anschlag aufgedreht [...] dass er von dem unguten Geräusch auf einmal ganz wahnsinnig Schädelweh *bekommen* hat.

When I was young it was more important.
Pain more painful and laughter much louder, yeah.
When I was young. (DeL, S. 131-132)

Inhaltlich steht ein Teil der gewählten Textstellen des Prätextes im Kontext des Haupttextes. Da Brenners Vater sich „aufgehängt [hat], wie der Brenner noch kein Jahr war" (DeL, S. 119) und seine Mutter kurz nach dessen Tod nach Berlin ausgewandert, aber dann „schon mit dreiundfünfzig gestorben ist" (DeL, S. 103), waren die Zeiten für Brenner als Kind sicher „very hard". Umso lauter Brenner das Lied aufdreht, umso relevanter scheint auch der Textinhalt thematisch für den Haupttext zu sein. Brenners Liebesgeschichten in seiner Jugend werden in DeL schließlich immer wieder erwähnt (Vgl. DeL, S. 100-101) und „I had quite a ball" bezieht sich wohl auf den „Blödsinn" (DeL, S. 42), den die jungen Männer früher immer gemeinsam gemacht haben. Die Zeile „Pain more painful" kommentiert schließlich auch der Erzähler: „[...] weil *»Pain more painful«*, das stimmt nicht. Seine Schläfe hat ihn so gebrannt, Jugend nichts dagegen". (DeL, S. 132)

Da der Erzähler den Prätext somit nicht nur thematisiert – „wahnsinnig gutes Lied" (DeL, S. 131) –, sondern auch kommentiert, denn „[ü]berall hat der Eric Burdon aber auch nicht Recht" (DeL, S. 132), kann der Prätext als besonders offensichtlich im inneren Kommunikationssystem markiert betrachtet werden. Er erfüllt desweiteren Pfisters Kriterien der Autoreflexivität und – aufgrund einer gezielten Auswahl der Textpassagen durch den Autor – der Selektivität. Im äußeren Kommunikationssystem wird das Lied schließlich durch Kursivdruck, Einrücken und vergrößerte Zeilenabstände markiert. Eine intensive Intertextualität ist somit durchaus gegeben.

Für alle Beteiligten endet die Geschichte schließlich negativ. Besonders auffallend: Alles dreht sich um die vier „Sieben-fünfundsechziger Walther PP" (DeL, S. 46), die der Köck damals für jeden der vier Freunde von der Grazer Polizei „günstig gekauft" (DeL, S. 34) hat für die „alte[] Lausbubengeschichte". (DeL, S. 41) Diese Waffen bestimmen schließlich auch das Schicksal von den vier ehemaligen Polizeischülern.[265] Irrsiegler verunglückt bei dem Banküberfall vor 30 Jahren „mit dem Motorrad tödlich" (DeL, S. 29), nachdem sein Kollege Köck behauptet hat, er hätte mit der „fürchterlich verbaut[en]" (DeL, S. 34) Pistole „in den Plafond geschossen" (DeL, S. 192) und damit alle „in Panik" (DeL, S. 193) versetzt. Köck wird von Soili erschossen (Vgl. DeL, S. 214), da sie ihn für den Tod ihres Vaters Irrsiegler (Vgl. DeL, S. 194 f.) verantwortlich macht. Der Kripo-Chef Aschenbrenner, der sich „rührend um die Soili gekümmert" (DeL, S. 193) hat und später sogar mit ihr verheiratet ist, erleidet vor Schreck einen „Schlaganfall" (DeL, S. 79), als Brenner ihm die Walther-Kugel aus seinem eigenen Kopf als diejenige präsentiert, die er „dem Köck herausoperiert" (DeL, S. 77) hat und die eigentlich sein beruflicher Nachfolger, der Major Heinz, „verschwinden hat lassen" (DeL, S. 202), um seine Geliebte Soili zu schützen. Und Brenner schießt sich schließlich im Alkoholrausch während seiner „ewigen Erinnerungen" an früher mit der Waffe vom Banküberfall „das Kopfweh weg" (DeL, S. 135) und somit eine Kugel in den Kopf. (Vgl. DeL, S. 135)

---

265 Doch auch das Schicksal anderer steht in direktem Zusammenhang mit den alten Pistolen. Frau Maric schweigt „zu der Lüge vom Köck" (DeL, S. 195) und fristet ein Leben in Einsamkeit, da sie ihrem Geliebten „die Pistole noch in letzter Sekunde abgebettelt" (DeL, S. 195) hat. Ihre Tochter Soili wird zur Mörderin und „die alte Walther vom Saarinen" (DeL, S. 195) dadurch zur „Mordwaffe" (DeL, S. 195). Die „zwei Zigeuner" (DeL, S. 202), die Soili nach dem Mord an Köck das Stadion verlassen gesehen haben, werden von Soilis Liebhaber „beseitigt". (DeL, S. 202) Major Heinz wird schließlich von Brenner erschossen (Vgl. DeL, S. 222) und sogar der Erzähler kommt ums Leben, als er sich einmal in das Geschehen einmischt, um den Brenner zu beschützen. (Vgl. DeL, S. 218 ff.)

Dass Brenner das zweite Lied nicht als Lösungshilfe relevant erachtet – „Ohrwurm muss ich keine Angst haben" (DeL, S. 88) –, liegt daran, dass ihn „ja schon das Puntigamer-Lied zum Köck geführt hat" (DeL, S. 88). Außerdem hat diesmal nicht er, sondern die Zigeunerin das Lied „leise vor sich hin gepfiffen". (DeL, S. 88) Dass ihm schließlich jedoch alle drei Lieder zusammen hilfreich sein werden, in erster Linie aber natürlich das im Roman immer wiederkehrende Puntigamer-Lied, ahnt er bis zuletzt nicht. Und so kann auch der Leser nur schätzen, welches Lied genau Brenner gegen Ende „schon so lange quält" (DeL, S. 190): „Wo die Melodie ihn schon die ganze Zeit mit der Nase draufgestoßen hat". (DeL, S. 189) Haas nennt hier bewusst keinen genauen Titel mehr, um diese Frage für die Spekulationen der Rezipienten offen zu lassen. Der Hinweis, dass Frau Maric früher „Kellnerin im Puntigamer Braugasthaus" (DeL, S. 189) war, lässt jedoch auf eine Vorrangstellung des Puntigamer Bierlieds tippen. Unbenannt bleibt ebenfalls die „sehr schöne Musik" (DeL, S. 199), die bei Aschenbrenners Beerdigung gespielt wird.

4.3.7 Der Brenner und der liebe Gott – Jimi Hendrix ganz modern

In DBlG wird nun endlich ein Lied von Brenners Idol aus Jugendtagen, Jimi Hendrix, durch Haas leitmotivisch gebraucht. „*Castles made of sand*"[266] (DBlG, S. 29) – im äußeren Kommunikationssystem mit allen zitierten Textteilen durchgehend durch Kursivdruck markiert – hört der Brenner im Laufe des Haupttextes immer wieder. Doch diesmal nicht mehr nur in seinem Kopf, sondern zeitgemäß als Klingelton auf seinem Mobiltelefon. Dass „ihn der Jimi zum ersten Mal im Leben genervt" (DBlG, S. 29) hat, erklärt sich wohl dadurch, dass das Handy seit der Entführung der kleinen Helena nahezu durchgehend läutet, „sprich enervierendes *Castles made of sand*" (DBlG, S. 40) als Einzeltextreferenz.

Inhaltlich entspricht das Lied von Hendrix diesmal nicht der Handlung vom siebten Brenner-Roman DBlG, doch kann man den Titel durchaus wörtlich und sprichwörtlich annehmen: „[...] *castles made of sand fall into the sea, eventually*". (DBlG, S. 30) Haas hat bewusst einen mehrdeutigen Liedtitel gewählt, dessen Übersetzung sowohl eine wörtliche als auch eine sprichwörtliche Interpretation zulässt. Neben dem Kriterium der Selektivi-

---

266 Das zweite Studio-Album von The Jimi Hendrix Experience – *Axis – Bold as Love* – erschien in Großbritannien am 1.12.1967. *Castles made of Sand* ist das zweite Lied auf der zweiten Seite. Vgl. Cross 2006, S. 189.

tät erfüllt dieser intertextuelle Bezug somit auch die Dialogizität. Man sollte besser nicht auf Sand gebaut haben, lautet die dazugehörige Redewendung, die auf einer Bibelstelle basiert.[267] Dies erwähnt der auktoriale Erzähler bereits in S!: „[...] praktisch Bibel: Immer auf Fels bauen, nur nicht auf Sand". (S!, S. 26) Gemeint ist damit, dass man nicht auf etwas vertrauen soll, das nicht sicher ist und folglich zum Scheitern verurteilt ist. In DBlG trifft dieser Spruch – nicht zuletzt immer wieder gekennzeichnet durch den Jimi Hendrix Song – auf einige Personen zu.

Auf die Frau Dr. Kressdorf z. B., die ihren Mann aus dem Irrglauben heraus geheiratet hat, er wäre schon ein „Baulöwe" (DBlG, S. 33), die ihr Kind nach der scheinbaren Unfruchtbarkeit ihres Mannes – „weil der Kressdorf keine gute Spermienqualität hat" (DBlG, S. 149) – mit seinem Geschäftspartner gezeugt hat, die ihr Kind dem Brenner überantwortet, der nach der Entführung nicht auf die Anrufe der verängstigten Mutter zu *Castles made of sand* reagiert (Vgl. DBlG, S. 30), und die „*eventually*" (DBlG, S. 211) als „»doppelte[] Witwe« [endet], die an einem Tag ihr Kind zurückgekriegt und ihre beiden Männer verloren hat". (DBlG, S. 214) Den „Wasserrohrbruch" (DBlG, S. 20) und die daraus resultierende „überschwemmte Klinik" (DBlG, S. 20) kann man als Hinweis auf die Erfüllung der Redewendung im biblischen Sinne betrachten. Helenas Entführung geschieht wohl als Warnung Gottes, „dem sie so viele Kinder wegnimmt". (DBlG, S. 68)

Auch der Bauunternehmer Kressdorf hat – ganz im Sinne von Hendrix' Lied – auf Sand gebaut. Seine Ehe, da er seiner Frau etwas vorgaukelt hat, was er damals „noch gar nicht[] gewesen" (DBlG, S. 33) ist. Seine Bauaufträge, die er größtenteils nur als „eine Art Freundschaftsbeweis unter den besseren Leuten" (DBlG, S. 65) erhalten hat und die auf illegalen Geschäf-

---

267 Diese Redewendung beruht auf einem Gleichnis in der Bibel: „Wer diese meine Worte hört und danach handelt, ist wie ein kluger Mann, der sein Haus auf Fels baute. Als nun ein Wolkenbruch kam und die Wassermassen heranfluteten, als die Stürme tobten und an dem Haus rüttelten, da stürzte es nicht ein; denn es war auf Fels gebaut. Wer aber meine Worte hört und nicht danach handelt, ist wie ein unvernünftiger Mann, der sein Haus auf Sand baute. Als nun ein Wolkenbruch kam und die Wassermassen heranfluteten, als die Stürme tobten und an dem Haus rüttelten, da stürzte es ein und wurde völlig zerstört." (Mt 7,24-27)

Mt 7,24-27; in: Bibel nach der Übersetzung Martin Luther in der revidierten Fassung von 1984; auf: http://www.bibleserver.com, abgerufen am 14.05.2011 um 16.00 Uhr.

ten basieren. Und als schließlich seine – wie er erst später erfährt nicht leibliche – Tochter entführt wird, macht er kurzen Prozess mit den Schatten seiner Vergangenheit und tötet unter anderem den biologischen Vater von Helena, „Aurelius Stachl[268]„ (DBlG, S. 21), durch den er zwar den Bauauftrag für die *„Erlebnisworld Riesenland"* (DBlG, S. 166) im Wiener Prater erhalten hat, der aber auch seine Frau geschwängert hat, als er viel mit dem Projekt zu tun hatte. Die „zwei Wochen Dauerregen" (DBlG, S. 111), die dazu führen, dass eine Mure fast Kressdorfs „Almpalast" (DBlG, S. 34) in Kitzbühel zerstören, verweisen ebenfalls auf das biblische Gleichnis. Dies wird von Haas auch deutlich markiert: „[...] und die ewigen Optimisten gleich hoffnungsvoll: Endlich hat der Herrgott ein Einsehen und putzt Kitzbühel weg." (DBlG, S. 111)

Und schließlich trifft Hendrix' Song auch auf den Brenner alias „Herr[n] Simon" (DBlG, S. 7) zu, der schon „mindestens ein halbes Jahr" (DBlG, S. 7) für die Familie Kressdorf als Chauffeur arbeitet. Da diese Tätigkeit jedoch nicht seiner Bestimmung entspricht, was sich nicht nur durch den Anredewechsel des Erzählers als „Brenner", sobald er wieder detektivisch tätig ist, zeigt, sondern auch durch die Tatsache, dass ihm mitten auf einer Tankstelle ein Kind „gestohlen" (DBlG, S. 28) wird und er somit wieder gezwungen ist, zu ermitteln, endet seine neue Existenz nicht gut. Denn so wie die die Sandburgen in Hendrix' Lied zerbrechen – *„And so castles made of sand fall into the sea,* hat der Jimi wie zum Hohn gesungen, *eventually."* (DBlG, S. 31) – zerfällt schließlich auch Brenners Traum vom ruhigen Chauffeur-Leben. Er befürchtet in seinem Wahn sogar, dass der Klingelton das Mädchen „verscheucht" (DBlG, S. 31) hat, es „ohne Jimi Hendrix [...] vielleicht [noch] im Rückspiegel gesessen" (DBlG, S. 31) hätte. Auch die Idylle a la Vater, Mutter, Kind, die er kurz vor dem Showdown mit der Südtirolerin und Helena erlebt, zerbricht, als sein Mobiltelefon wieder *„Castles made of sand* gespielt [hat], sprich, der Milan hat das Handy vom Brenner angerufen". (DBlG, S. 160)

Dass Jimi Hendrix' Lieder schließlich auch die Sütirolerin, die Brenner zwar auf dem Überwachungsvideo der Tankstelle gesehen, aber nicht verdächtigt hat, betreffen, zeigt sich, als Brenner bei ihr die kleine Helena fin-

---

[268] Dieser derbe, ironische Name lässt eine Anspielung den FPÖ-Politiker Heinz-Christian Strache vermuten.

det und „zu Ehren der rothaarigen Frau im Bett *Foxy Lady*“[269] (DBlG, S. 157) in seinem Herzschlag wahrnimmt. Brenners gedankliche Verbindung zwischen Hendrix' *Foxy Lady* und rothaarigen Frauen wird bereits in KsT erwähnt: „Praktisch «Foxy Lady», wenn er in eine Rothaarige verliebt war [...]“. (KsT, S. 123) Dass zwischen dem Bauprojekt „*Riesenland*“ und Helenas Entführung eigentlich keine Verbindung besteht, reizt Haas bis zuletzt aus. Einziges Verbindungsstück ist Jimi Hendrix mit seinen beiden Liedern *Castles made of sand* und „Foxy Lady“. So widmet Brenner z. B. unbewusst den Handy-Pincode des Bauprojektgegners Knoll dem Schlagzeuger von Jimi Hendrix' Band und somit indirekt auch der Südtirolerin: „*Foxy Lady* für die Südtirolerin“. (DBlG, S. 158) Diesen Verweis thematisiert der Erzähler im Rahmen von Pfisters Autoreflexivität. Die indirekte Verbindung zwischen den beiden „Projekten“ bzw. den beiden Personen Knoll und Südtirolerin mit Jimi Hendrix gipfelt schließlich darin, dass Brenner von einer „fast übernatürlich leuchtenden Insektenaura umgeben [...], halb Imker im Sonnenuntergang, halb Jimi Hendrix im Konzertscheinwerfer“ (DBlG, S. 121-122) – zur Jauchegrube des Bauunternehmers Kressdorf geführt wird und dort gerade Knolls Leiche – als Beginn einer tödlichen Kettenreaktion – herauszieht, als ihn die Südtirolerin anruft:

> Und in dem Moment, wo der Brenner eingesehen hat, dass es nicht anders geht, wo er die Mistgabel doch umgedreht und die Leiche mit den Eisenzinken und mit seinem linken Schuh zum Grubenrand hergezwickt hat, wo ihm die Scheiße schon in seinen Schuh gesickert ist, hat er eine Stimme gehört.
> Die Stimme vom Jimi Hendrix. Der Brenner hat sein Handy aus der Hosentasche gezogen, und ob du es glaubst oder nicht: »Unbekannter Teilnehmer.«
> »Brenner?«
> Dass er den Anruf überhaupt angenommen hat, ist natürlich nur damit zu erklären, dass der Mensch in so einer Extremsituation alles mit sich in Zusammenhang bringt, quasi Mittelpunkt der Welt. [...]
> »Hier spricht Südtirol«, hat die Frauenstimme ins Telefon gesagt.
> [...]
> Dann hat den Brenner das größte Glücksgefühl seines ganzen Lebens überschwemmt. Aber nicht wegen der Südtirolerin. Sondern weil er in dem Moment begriffen hat, dass es keine Kinder-

269 *Foxy Lady* erschien 1967 als erster Titel auf dem ersten Studioalbum von The Jimi Hendrix Experience. Vgl. Cross 2006, S. 162 ff.

> leiche war. Du musst wissen, achtundfünfzig Stunden nach dem Verschwinden der Helena ist das Gesicht vom Knoll aus dem Schlamm herausgetropft. (DBlG, S. 123-124)

Wörtlich gesehen meint Jimi Hendrix *Castles made of sand* das Bauprojekt „*Riesenland*" (DBlG, S. 70) mitten im Wiener Vergnügungsviertel Prater, das der „Idealist" (DBlG, S. 200) und „Abtreibungsfanatiker[]" (DBlG, S. 60) Knoll verhindern wollte. Diesen Bezug kann Brenner zu dem Zeitpunkt jedoch noch nicht erkennen – weil er das Lied noch nicht wie gewohnt „gesummt" (DBlG, S. 211), sondern nur als Klingelton wahrgenommen hat. Das Lied als Melodie auf Brenners Mobiltelefon als physischen Gegenstand in die Romanhandlung einzufügen, verstärkt die Markierung des intertextuellen Bezugs im Haupttext. Dass Brenner – zwar spät aber doch – der Bezug zwischen dem Lied und der Handlung bewusst ist, belegen schließlich auch seine Gedanken, die der Erzähler im Sinne von Pfisters Kriterien der Referentialität und Kommunikativität wiedergibt, als Brenner wieder an die Tankstelle und ihre Gäste vom Beginn der Geschichte zurückkehrt:

> In dem Moment, wo der Brenner es nur als gesummte Melodie gehört hat, ist ihm der fehlende Text erst richtig bewusst geworden, sprich, der Jimi Hendrix wollte ihn von Anfang an warnen, dass er mit dem *Riesenland* noch mal Riesenprobleme kriegen wird. Und ich muss sagen, da hätte er hellhöriger sein müssen, was der Jimi Hendrix ihm erzählt. Oder für den, der nicht an den Jimi Hendrix glaubt, das Unbewusste. Weil warum hätte der Brenner sich sonst ein paar Wochen nach Dienstantritt gerade dieses Lied ausgesucht, das überhaupt nie seine absolute Lieblingsnummer gewesen ist. (DBlG, S. 211)

Wie ein Kind gerne Sandburgen errichtet, die „*eventually*" vom Meer weggeschwemmt werden, ist es für den „Bankdirektor Reinhard" (DBlG, S. 34) „eine Herzensangelegenheit, mitten im roten Wien, den halben Prater unter Kontrolle zu kriegen". (DBlG, S. 203) Da das Bauprojekt jedoch auf diversen illegalen Geschäften basiert, also sprichwörtlich auf Sand gebaut ist, muss es scheitern und fällt – ebenso sprichwörtlich – ins Wasser: „And so *castles made of sand fall into the sea, eventually.*" (DBlG, S. 30)

Und auch die zwielichtigen Personen, die mit dem Bauunternehmer und seinem Projekt in Verbindung standen, haben mit ihrem Vertrauen und ihren Wünschen auf Sand gebaut. Sowohl der „Obersenatsrat Stachl"

(DBlG, S. 195), der für die Vermittlung zwischen dem Kressdorf und dem Bankdirektor Reinhard Schmiergelder angenommen hat, als auch der „sommersprossenübersäte[] Bauleiter“ (DBlG, S. 88) und der „Sicherheitschef“ (DBlG, S. 89) enden wortwörtlich im Wasser bzw. eigentlich in der Senkgrube, im „Scheißesee“ (DBlG, S. 186), „wo man fast sagen muss, ein kleines Kunststück, dass man eine Scheißegrube qualitativ noch verschlechtern kann“. (DBlG, S. 196)

Der intertextuelle Bezug des Haupttextes aus den Prätext Jimi Hendrix' *Castles made of sand* weist somit – sowohl aufgrund der erfüllten Pfister'schen Kriterien als auch durch eine mittelstarke Markierung – eine relativ hohe Intensität auf und übernimmt für den Roman eine leitmotivische Funktion.

4.4 Bezüge auf eine mehr oder weniger kanonisierte Literatur

Intertextuelle Bezüge auf literarische Werke gelten in der Literaturwissenschaft schon seit langem als die relevantesten und ergiebigsten Bezüge. Schon Gérard Genette veranschaulichte seine Transtextualitätsformen anhand literarischer Bezüge „nicht nur aus dem 20. Jahrhundert, sondern aus der gesamten Literaturgeschichte von der Antike bis zur Gegenwart“.[270]

Der Großteil dieser Bezüge ist markiert, um dem Rezipienten das Erkennen zu erleichtern und die Intention des Autors zu verdeutlichen. Bei Texten allerdings, „die einem breiten Lesepublikum bekannt sind“,[271] kann laut Broich / Pfister eine Markierung entfallen. So z. B. bei Zitaten aus und Anspielungen auf Bibelstellen oder Klassikern. Wolf Haas schätzt allerdings auch hier zumeist die Markierung, wie sich in weiterer Folge zeigen wird – und wenn es nur der Name einer historischen Figur ist, den er seinen auktorialen Erzähler beiläufig erwähnen lässt. Nur ganz selten bleibt ein intertextueller Bezug unmarkiert.

Die Literatur als intellektuelles Kulturgut zeigt sich bei Haas als „bestens ins Erzählverfahren integriert“.[272] Ihnen kommt großteils keine größere Rolle zu als den restlichen Anspielungen und Zitaten aus der trivialen All-

270 Broich/Pfister 1985, S. X-XI.

271 Ebd., S. 32.

272 Baßler 2002, S. 199.

tagskultur. Ausschließlich Rilkes *Schlussstück* in KsT und Trakls *Vorstadt im Föhn* in S! werden ausführlicher im Text zitiert und thematisiert, wobei auch diesen beiden Gedichten keine weiterführende Funktion für den Textverlauf zukommt.

Büchners *Der Hessische Landbote* und Müllers *Der Lindenbaum* stehen hingegen stark im Kontext des Haupttextes, übernehmen aber ebenfalls keine andere Funktion für diesen als eine Veranschaulichung und Verstärkung der Handlung.

4.4.1 Ciceros „Damokles“

In AdT verweist Haas durch die Schilderung seines auktorialen Erzählers über die Gefahr eines Staudammbruchs auf die Damokles-Legende des römischen Redners und Philosophen Cicero: „Daß da über ihnen, praktisch wie ein Damokles, wenn die bricht, so eine Staumauer.“ (AdT, S. 31) Cicero erzählt ca. 45 v. Chr. im fünften Buch seiner *Tusculanae disputationes* (dt.: *Gespräche in Tusculum*) die Geschichte von Damokles, einem Schmeichler des Tyrannen Dionysios, der diesem die Gelegenheit bietet, „dieses Leben [zu] kosten, da es Dich so sehr erfreut, und mein Schicksal [zu] erproben“.[273] Damokles wird daraufhin ausgiebig verwöhnt und erfährt alle Annehmlichkeiten, die er sich nur vorstellen kann. Er profitiert von seiner Rolle als Tyrann – ebenso wie die Zeller Bevölkerung vom Bau des Stausees auf Kosten der „ukrainischen Zwangsarbeiter“ (AdT, S. 32) profitiert hat: „Nach dem Krieg sind alle froh gewesen über den Strom und über den Aufschwung [...]“. (AdT, S. 32)

Diese Art des intertextuellen Verweises lässt sich nach Genette vor allem der Intertextualität zurechnen. Die Vergleich der Staudammsituation mit der Legende von Damokles birgt jedoch auch Züge der Hypertextualität. Denn so wie die Staumauer als Gefahr über den Köpfen der Zeller „schwebt“ – wenn „die bricht, da brauchst die nicht glauben, daß ein einziger Zeller das überlebt“ (AdT, S. 32) – so schwebt über Damokles „von der Decke ein funkelndes Schwert [...], aufgehängt an einem Roßhaar und so, daß es direkt über dem Scheitel jenes Glücklichen stand“.[274]

Dionysios möchte Damokles in der Legende dadurch aufzeigen, „daß nichts für den glückselig sein könne, über dem dauernd irgendein Schre-

273 Cicero 1998, S. 363.

274 Ebd.

cken hinge".[275] Die „Heidnische Kirche" versucht in AdT ebenfalls, die Menschen auf die Realität, ihre Gefahren und die Sünden der Vergangenheit aufmerksam zu machen – allerdings durch „Drohbriefe". (AdT, S. 31)

Haas' Verweis auf die Legende von Damokles ist nach Pfisters Kriterien der Intensität eines intertextuellen Verweises durchschnittlich intensiv intertextuell.

Die Handlung des Haupttextes lässt sich in gewisser Weise mit der des Prätextes vergleichen, wodurch ein Kontext zwischen beiden Texten und somit auch die Referentialität nach Pfister gegeben ist. Die Beschreibung des Erzählers, dass „da über ihnen, praktisch wie ein Damokles" (AdT, S. 31), stellt nicht nur eine reine Anspielung auf Ciceros Damokles bzw. umgangssprachlich sein Schwert dar, sondern übernimmt eine Funktion im Roman – nämlich auf die unbewusste Gefahr, die „praktisch direkt über den Köpfen der Zeller" (AdT, S. 31) schwebt, hinzuweisen. Diese Gefahr wird schließlich auch von Lorenz Antretter unterstrichen: „Die Wassermassen werden das Zeller Becken meterhoch überfluten, und zwanzigtausend Menschen werden darin ertrinken." (AdT, S. 68)

Der Prätext von Ciceros Damokles, welcher der Einzeltextreferenz nach Pfister entspricht, ist sowohl durch namentliche Erwähnung als auch durch den Kontext deutlich im Haupttext markiert und erfüllt somit das Kriterium der Kommunikativität. Da Haas die Legende rund um Damokles nicht weiter ausführt, muss dieser intertextueller Verweis als gering autoreflexiv und gering selektiv betrachtet werden. Auch die Strukturalität ist nicht gegeben. Hingegen entspricht – wie bereits näher ausgeführt – der Vergleich des Staudammes mit dem Damoklesschwert durch den (neuen) Kontext dem Kriterium der Dialogizität umso mehr.

Im Sinne der Markierungstheorie kann davon ausgegangen werden, dass der intertextuelle Bezug zu Damokles für Haas einen relativ geringen Stellenwert einnimmt. Darauf verweisen vor allem die Lokalisierung in der Mitte des dritten Kapitels und die beiläufige Erwähnung durch den auktorialen Erzähler. Den Charakteren des Romans ist der Vergleich mit Damokles „gar nicht bewusst" (AdT, S. 31), der Erzähler wendet sich mit diesem Verweis ausschließlich an den Rezipienten. Eine explizite Markierung im äußeren Kommunikationssystem liegt nicht vor.

275 Ebd.

4.4.2 Miguel de Cervantes' „Don Quijote"

Wie bereits in 2.2.1 kurz beschrieben, schildert der auktoriale Erzähler in DK das Bemühen der Frau des Salzburger Polizeipräsidenten, durch das Sticken von „Windmühlen" (DK, S. 79) für einen wohltätigen Zweck von der dunklen Vergangenheit ihres Mannes abzulenken. Der Vergleich der Ehefrau mit der historischen Romanfigur Don Quijote und der voraussichtlich aussichtslose Kampf beider gegen einen nicht greifbaren und vor allem übermächtigen Gegner – im Fall von Don Quijote gegen die Windmühlen, die sinnbildhaft für den unaufhaltsamen Fortschritt der Technik stehen, und im Fall der Ehefrau gegen die öffentliche Meinung –, bringt den Haupttext von Wolf Haas in direkten Bezug zu seinem Prätext *Don Quijote*, einem parodistischen Ritterroman und Klassiker der Weltliteratur.[276] „Ritter von der traurigen Gestalt"[277] nennt Sancho Panza im Originaltext seinen Herrn – und so wirkt auch die Frau des Polizeipräsidenten, „die sich nicht leicht von ihren Werken getrennt" (DK, S. 79) hat, aber alles tut, um ihren Mann zu unterstützen.

Nach Genette liegen hier Intertextualität sowie Züge von Hypertextualität vor, da der Haupttext nicht nur eine Anspielung auf den Prätext vornimmt, sondern auch einen Teil dessen Thematik auf die Handlung des Haupttextes überträgt. Dieser Bezug entspricht auch den Kriterien der Referentialität und der Autoreflexivität. Durch den Verweis, dass die Frau des Polizeipräsidenten annimmt, „ein bißchen mit ihren Windmühlen dagegen" (DK, S. 79), also gegen die in der Zeitung geschilderte dunkle Vergangenheit ihres Mannes, ankämpfen zu können, wird der Prätext in seinem Kontext aufgegriffen und thematisiert. „Gegen Windmühlen (an)kämpfen" im Sinne von „einen aussichtslosen Kampf führen" hat sich mittlerweile auch als geläufige Redewendung etabliert, was den intertextuellen Bezug zum Prätext *Don Quijote* zwar deutlicher macht, aber dafür auch relativiert, da die Redewendung mittlerweile auch ohne den Prätext von Cervantes funktioniert.

---

276 In Cervantes *Don Quijote* spielt der Kampf gegen die Windmühlen ursprünglich nur eine untergeordnete Rolle. Zentral wurde dieser Kampf des selbst ernannten Ritters Don Quijote erst durch moderne Bearbeitungen des Stoffs für Theater, Film und Fernsehen.

277 Cervantes 2008, S. 169.

Die Ritterthematik zieht sich übrigens wie ein roter Faden durch DK: Ob nun der alte Löschenkohl als Ritter gegen seine Vergangenheit ankämpft und alles dafür tut, um seinen Betrieb zu schützen, die Frau des Salzburger Polizeipräsidenten im Vergleich mit Cervantes' Don Quijote ritterlich gegen die schlechte Publicity ihres Mannes ankämpft, der Tormann Milo zur Rettung der Ehre seiner Schwester den Stürmer Ortovic in den sicheren Tod laufen lässt oder der Brenner, der schließlich sein eigenes Leben riskiert, um den fast verhungerten Jacky noch rechtzeitig aus dem Keller des ermordeten Gummihändlers Marko zu retten. Sie alle agieren im Sinne eines ritterlichen Kodex – auch wenn ihre Methoden manchmal mehr als fragwürdig sind.

4.4.3 Rainer Maria Rilkes „Schlußstück"

Haas integriert in KsT als kanonisierten Prätext Rainer Maria Rilkes *Schlußstück*[278] in seinen Haupttext. Wohl da der Name des Dichters nicht genannt wird, zeigt sich das *Schlußstück* umso stärker markiert: Im inneren Kommunikationssystem verweist bereits der Name des Sanitäters „Manfred Groß" (KsT, S. 6) auf seine Verbindung zum Gedichtinhalt und sein Schicksal hin. Zudem ist das Gedicht Teil eines physischen Gegenstands, eines „Trauerbillet[s]" (KsT, S. 59), das Brenner vor Jahren für seine verstorbene Tante ausgewählt hat. Im äußeren Kommunikationssystem hebt sich das Gedicht durch Anführungszeichen und das Einrücken vom restlichen Haupttext ab.

> «Der Tod ist groß.
> Wir sind die Seinen
> lachenden Munds.
> Wenn wir uns mitten im Leben meinen,
> wagt er zu reimen
> mitten in uns.»
> Nein, Moment:
> «Wagt er zu *weinen*
> mitten in uns.» (KsT, S. 60)

Dem wörtlichen Zitat, in das Haas einen erheiternden Fehler, wie er beim Aufsagen von Gedichten üblich ist, einpflegt, folgt im Haupttext – ganz im Sinne der Autoreflexivität nach Pfister – ein Monolog des Erzählers, der

---

278 Rilke 1906, S. 185

das Gedicht bewertet. Zwar sind Referentialität und Kommunikativität bei diesem intertextuellen Bezug nicht so stark ausgeprägt wie bei anderen Bezügen in Haas' Romanen, doch überzeugen Dialogizität, Selektivität und Explizitheit davon, dass es sich beim Bezug auf Rilkes *Schlußstück* um einen intensiven intertextuellen Verweis handelt.

Als Brenner die Nachricht vom Tod des Sanitäters Groß – „Der Groß ist tot!" (KsT, S. 57, 60, 64) – überbracht wird, reagiert er – wohl aufgrund der Karte seiner Tante und da ihm vermutlich das Sprachspiel bewusst wird – amüsiert: „«Der Tod ist groß», hat der Brenner geantwortet." (KsT, S. 59)

Haas wählt den Prätext gezielt und spielt im Haupttext mehrfach sinngemäß, pointiert und fast wörtlich auf ihn an: Ob er nun davon spricht, dass nicht nur der Tod, sondern auch Wien groß ist (KsT, S. 165, 166) oder bei der Beschreibung seiner Jugendfreundin Klara, die den Tod mit 17 noch faszinierend fand, denn „da ist eben der Tod ein großer Tod". (KsT, S. 132) Und schließlich beim Überbringen der Nachricht von „Bimbos" Tod durch den Sanitäterkollegen Munz, dessen Name durch seine phonologische Ähnlichkeit an Rilkes Ausdruck „Munds" erinnert. Diese Ähnlichkeit wird auch im Haupttext betont:

> «Der Tod ist groß, wir sind die Seinen lachenden Munds.»
> «Was redest du da?»
> «Ach, nichts. Was ist passiert mit dem Groß?»
> «Du hast Munz gesagt!» hat der Munz aber nicht lockergelassen.
> «Ich hab nicht Munz gesagt. Ich hab *Munds* gesagt. Das ist so ein Gedicht.» (KsT, S. 61)

Auch Genette würde den Bezug des Haupttextes aus Rilkes *Schlußstück* als einen intertextuellen werten – laut Broich / Pfister ist er sogar intensiv intertextuell.

4.4.4 Robert Schneiders „Schlafes Bruder"

Wie bei KsT von Wolf Haas verdankt laut Baßler auch der Bestseller *Schlafes Bruder* des österreichischen Autors Robert Schneider seinen Titel einer „Choralzeile, die dort aber [Anm.: im Vergleich zu Haas' Titelgebung] mit getragenem Ernst vertextet ist".[279] „Kömm, o Tod, du Schlafes Bruder",[280]

---

279 Baßler 2002, S. 200.

lautet der Beginn der Melodie, über die auch Elias „brütete“[281] – so wie auch der Detektiv Brenner oft „aus dem Brüten gar nicht mehr herausgekommen ist“. (DK, S. 118) Die bewusste Anspielung auf Schneiders Roman wird schließlich durch die Schilderung von Brenners „wunderbare[m] Musikerlebnis“ (KsT, S. 214), seinem schichtenweisen, „wunderbare[n] Ertaubungserlebnis“ (KsT, S. 215), das den Bach-Chor auf der Kassette ebenso umfasst wie die immer näher kommenden Polizeisirenen, das „Geschnatter der Schaulustigen“, das „Schnarchen vom Lungauer“, das „Schnaufen vom Herrn Oswald“, das „asiatische Gongsummen“ sowie „das betäubende Herzklopfen, als hätte ein Schlagzeuger seine Baßtrommel ausgerechnet im Ohr vom Brenner aufgestellt“ (alle KsT, S. 215), deutlich. Denn auch in *Schlafes Bruder* strömen „über fünf Seiten hinweg und unter Aufbietung des größtmöglichen Pathos schichtenweise die Geräusche der ganzen Welt auf den fünfjährigen Elias [...] (darunter der Herzschlag eines ungeborenen Kindes)“[282] ein. Schneider bezeichnet dieses Erlebnis seines Protagonisten als ein „furchtbare[s] Hörerlebnis“.[283]

Die Musik in KsT endet abrupt mit einem „Knall“ (KsT, S. 215), denn „der Herr Oswald hat mit einem einzigen Schuß den ganzen Chor totgeschossen“. (KsT, S. 215) Brenner schläft sich am Ende des Romans gründlich aus – sowohl auf einer Wiese beim Donauinselfest (Vgl. KsT, S. 221) als auch später im Hotelzimmer (Vgl. KsT, S. 223), während Elias in *Schlafes Bruder* „sein Leben zu Tode brachte, nachdem er beschlossen hatte, nicht mehr zu schlafen“.[284]

Haas parodiert mit dem Schlussteil von KsT folglich – für den belesenen Rezipienten offensichtlich – Schneiders umstrittenen Roman.[285] Dies wird nochmal besonders durch die makabere und ironische Aussage des auktorialen Erzählers deutlich:

> Und ihm ist eingefallen, daß es immer heißt, beim Sterben hätte der Mensch die wunderbarsten Musikerlebnisse. Aber er hat bezweifelt, daß der Junior, wie sein Kopf durch die Trennscheibe

---

280 Schneider 1992, S. 172.

281 Ebd.

282 Baßler 2002, S. 201.

283 Schneider 1992, S. 37.

284 Ebd., S. 7.

285 Vgl. Baßler 2002, S. 201.

> vom 590er hereingeflogen ist, auch so ein wunderbares Musikerlebnis gehabt hat wie er.
> Beim Überleben hat man die wunderbarsten Musikerlebnisse, nicht beim Sterben, hat sich der Brenner im Einschlafen gesagt. Ein guter Gedanke, hat er noch gedacht. Beim Überleben, nicht beim Sterben. Diesen Satz muß ich mir merken. (KsT, S. 223)

Da der intertextuelle Bezug zu Robert Schneiders *Schlafes Bruder* jedoch nicht im Haupttext explizit markiert wird und auch sonst nur wenigen Kriterien nach Pfister entspricht, also nur aufgrund der strukturellen Ähnlichkeit gegeben ist, muss dieser Verweis als gering intensiv intertextuell betrachtet werden. Auch für den Textsinn übernimmt der intertextuelle Bezug keine zusätzliche Funktion.

4.4.5 Georg Trakls „Vorstadt im Föhn"

Wie in 2.2.5 und 2.3.3 bereits ausführlich beschrieben, integriert Wolf Haas Georg Trakls Gedicht „*Vorstadt im Föhn*" (S!, S. 134) auffallend stark in den Brenner-Roman S!. Neben dem wörtlichen Zitieren und Kommentieren einiger Textpassagen durch den auktorialen Erzähler, nutzt Haas das Gedicht auch zur ausführlichen Beschreibung vom Auffinden der zerstückelten Mary Ogusake durch den Detektiv Brenner:

> Aber der Regen hat jetzt fast lauter geprasselt als die Klingel, und durch die plötzliche Abkühlung hat die Erde richtig gedampft, daß dem Brenner wieder die Marmortafel von der früheren Wetteranstalt in den Sinn gekommen ist:
>
> *Gebilde gaukeln auf aus Wassergräben,*
> *vielleicht Erinnerungen an ein früheres Leben.*
>
> Oder ist es ihm erst eingefallen, wie er schon drinnen war. [...] Die Zeile mit dem Dampf und mit dem früheren Leben. Schon sehr eindrucksvoll, muß ich ehrlich zugeben, wie die früher das Wetter beschrieben haben.
> Obwohl, es ist im Grunde kein Wetterdampf gewesen, der im Wohnzimmer von der Mary Ogusake aufgestiegen ist. Sondern die über das Wohnzimmer verstreuten Leichenteile haben immer noch richtiggehend gedampft. Ich vermute, das war der Grund, daß dem Brenner auf einmal der alte Wetterbericht durch den Kopf gegeistert ist.
>
> *Und ein Kanal speit plötzlich feistes Blut*
> *vom Schlachthaus in den stillen Fluß hinunter.*

> Kein Wunder, daß ihm ausgerechnet das wieder eingefallen ist, weil der Brenner hat sich jetzt übergeben müssen.
>
> *In Körben tragen Frauen Eingeweide,* ist ihm durch den Kopf geschossen, während er seine Eingeweide entleert hat, direkt auf den Boden, aber vom Reinlichkeitsstandpunkt kein Problem, weil der ganze Boden war sowieso über und über voller, wie soll ich sagen: Eingeweide. (S!, S. 139-140)

Und wenig später heißt es:

> Oder sagen wir einmal so, der Wetterbericht von der Marmortafel hat ihm keine Ruhe gelassen:
>
> *Und ein Kanal speit plötzlich feistes Blut*
> *und langsam kriecht die Röte durch die Flut.*
>
> Mein lieber Schwan. Der Jimi Hendrix ist an seinem eigenen Erbrochenen erstickt. Gar keine seltene Todesursache. Aber der Brenner ist ja bei vollem Bewußtsein zwischen den Eingeweiden gekniet. (S!, S. 142)

Jeder Vers wird extra angekündigt und in direkten Bezug zu Trakls Gedicht, das Brenner stets als „Wetterbericht“ (S!, S. 140) betrachtet, gebracht. Durch den Kursivdruck und das Einrücken vom Haupttext heben sich die Zitate aus dem Prätext deutlich vom Haupttext ab. Das Gedicht wird durch die Beschreibungen des auktorialen Erzählers in einen neuen Kontext gebracht und entspricht somit den Kriterien der Referentialität, der Kommunikativität und der Selektivität. Dass der Erzähler das Gedicht und seinen Inhalt ausgiebig kommentiert – „Zeile um Zeile ist das noch deprimierender geworden“ (S!, S. 135) –, verweist auf eine vorliegende Autoreflexivität.

Haas hat die Verse aus Trakls Gedicht gezielt gewählt und pointiert eingesetzt. Das vollständige Originalgedicht lautet:

> *Vorstadt im Föhn*[286]
> *(Georg Trakl, 1912)*
>
> *Am Abend liegt die Stätte öd und braun,*
> *Die Luft von gräulichem Gestank durchzogen.*

286 Trakl 1974, S. 55. Interessant ist, dass Trakls *Vorstadt im Föhn* erstmals in der von Ludwig von Ficker herausgegeben Halbmonatsschrift *Der Brenner* (II. Jahr. Heft 23, 1. Mai 1912, S. 841), deren Name auch an Haas' Detektiv erinnert, erschienen ist.

Das Donnern eines Zugs vom Brückenbogen –
Und Spatzen flattern über Busch und Zaun.

Geduckte Hütten, Pfade wirr verstreut,
In Gärten Durcheinander und Bewegung,
Bisweilen schwillt Geheul aus dumpfer Regung,
In einer Kinderschar fliegt rot ein Kleid.

Am Kehricht pfeift verliebt ein Rattenchor.
In Körben tragen Frauen Eingeweide,
Ein ekelhafter Zug voll Schmutz und Räude,
Kommen sie aus der Dämmerung hervor.

Und ein Kanal speit plötzlich feistes Blut
Vom Schlachthaus in den stillen Fluß hinunter.
Die Föhne färben karge Stauden bunter
Und langsam kriecht die Röte durch die Flut.

Ein Flüstern, das in trübem Schlaf ertrinkt.
Gebilde gaukeln auf aus Wassergräben,
Vielleicht Erinnerung an ein früheres Leben,
Die mit den warmen Winden steigt und sinkt.

Aus Wolken tauchen schimmernde Alleen,
Erfüllt von schönen Wägen, kühnen Reitern.
Dann sieht man auch ein Schiff auf Klippen scheitern
Und manchmal rosenfarbene Moscheen.

Der Bezug zu dem im Gedicht beschriebenen „Schlachthaus" wurde bereits in 2.2.5 erwähnt. Zur Unterstreichung dieses Verweises bezeichnet Haas die tote Mary Ogusake als „reinste Schlachtplatte aus zwei Personen" (S!, S. 140). Der „Gestank" verweist auf die – ebenfalls bereits in 2.2.5 beschriebenen – Gerüche (Vgl. S!, S. 5 ff.) des Marianums. Die letzte Zeile von Trakls Gedicht erinnert zudem vom Rhythmus her an eine Textzeile aus Rilkes *Das Karussell*: „Und dann und wann ein weißer Elefant."[287]

Das Motiv des „Dampfens", welches im Gedicht beschrieben wird, wiederholt sich im Roman immer wieder. So hat durch den starken Regen in Petting nicht nur „die Erde richtig gedampft" (S!, S. 139), sondern auch die Leiche der Mary Ogusake „immer noch richtiggehend gedampft". (S!, S. 140) Der Sportpräfekt Fitz steigt gegen Ende des Romans aus einer „dampfenden Duschkabine" (S!, S. 189) und nach einem missglückten Mordversuch seinerseits und der Rettung durch René haben dann auch Brenners Kleider „immer noch gedampft". (S!, S. 202)

---

287 Rilke 2006, S. 463.

Haas klärt bis zum Schluss den Namen des Dichters von *Vorstadt im Föhn* nicht vollständig auf. Schlussendlich behauptet die Notapothekerin, die Brenner kennengelernt hat, dass das Gedicht von einem „Salzburger Apotheker mit dichterischer Begabung“ (S!, S. 215) stammt. Ein letzter Hinweis für all jene, die Haas' durch Kursivdruck und große Initialen markierten Hinweis auf der Marmortafel – *„Temperatur-, Regen-Ansage, Kaiserliche Luftdruckmessung“* (S!, S. 136) – nicht verstanden haben. Schließlich hatte der aus Salzburg stammende Georg Trakl 1912 „eine zeitweise Anstellung als Militärapotheker“.[288]

4.4.6 Patrick Süskinds „Das Parfum“

Nicht gänzlich offensichtlich, aber für belesene Rezipienten doch gut erkennbar, enthält S! auch Anspielungen auf „einen berühmten französischen Parfumschnupperer“ (S!, S. 7) – den späteren Parfümier Jean-Baptiste Grenouille aus Patrick Süskinds *Das Parfum*.

Während der gesamte Roman Süskinds von Gerüchen handelt – von der Suche eines geruchlosen Serienmörders nach den wunderbaren Gerüchen junger Frauen im Paris des 18. Jahrhunderts, dem „allerstinkendsten Ort des gesamten Königreichs“,[289] bezieht sich Haas vor allem zu Beginn seines Romans S! auf die Gerüche des Marianums, der „Ausdünstung von Internatsbuben“ (S!, S. 5) und „Duftbäumchen“. (S!, S. 5) Süskind befasst sich ebenfalls auf den ersten Seiten seines Romans mit fast ausschließlich mit den Gerüchen der Stadt und der Zeit – und dem geruchslosen und zu diesem Zeitpunkt noch namenlosen – Jean-Baptiste Grenouille: „Er selbst, der Bastard selbst, riecht nicht.“[290] So verwundert es also nicht, dass Haas in S! in Anlehnung an den postmodernen Roman Süskinds anfänglich nur von diversen „Gerüche[n]“ (S!, S. 5) spricht.

Und auch Haas' Sprachspiel – „Hygiene und Hyäne“ (S!, S. 221) – bedingt durch die phonetische Ähnlichkeit der beiden Worte „Hygiene“ und „Hyäne“, führt wieder zu Süßkinds *Das Parfum*. Die Witwe des ermordeten Gottlieb Meller in S! erzählt, dass sie bereits als Kind „immer Hygiene und Hyäne verwechselt“ (S!, S. 84) hat und die Apothekerin, mit der Brenner am Ende im Bett landet, behauptet, dass „[z]uviel Hygiene […] für den

288 Trakl 2009, S. 18.

289 Süskind 1994, S. 7.

290 Ebd., S. 15.

Körper nämlich wirklich eine Hyäne" (S!, S. 221 ist. So verwundert es nicht, dass Grenouille die Diebe, Mörder, Huren usw., zu denen er sich am Ende von *Das Parfum* begibt, nachdem er sich inmitten der „tausendfältigen Gerüche und Gestänke"[291] der Umgebung mit dem wundervollen Duft überschüttet hat, an „einen Engel"[292] erinnert, an jemanden, der „mit dem Gesicht noch lächel[t], während [seine] anderen Körperteile schon von den Hyänen verspeist werden". (S!, S. 84) Und wie der Spiritual vor Jahren ein „Stück" von Gottlieb Meller beim Hygieneunterreicht haben wollte, so will nun auch das Gesindel in *Das Parfum* „einen [Anm.: wörtlichen!] Teil von ihm haben"[293] und fällt „wie die Hyänen [...] über ihn her"[294]. Jean-Baptiste Grenouille wird „in dreißig Teile zerlegt"[295], Gottlieb Meller in „dreiundzwanzig Leichenteile". (S!, S. 52) Und am Ende von S! fällt schließlich auch die Apothekerin über Brenner her, „Hyäne nichts dagegen". (S!, S. 223)

Da der Bezug auf Süskinds *Das Parfum* als Prätext allerdings nur thematisch sowie ansatzweise strukturell gegeben und – bis auf eine kurze Anspielung des Erzählers – nicht explizit markiert ist, müssen wir hier von einer geringen intertextuellen Intensität ausgehen. Zudem ist der Prätext für den Textsinn nicht von weiterer Bedeutung.

4.4.7 Wilhelm Müllers „Der Lindenbaum"

Fast beiläufig vergleicht der Erzähler in S! den Salzburger Kapuzinerberg, auf den Brenner und die Witwe des ermordeten Gottlieb Meller nachts hinaufspazieren, mit dem „Brunnen vor dem Tore". (S!, S. 78) Diese Formulierung stammt ursprünglich aus dem Gedicht *Der Lindenbaum*, das der deutsche Dichter Wilhelm Müller 1823 im Rahmen des später von Franz Schubert vertonten Gedichtzyklus *Die Winterreise* verfasst hatte:

---

291 Ebd., S. 317.

292 Ebd., S. 318.

293 Ebd., S. 319.

294 Ebd.

295 Ebd., S. 320.

Der Lindenbaum
(Wilhelm Müller, 1823)[296]

Am Brunnen vor dem Tore
Da steht ein Lindenbaum:
Ich träumt in seinem Schatten
So manchen süßen Traum.

Ich schnitt in seine Rinde
so manches liebe Wort;
Es zog in Freud und Leide
Zu ihm mich immer fort.

Ich mußt' auch heute wandern
Vorbei in tiefer Nacht,
Da hab ich noch im Dunkel
Die Augen zugemacht.

Und seine Zweige rauschten,
Als riefen sie mir zu:
»Komm her zu mir, Geselle,
Hier findst Du Deine Ruh!«

Die kalten Winde bliesen
Mir grad ins Angesicht;
Der Hut flog mir vom Kopfe,
Ich wendete mich nicht.

Nun bin ich manche Stunde
entfernt von jenem Ort,
Und immer hör ich's rauschen:
Du fändest Ruhe dort!

Der Inhalt des Gedichtes sowie die Beschreibung der Situation am Kapuzinerberg mit den rauschenden Bäumen, dem sinnbildhaften Brunnen und der gespenstischen Nacht in S! veranlassen mich an dieser Stelle zu einer Gedichtinterpretation mit Symboldeutung im Zusammenhang mit der intertextuellen Analyse. Dass Haas Müllers Gedicht nicht ebenso beiläufig in den Haupttext integriert hat wie der Erzähler den Vergleich, zeigt sich bei inhaltlicher Betrachtung deutlich.

---

[296] Das Gedicht *Der Lindenbaum* erschien als Teil von Müllers Gedichtzyklus' *Die Winterreise* erstmals 1923 im Taschenbuch Urania. Heute ist vor allem die von Franz Schubert vertonte Fassung des Liedes mit dem Titel *Am Brunnen vor dem Tore* bekannt. Vgl. Müller 1986, S. 169 ff.

Müller beschreibt in *Die Winterreise* einen jungen Mann, das lyrische Ich, der nach dem unglücklichen Ende einer Liebesbeziehung eine Wanderung antritt:

Das Mädchen sprach von Liebe,
Die Mutter gar von Eh' –
Nun ist die Welt so trübe,
Der Weg gehüllt in Schnee.[297]

Der Lindendaum ist eine Station auf dieser Reise und Leitmotiv zugleich. Denn auch im Gedicht Rückblick spricht Müller von Lindenbäumen, deren Zweige rauschten.[298] Die Linde galt zu Müllers Zeiten als Symbol der Liebe,[299] als ein Symbol, das „gleichermaßen mit Heimat und Geborgenheit assoziiert"[300] wird. Sie war auch beliebtes Motiv auf Postkarten,[301] was auch Haas scheinbar bewusst war. So begibt sich Brenner mit der Witwe auf einen für die Zeit der Romantik, aus der auch Müllers Gedicht stammt, typischen Ort, einen „erhöhten Punkt"[302] – den Kapuzinerberg –, von dem aus die „Weite der Landschaft"[303] betrachtet werden kann: „Festungsblick praktisch Postkarte." (S!, S. 78)

Neben dem Lindenbaum kommt auch der Brunnen sowohl in S! als auch im Gedicht vor. Der Brunnen repräsentiert aufgrund seiner Tiefe auch die Tiefen und Abgründe der Seele und kann die „Ambivalenz von Leben und

---

297 Teil der ersten Strophe des ersten Winterreise-Gedichtes *Gute Nacht.* Müller 1986, S. 43.

298 Vgl. Müller 1986, S. 51.

299 Das Symbol der Linde hat in der deutschen Literatur und Musik eine lange Tradition. So schrieb z. B. bereits der Lyriker und Minnesänger Walther von der Vogelweide im 12. Jahrhundert ein Lied mit dem Titel *Unter der linden.* Weiters ist neben dem Volkslied *Es stand ein Lind' in jenem Tal* aus dem 16. Jahrhundert auch das Lied *Kein schöner Land* von 1912 bekannt, das die Linde symbolbehaftet erwähnt und Grundlage für z. B. das Theaterstück *Kein schöner Land* des Tiroler Dramatikers Felix Mitterer wurde. Vgl. u.a. Hartung 2002, S. 198.

300 Königs Erläuterungen 2009, S. 140.

301 Im renommierten Goethezeitportal findet sich eine ausführliche Darstellung von Postkarten, die zumeist nicht nur eine Linde, sondern auch das Gedicht *Der Lindenbaum* beinhalten. Vgl. http://www.goethezeitportal.de/index.php?id=2887# Postkarten, abgerufen am 31.05.2011 um 11.05 Uhr.

302 Königs Erläuterungen 2009, S. 139

303 Ebd.

tödlicher Gefährdung“[304] darstellen. Er gilt aber vor allem – oft auch in Verbindung mit dem Lindenbaum – als sozialer Treffpunkt. Bereits in Goethes Die Leiden des jungen Werther, das 1774 zur Leipziger Buchmesse erschienen war,[305] ist der Brunnen „vor dem Orte“[306] von besonderer Bedeutung:

> Ich weiß nicht, ob täuschende Geister um dieses Gegend schweben, oder ob die warme himmlische Phantasie in meinem Herzen ist, die mir alles rings umher so paradiesisch macht. Da ist gleich vor dem Orte ein Brunnen, ein Brunnen, an den ich gebannt bin wie Melusine mit ihren Schwestern.[307]

Ebenfalls in Goethes *Werther* findet sich neben dem Brunnen der Lindenbaum:

> An der großen Linde, die eine Viertelstunde vor der Stadt nach S.. zu steht, ließ ich halten, stieg aus und hieß den Postillon fortfahren, um zu Fuße jede Erinnerung ganz neu, lebhaft, nach meinem Herzen zu kosten. Da stand ich nun unter der Linde [...][308]

Die auffallend ähnliche Formulierung der beiden Texte – vor allem bei der Beschreibung des Brunnens – bezeichnet wohl einen weiteren intertextuellen Verweis: nämlich den von Müllers *Der Lindenbaum* auf Goethes *Die Leiden des jungen Werther* als Prätext. Wie Goethe beschreibt auch der Erzähler in S! die geschilderten „Geister“, die sich in der Nähe des Brunnens befinden. Im Zusammenhang mit dem Auszug aus Müllers Gedicht, der Szene aus Goethes *Werther* sowie den symbolischen Deutungen dieser Orte, lässt sich ein eindeutiger Zusammenhang zwischen den Prätexten und der Handlung in S! erkennen.

> Kurz darauf war auch die Witwe wieder da und hat den Brenner gefragt, ob er sie auf dem Heimweg begleiten will. Weil die Villa von ihrem Vater ja ganz vorne auf dem Kapuzinerberg, Festungsblick praktisch Postkarte, und das Marianum ganz hinten

---

304 Eversberg 1999, S. 73.

305 Vgl. Goethe 1996, S. 152.

306 Ebd., S. 8.

307 Ebd.

308 Ebd., S. 86.

> im Kapuzinerbergschatten, da hat er keinen großen Umweg machen müssen. Und die Witwe ist in der Nacht sowieso nicht gern allein gegangen, weil in der Nacht die Stadtberge immer ein bißchen gespenstisch, da rauschen die alten Bäume oft so, daß man glauben könnte, man ist gar nicht mehr mitten in der Stadt, sondern quasi Brunnen vor dem Tore, wo die Seelen der Selbstmörder und Mordopfer ein bißchen ihren Rambazamba machen. (S!, S. 77-78)

Haas drückt mit seiner Beschreibung – ebenso wie Müller für seinen Wanderer – den „Verlust der Utopie von einem glücklicheren Leben“[309] der Witwe Meller aus, die ihren Mann nicht erst durch den Mord, sondern bereits viel früher durch seine emotionale Verkümmerung, die „Erkaltung der natürlichen Liebesfähigkeit“,[310] verloren hatte. „Gar nicht war die Ehe“ (S!, S. 61), meint die Festspiel-Sekretärin Schuh und selbst der Witwe ist klar, „[d]aß ihre Ehe im Grunde genommen keine richtige Ehe war. Weil ihr Mann so beschädigt war“. (S!, S. 83) Wie Müllers Gedicht hat auch diese Szene in S! nur „Scheitern und Verstörung zum Inhalt“.[311] Der süße Traum der ersten Strophe, „durch den Reim eng mit dem Baum verkoppelt“,[312] und die Lindenbäume in *Rückblick* zeigen deutlich, dass die Hoffnung auf eine erfüllte, glückliche Liebe vergebens ist.[313]

Der nächtliche, rauschende Lindenbaum als Ort des Gerichts[314], wo sich die „Seelen der Selbstmörder und Mordopfer“ (S!, S. 78) aufhalten, als „Schauplatz der verflossenen Hoffnungen“,[315] steht in S! Verbindung mit dem Brunnen als Ort des geselligen Treibens, wo die Seelen „Rambazamba“ (S!, S. 78) machen. Die rauschenden Bäume in *Der Lindenbaum* versprechen dem Wanderer „Ruhe“. Ruhe, im Sinne von ewiger Ruhe im Tod. Doch wie der Wanderer gibt auch die Witwe ihrer Trauer nicht nach und geht weiter – nach vorne ins Leben, „[w]eil am nächsten Abend hat sie im

---

309 Müller 1986, S. 172.

310 Ebd.

311 Ebd., S. 171.

312 Hartung 2002, S. 202.

313 Vgl. ebd.

314 Bereits im Mittelalter wurden Linden als Gerichtsstätten genutzt, als Ort der Rechtsprechung, als „Verurteilungs- und Hinrichtungsplatz, sowie der von Selbstmördern bevorzugte Ort“. Vgl. Lück 2004, Sp. 174.

315 Müller 1986, S. 172.

Haus ihres Vaters eine Wohltätigkeitsparty geben müssen, jahrelange Tradition, und die hat sie natürlich trotz des Trauerfalls unmöglich absagen können". (S!, S. 77)

Die Witwe Meller ist aus gutem Hause, einem „Diplomatenhaushalt" (S!, S. 80), „weil ihr Vater nicht nur Generalimporteur und Festspielvize, sondern noch dazu Honorarkonsul". (S!, S. 80) Und auch der Wanderer ist ein Vertreter des wohlhabenden Bürgertums, was sich durch den Hut als Statussymbol des Bürgertums, als Symbol für die Macht des Trägers, zeigt.[316] Durch seine Reise und den damit verbundenen „Eintritt in die unzivilisierte Natur"[317] wird er zum „Bürger, der das Bürgertum verläßt".[318] Die gleichnishafte Konsequenz ist, dass ihm der Hut durch den Wind vom Kopf gerissen wird – „Der Hut flog mir vom Kopfe"[319] – und zurück in die Stadt fliegt. Die Heirat der Tochter aus bürgerlichem Hause mit dem „erzbischöfliche[n] Restaurator Gottlieb Meller" (S!, S. 51) wird von Fräulein Schuh als „Sozialwahn" (S!, S. 62) bezeichnet und versteht sich somit in gewisser Weise ebenfalls als Abschied von ihrer sozialen Stellung. Durch den Tod ihres Mannes, hat sie diese jedoch in gewisser Weise wieder erhalten.

Obwohl der intertextuelle Bezug zu Müllers *Der Lindenbaum* auf den ersten Blick als beiläufig erachtet wird, zeigt eine genauere Analyse, dass dieser Verweis im Kontext des Haupttextes von besonderer Bedeutung ist. Zwar treibt er die Handlung nicht voran oder wird vom Erzähler weiter thematisiert, noch markiert Haas diesen Bezug und hebt ihn dadurch hervor – der Bezug weist somit zwar anhand der Pfister'schen Kriterien eine geringe intertextuelle Intensität auf, ist jedoch für eine tiefergehende Interpretation des Geschehens von großer Bedeutung.

4.4.8 Die griechische Ariadne

Zwischen Mythos und Literatur befindet sich die griechische „Fruchtbarkeitsgöttin",[320] Tochter von Minos, Geliebte von Theseus und Frau von

---

316 Vgl. Hartung 2002, S. 202.

317 Ebd., S. 200.

318 Ebd.

319 Müller 1986, S. 47.

320 Ranke-Graves 1986, S. 238.

Dionysos Ariadne.[321] Der auktoriale Erzähler spricht in WdT von den Schwierigkeiten Brenners, „im Ohrwurm die Mordlösung“ (WdT, S. 111) zu finden: „[...] da ist das Unbewusste oft ein kleiner Sadist, das gibt dir einen Faden in die Hand, an dem hängst du dich dreimal auf, bevor er dich einmal aus dem Labyrinth hinaus und zum Täter führt“. (WdT, S. 111) Der Faden, von dem der Erzähler spricht, ist der berühmte „Ariadnefaden“,[322] der bereits in frühen literarischen Werken erwähnt wird (z. B. bei Plutarch[323]). Laut der griechischen Mythologie gab Ariadne Theseus, dem Sohn Poseidons, ein Wollknäuel, um ihm zu helfen, wieder aus dem Labyrinth zu finden, wenn er den Minotaurus getötet hätte. Im Gegenzug für ihre Hilfe forderte sie ihn als Ehemann:[324]

> Dieses Wollknäuel gab Ariadne dem Theseus. Sie erklärte ihm, daß er immer weitergehen und dabei den Faden abrollen müsse, bis er zum schlafenden Ungeheuer käme. Dieses müßte er bei den Haaren packen und dem Poseidon opfern. Der Faden würde ihm dann den Rückweg zeigen, wenn er das Knäuel wieder aufrolle.[325]

„Das ist der berühmte Ariadnefaden. Noch heute ist dieser Faden sprichwörtlich, wenn man sagt: Du hast dich in eine Sache hineinbegeben, aus der du nicht mehr herausfindest. Du hast vergessen, einen Ariadnefaden mitzunehmen“,[326] so beschreibt auch Michael Köhlmeier in seinen *Sagen des klassischen Altertums* ganz im Sinne von Haas und der griechischen Mythologie, jedoch modern interpretiert den symbolbehafteten Faden. Und so müsste laut dem Erzähler wohl auch der unkonzentrierte Brenner das „Ungeheuer“, also die Auflösung seines Ohrwurms, erfassen und aus dem Labyrinth seiner Gedanken herausführen, um den Hinweis begreifen zu können. Doch Brenner ist kein Logiker und so „ist [es] ihm immer erst aufgefallen, wenn es schon zu spät war“. (WdT, S. 111)

---

321 Vgl. ebd., S. 306-307.

322 Köhlmeier 1997, S. 39.

323 Der griechische Schriftsteller Plutarch, der um 45 n. Chr. in Chaironeia lebte, wird in Ranke-Greves als Quelle für die Geschichte von Ariadne und ihrem Faden, der aus dem Labyrinth führen konnte, genannt. Vgl. Ranke-Graves 1986, S. 313.

324 Vgl. ebd., S. 307-308.

325 Ebd., S. 308.

326 Köhlmeier 1997, S. 39.

Natürlich verzichtet Haas auch hier nicht auf eine ironische Bemerkung und parodiert somit die Ariadnefaden-Geschichte. Ungewöhnlich ist jedoch, dass Haas diesen intertextuellen Verweis, der in Struktur und Dialogizität durchaus eine gewisse Intensität aufweist, nicht deklariert. Er nennt Ariadne nicht, doch für den belesenen Rezipienten ist auch dieser Verweis ein deutlicher.

4.4.9 Georg Büchners „Der hessische Landbote"

1834 veröffentlicht der deutsche Schriftsteller und Revolutionär Georg Büchner die „bei weitem gefährlichste und strafbarste"[327] Flugschrift unter dem Titel *Der Hessische Landbote.*[328] „Friede den Hütten! Krieg den Palästen!",[329] lautet die reißerische Überschrift und fordert das einfache Volk auf, sich gegen die Ausbeutung und Unterdrückung aufzulehnen. Büchner kritisiert zudem scharf „die Verschwendungssucht der Reichen und Mächtigen"[330] und zeigt durch Fakten und Zahlen auf, wofür die Steuergelder verwendet bzw. verschwendet werden:

> Friede den Hütten! Krieg den Palästen!
>
> *Im Jahr 1834 siehet es aus, als würde die Bibel Lügen gestraft. Es sieht aus, als hätte Gott die Bauern und Handwerker am 5ten Tage, und die Fürsten und Vornehmen am 6ten gemacht, und als hätte der Herr zu diesen gesagt: »Herrschet über alles Gethier, das auf Erden kriecht«, und hätte die Bauern und Bürger zum Gewürm gezählt.* Das Leben der *Vornehmen* ist ein langer Sonntag, sie wohnen in schönen Häusern, sie tragen zierliche Kleider, sie haben feiste Gesichter und reden eine eigne Sprache; das Volk aber liegt vor ihnen wie Dünger auf dem Acker. Der Bauer geht hinter dem Pflug, der *Vornehme* aber geht hinter ihm und dem Pflug und treibt ihm mit den Ochsen am Pflug, er nimmt das Korn und läßt ihm die Stoppeln. Das Leben des Bauern ist ein langer Werktag; Fremde verzehren sei-

---

327 Christine Knust: Friede den Hütten! Krieg den Palästen!; in: GEO Epoche, Nr. 37, 06.2009; auf: http://www.geo.de/GEO/kultur/geschichte/60972.html, abgerufen am 28.05.2011 um 23.00 Uhr.

328 Vgl. Büchner 2000, S. 58.

329 Ebd., S. 37.

330 Christine Knust: Friede den Hütten! Krieg den Palästen!; in: GEO Epoche, Nr. 37, 06.2009; auf: http://www.geo.de/GEO/kultur/geschichte/60972.html, abgerufen am 28.05.2011 um 23.00 Uhr.

> ne Aecker vor seinen Augen, sein Leib ist eine Schwiele, sein Schweiß ist das Salz auf dem Tische des *Vornehmen.*[331]

Von einem „Revoluzzer" (DBlG, S. 117) spricht auch der Erzähler in DBlG, als er sich darüber beklagt, dass heutzutage der Trend der Reichen zur vornehmen Hütte geht: „Überall diese Hütten, Schrebergartenhütte, Almhütte [...]". (DBlG, S. 117) Er spricht von einem Revolutionär, „der hat gesagt: Krieg den Palästen, Friede den Hütten, quasi Parole" (DBlG, S. 117), und spielt damit deutlich auf *Der Hessische Landbote* von Georg Büchner an.

Doch Haas nützt den Prätext nicht zur wörtlichen Kritik, sondern verändert den Titel auf satirische Weise und stellt dem Rezipienten die rhetorische Frage: „[W]ieso können die Leute nicht normal in Palästen wohnen?" (DBlG, S. 117) Die Hütten sollten wieder der Bevölkerung gehören, die luxuriösen Häuser jedoch von den Reichen nicht nur besessen, sondern auch wieder genutzt werden. Die Reichen sollen die Modeerscheinung, in bäuerlichen Unterkünften zu leben – aber natürlich mit allem Komfort –, endlich beenden. „Krieg den Hütten!" (DBlG, S. 117), sollte die Parole Büchners der Meinung des Erzählers nach nun lauten, „wo die reichen Leute so hüttennarrisch sind, wo die größten Geschäfte in den Schi- und Strand- und Almhütten ausgeschnapst werden". (DBlG, S. 117)

Büchner spricht im *Hessischen Landboten* von den Mächtigen und meint damit zum Teil auch Personen, die Haas' DBlG umfasst:

> Staatsräte und Regierungsräte, Landräte und Kreisräte, geistliche Räte und Schulräte, Finanzräte und Forsträte usw. mit allem ihrem Heer von Sekretären usw. Das Volk ist ihre Herde, sie sind seine Hirten, Melker und Schinder.[332]

Der abschließende Hinweis, dass „jeder, der einen Bauernhof oder eine Alm oder irgendeine Hütte bewohnt, aber die Schwielen an den Händen nur vom Golfspielen, sofort Laterne" (DBlG, S. 117), stellt erneut eine Kritik an den Reichen dar, die nur vortäuschen, fleißig und genügsam zu sein.

---

[331] Büchner 2000, S. 37-38.

[332] Ebd., S. 39.

Das Wort „Laterne“ bezieht sich zum einen auf eine Aussage Büchners in seinem Brief vom 9. Dezember 1833 an August Stoeber:[333]

> Die politischen Verhältnisse könnten mich rasend machen. Das arme Volk schleppt geduldig den Karren, worauf die Fürsten und Liberalen ihre Affenkomödie spielen. Ich bete jeden Abend zum Hanf und zu den Laternen.[334]

Zum anderen meint Haas' Satz das Begehren des Volkes in Büchners Drama *Dantons Tod*:

EINIGE STIMMEN	Er hat ein Schnupftuch! ein Aristokrat! an die Laterne! an die Laterne!
ZWEITER BÜRGER	Was? er schneuzt sich die Nase nicht mit den Fingern? An die Laterne! *Eine Laterne wird heruntergelassen.*
JUNGER MENSCH	Ach meine Herren!
ZWEITER BÜRGER	Es gibt hier keine Herren! An die Laterne!
EINIGE singen.	Die da liegen in der Erden, Von de Würm gefresse werden. Besser hangen in der Luft, Als verfaulen in der Gruft!
JUNGER MENSCH	Erbarmen!
DRITTER BÜRGER	Nur ein Spielen mit einer Hanflocke um den Hals! 's ist nur ein Augenblick, wir sind barmherziger als ihr. Unser Leben ist der Mord durch Arbeit, wir hängen sechzig Jahre lang am Strick und zappeln, aber wir werden uns losschneiden. An die Laterne![335]

Die „Laterne“ (DBlG, S. 117), auf die sich der auktoriale Erzähler in DBlG also bezieht, steht symbolhaft für das Hinrichten des Bürgertums. Zu Büchners Zeit bzw. zur Zeit der Revolution wurden Menschen auch schon mal direkt an der Straße aufgehängt – und mangels Galgen eben auch gerne an einer Laterne. Das Beten zum Hanf und zur Laterne in seinem Brief verdeutlicht diese Nutzung der Laterne als Galgen. Büchner bittet dadurch in seinem Brief darum, dass endlich die Richtigen, die „Fürsten und Libe-

---

333 Büchner 2006, S. 283

334 Ebd., S. 285.

335 Büchner 1971, S. 10.

ralen“[336] gehängt werden. Und so fordert auch der Erzähler in DBlG – wenn auch auf amüsantere, satirische Weise – Gerechtigkeit ein.

Der intertextuelle Verweis auf Büchners *Der Hessische Landbote* als Prätext, die Brenner mit „dieser Wut im Bauch“ (DBlG, S. 117) empfindet, mit einem „regelrechten Hüttenzorn“ (DBlG, S. 117), wie ihn auch Georg Büchner zu seiner Zeit empfunden haben musste, entspricht den Pfister'schen Kriterien Referentialität und Selektivität und gilt somit – obwohl nicht weiter großartig im äußeren Kommunikationssystem markiert – aufgrund der kontextuellen Nähe als mittelmäßig intensiv intertextuell. Schließlich zitiert der Erzähler nicht nur die Parole der Flugschrift, deren Kontext auch in der Handlung des Haupttextes spürbar ist, sondern thematisiert sie auch.

4.4.10 William Shakespeares „Othello“

Als „Eifersuchtsdrama des Jahres“ (DBlG, S. 214) wird der „Mord vom Kressdorf am Stachl“ (DBlG, S. 214) aufgrund von Helenas zwei Vätern von den fiktiven Zeitungen in DBlG erklärt: „*Othello* nichts dagegen“. (DBlG, S. 214) Gemeint ist natürlich William Shakespeares bekanntes Theaterstück *Othello the Moor of Venice.*[337]

Wie in *Othello* der Mohr hat auch Kressdorf in DBlG eine „ausgesprochen nette Frau. Intelligent, Spitzenfigur, alles“ (DBlG, S. 12) geheiratet. Doch Desdemona, die ihren Mann nie betrogen hat, wurde unschuldig Opfer einer bösartigen Intrige des Vertrauten ihres Mannes, Iago:

> After some time, to abuse Othello's ears
> That he [Anm.: Cassio, ein Freund Othellos] is too familiar with his wife.
> He hath a person and a smooth dispose
> To be suspected – framed to make a women false.
> The Moor is of a free and open nature
> That thinks men honest that but seem to be so;

---

336 Büchner 2006, S. 285.

337 Shakespeares Tragödie, die auf einer Novelle des italienischen Schriftstellers „Giambattista Giraldi (genannt Cinthio)“ beruht, wurde bereits 1604 am englischen Königshof uraufgeführt, aber erst 1622 schriftlich veröffentlicht. Vgl. Shakespeare 1977, S. 11, 24-25.

And will as tenderly be led by th' nose
As asses are.[338]

Während Desdemona zu Unrecht verdächtigt wird, hatte Frau Dr. Kressdorf in DBlG tatsächlich eine kurze Affäre mit dem Geschäftspartner ihres Mannes, Obersenatsrat Aurelius Stachl, und wurde in Zuge dessen von ihm „geschwängert". (DBlG, S. 197) Als dem Bauunternehmer Kressdorf bewusst wird, „dass die Helena nicht seine leibliche Tochter ist" (DBlG, S. 194) und der Obersenatsrat ihn daran hindern will, Brenner – der zudem als einziger weiß, wo sich die zu dem Zeitpunkt entführte Helena befindet – aus der Jauchegrube zu ziehen, da „schon zu viel passiert" (DBlG, S. 203) sei, tötet er ihn wohl aus Rache und aufgrund seiner „Vatergefühle". (DBlG, S. 193)

Als „»doppelte[] Witwe«, die an einem Tag ihr Kind zurückgekriegt und ihre beiden Männer verloren hat" (DBlG, S. 214), wird Frau Dr. Kressdorf bezeichnet. Und während die kinderlose Desdemona in *Othello* von ihrem Mann ermordet wird, überlebt Frau Kressdorf in DBlG mit ihrem Kind Helena. Auch tötet sich ihr Mann nicht selbst, wie es Othello getan hat, sondern wird von Kommissar Peinhaupt erschossen. (Vgl. DBlG, S. 208) Der intertextuelle Verweis auf Shakespeares *Othello* erfolgt somit nur, um die Thematik der Eifersucht zu verstärken. Der intertextuelle Bezug ist somit von geringer Intensität.

4.4.11 „Missbrauch" von Literatur und Autor?

Nicht immer dient ein intertextueller Bezug zu einem literarischen Prätext bei Haas' Brenner-Romanen zur Verdeutlichung einer Situation, wie es bei S! mit Trakls Gedicht oder bei KsT durch die Parodie von Schneiders *Schlafes Bruder* der Fall ist. Manchmal setzt Haas einen Verweis gezielt auch nur ein, um Personen zu beschreiben. Die folgenden intertextuellen Bezüge sind für die Handlung des Haupttextes nicht relevant und erweisen sich daher nach den Pfister'schen Kriterien als geringfügig intensiv intertextuell.

Brenner erinnert das Aussehen der Ehefrau seines ehemaligen Polizeischulkollegen Aschenbrenner, Soili Aschenbrenner, in DeL an die Grimm'sche Märchenfigur „Schneewittchen" (DeL, S. 74). Die Beschreibung von Soili „mit den prächtigen schwarzen Haaren, mit den roten Lip-

[338] Shakespeare 1977, S. 83.

pen, mit der weißen Haut“ (DeL, S. 74) entspricht sehr genau der Schilderung von Schneewittchen in der 53. Geschichte der *Kinder- und Hausmärchen* der Brüder Grimm: „Und bald darauf bekam sie ein Töchterlein, so weiß wie der Schnee, so roth wie das Blut, und so schwarz wie Ebenholz, und darum ward es das Sneewittchen genannt.“[339] Die weitere Beschreibung von Soili „mit diesen dunklen Augen, die man so gut als Rasierspiegel verwenden kann“ (DeL, S. 74), parodiert – typisch für Haas – diesen „märchenhaften“ Verweis.

In KsT vergleicht der Erzähler den Schnurrbart vom Kreuzretter-Chef Junior mit dem Schnurrbart eines „berühmten Philosophen, warte einmal, wie hat der schnell geheißen, der das mit der Peitsche herausgefunden hat“. (KsT, S. 75-76) Gemeint ist der deutsche Philosoph und Dichter Friedrich Nietzsche, dessen wohl hervorstechendstes körperliches Merkmal sicher sein „Seehundsbart“ (KsT, S. 76) war.[340] Der Hinweis auf „das mit der Peitsche“ bezieht sich auf eine Textstelle aus Nietzsches Werk *Also sprach Zarathustra*, bei der ein altes Weiblein Zarathustra rät: „Du gehst zu Frauen? Vergiss die Peitsche nicht!“[341] Dass „dieser Satz ironisch gemeint ist und eine Kritik darstellt an dem repressiven Geschlechterverhältnis seiner Zeit“,[342] wurde lange nicht erkannt. Und auch das Verhalten Nietzsches vergleicht der Erzähler mit dem von Junior: „Aber interessant, wie oft das Äußere zusammenpaßt! Weil dem Junior ist über Nacht nicht nur sein Schnauzbart erschlafft, sondern er hat heute ein bißchen philosophisch dahergeredet“. (KsT, S. 76)

Die Frage „Wo habt ihr die Helene?“ (DBlG, S. 178), die der Vorarbeiter der Kressdorfer Riesenland-Baustelle „falsch betont“ (DBlG, S. 178), da das Mädchen ja richtig Helena heißt, erinnert Brenner an eine Geschichte von „Wilhelm Busch, sprich Die fromme Helene“. (DBlG, S. 179) Inhaltlich ist die mehrteilige, gereimte Erzählung des Prätextes nicht für den

---

339 Grimm 1812, S. 238.

340 Dies lässt sich unschwer auf den zahlreichen Abbildungen von Nietzsche erkennen, z. B. auf dem Coverfoto von Rüdiger Safranskis Nietzsche-Biografie. Vgl. Safranski 2002, Cover.

341 Nietzsche 2007, S. 86.

342 Belwe, Andreas Dr.: Nietzsche, die Peitsche und das Weib – Ein philosophisches Missverständnis. Philosophie-Blog des P.M. Magazins vom 01.12.2010; auf: http://blogs.pm-magazin.de/PhilosophieBlog/stories/2085/, abgerufen am 24.05.2011 um 16.00 Uhr.

Haupttext relevant. Haas nutzt den Vergleich einzig, um die falsche Aussprache des Namens zu verdeutlichen.

Auch in S! berichtet der auktoriale Erzähler schließlich von einem „gewisse[n] Reiseschriftsteller“ (S!, S. 26), um die beliebte Selbstmörder-Stelle am Mönchsberg zu beschreiben, die „Humboldt-Terrasse“. (S!, S. 27) Als „schönste Stadt der Welt“ (S!, S. 27) soll der Anfang des 19. Jahrhunderts berühmte deutsche Naturforscher Alexander von Humboldt Salzburg bezeichnet haben. Davon ging auch die zweite Auflage des 1870 publizierten *Führers durch Salzburg und seine Umgebungen* aus, auf deren Titelseite dieser angebliche Ausspruch Humboldts prangte.[343] Doch in Wirklichkeit schrieb Humboldt in einem Brief an Bergrath Math. Mielichhofer nur: „Die Gegenden von Salzburg, Neapel und Constantinopel halte ich für die schönsten der Erde.“[344] Der „Missbrauch“ dieses Zitats verweist demnach auf eine „lokale Legendenbildung mit dem Ziel einer dauerhaften Verknüpfung des Namens des weltberühmten Gelehrten mit jenem der aufstrebenden ‚Saisonstadt‘ Salzburg“.[345] Dass Haas um die Salzburger Variante des Zitats wusste, darauf könnte der Ausspruch des Erzählers – „gute Werbung“ (S!, S. 27) – deuten.

4.5 Geschichte / Zeitkritik als Ausdruck gesellschaftspolitischen Interesses

Wie bereits in 2.1 und 2.2 ausgeführt, lassen sich auch historische und gesellschaftspolitische Ereignisse und Themen als Text begreifen. Ziel ist es, durch diese Texte „die Gegenwart ebenso zu historisieren, wie die Vergangenheit die Gegenwart geformt hat und die Gegenwart die Vergangenheit neu gestaltet“.[346] Pfister bezeichnet diese Form der Intertextualität, da sie sich nicht auf einen einzelnen, konkreten Prätext beziehen lässt, als Dimension der intertextuellen Systemreferenz.

Haas verweist in seinen Brenner-Romanen auf zahlreiche (gesellschafts-)kritische, reale Geschehnisse bzw. Themen, ist stets um „Realitätsnähe und Milieustudien bemüh[t]“.[347] Vom Bau des Kapruner Kraftwerks zur Nazi-

343 Vgl. Hoffmann 2006, S. 103.

344 Vgl. ebd.

345 Ebd.

346 Kammer/Lüdeke 2005, S. 312

347 Nusser 2003, S. 102.

zeit in AdT, dem Embargo gegen Serbien in DK, dem schon seit Jahrhunderten andauernden Machtkampf zwischen Schwarz und Rot in KST und der Festspielkrise in S! bis zum Konflikt zwischen Eltern und Hundebesitzern in WdT oder z. B. der brisanten Abtreibungsthematik in DBlG – alle diese Ereignisse dienen zur Veranschaulichung der Geschichte des Haupttextes, als Ausdruck eines kritischen Ermessens, werden aber „niemals zum Sinnzentrum des Textes".[348]

Die Stoffe als Grundlage sind in den Brenner-Romanen zumeist inhaltlich wenig verändert und dadurch klar als intertextueller Bezug erkennbar – wenngleich sie auch mal mehr und mal weniger gut markiert sind. Im Sinne des New Historicism erfasse ich für die Analyse dieses Kapitels nun Geschichte sowie kulturelle Handlungen als Text. [349]

Der gesellschaftskritische Aspekt der Brenner-Romane, den Haas nicht nur durch die „kritische Perspektive[]"[350] seines auktorialen Erzählers vermittelt, ist auch ein Ausdruck gesellschaftspolitischen Interesses des Autors und gleichzeitig eine Bestandsaufnahme der österreichischen Politik-, Religions- und Kulturlandschaft der letzten zwei Jahrzehnte. Der Kritiker Franz Schuh spricht davon, dass Haas „Gesellschaftskritik auf eine erheiternd verschlagene Weise"[351] vollzieht. Doch Haas selbst betont: „Das [Anm.: die Gesellschaftskritik in seinen Romanen] steckt vermutlich schon drinnen, aber das ist nicht das, worum es mir in erster Linie geht."[352]

Aufgrund der vielen in seinen Brenner-Romanen integrierten intertextuellen Bezüge auf geschichtlich bzw. gesellschaftspolitisch relevante Personen, Gegenstände und Ereignisse wird Wolf Haas oft als Meister der Recherche betrachtet. Dass viele seiner Verweise jedoch nicht ganz stimmig, ja geradezu etwas ungenau sind, fällt nur bei genauerer Analyse auf. Ob diese Unstimmigkeiten nun von Haas bewusst eingesetzt wurden oder schlicht auf schlechter Recherche basieren, sei dahingestellt. Haas selbst betont jeden-

---

348 Baßler 2002, S. 192.

349 Vgl. Baasner/Zenz 2001, S. 241.

350 Ebd., S. 191.

351 Franz Haas: Aufklärung in Österreich. Wolf Haas und seine erhellenden Kriminalromane; in: Neue Zürcher Zeitung, Ausgabe 7, 10.01.2004, S. 45.

352 Jakob Buhre im Interview mit Wolf Haas: Wenn jemand besonders glänzend auftritt, versuche ich das Lächerliche daran zu sehen; in: Planet Interview, 13.02.2005; auf: http://www.planet-interview.de/wolf-haas-13022005.html, abgerufen am 06.03.2007 um 11.40 Uhr.

falls, dass er hauptsächlich verarbeitet, was er aufschnappt und erlebt, und wenig recherchiert.[353]

Im Folgenden habe ich nun drei Themen, die als repräsentativ für Haas' intertextuelle Bezüge zu kulturellen Texten betrachtet werden können, für eine genauere Analyse ausgewählt.

4.5.1 Das Kraftwerk Kaprun als „Symbol der Republik"

In AdT findet sich neben der Thematisierung der Diskrepanz zwischen Natur und Technik – symbolisch vertreten durch die Protestvereinigung von Lorenz Antretter, die nach dem Gebiet „Heidnische Kirche" (AdT, S. 30) benannt ist, und das Kapruner Kraftwerk – vor allem ein intertextueller Bezug zur realen Geschichte des Kapruner Kraftwerkbaus mit allen seinen geschichtlichen Aspekten.

> Jetzt darfst du nicht vergessen, daß über Zell, also eigentlich im Glocknermassiv, praktisch direkt über den Köpfen der Zeller, einer der größten Stauseen von ganz Europa ist. [...] Weil die Moosersperre, das ist eine von den drei Staumauern. Und die steht praktisch in diesem Gebiet, das «Heidnische Kirche» heißt. Wo der Name herkommt, weiß man nicht.
> Und dann gibt es noch die Drossensperre und die Limbergsperre. (AdT, S. 31-32)

Haas orientiert sich bei seiner Beschreibung sehr nahe an der Realität: „Die Limbergsperre und die Drossensperre. Und die Moosersperre. Eineinhalb Millionen Kubikmeter Beton. Das Symbol der Republik. Unsprengbar." (AdT, S. 68) Das Kraftwerk in Kaprun gibt es wirklich, auch die Namen der drei Staumauern stimmen. Der Bau der „Kraftwerksgruppe Glockner-Kaprun"[354] begann trotz mehrfacher Verzögerung seit den 1920er-Jahren schließlich im Frühjahr 1939.[355] 1951, nach Abschluss der ersten Staumauer, der Limbergsperre, folgten die Errichtung der Moosersperre und ab 1953 schließlich der Bau der Drossensperre.[356]

---

353 Ebd.

354 Böhmer 1949, S. 4.

355 Vgl. ebd., S. 3-4.

356 Vgl. http://www.deutsches-museum.de/en/exhibitions/verkehr/wasserbau/wasserkraft/, abgerufen am 16.03.2007 um 09.30 Uhr.

Das Gebiet der Heidnischen Kirche, das laut dem Erzähler in AdT eine Gegend Richtung Stausee ist, die schon in alten Wanderkarten so genannt wurde (Vgl. AdT, S. 31), ist zudem eine „Seilbahnstation“ (AdT, S. 85) und in der Realität seit 1977 auch der Name des Bergrestaurants im Kapruner Tal.[357] Haas nützt die Heidnische Kirche, einen nicht zuletzt religiös konnotierten Begriff, um das Machtverhältnis zwischen Natur und Technik darzustellen und zu kritisieren. In den realen Kriegsberichten wurde vom Bau des Kraftwerks unter anderem als dem „heroischen Kampf gegen die Naturgewalten“[358] gesprochen. Die Menschen waren stolz darauf, die Natur dem menschlichen Willen unterwerfen und benutzen zu können.

Neben dem Bau des Kraftwerks findet auch der Schitourismus in den Zeller Bergen statt, was Lorenz Antretter in seinen Drohbriefen – wie schon sein Ziehvater vor ihm – kritisiert. Er meint, dass „die Berge zu zittern anfangen“ (AdT, S. 67), bis es schließlich zum „Nervenzusammenbruch der Berge“ (AdT, S. 65) kommt. Lorenz' Kritik gegen die Unterdrückung der Natur durch die Technik spiegelt sich auch in der Realität wider. Der Mythos Kaprun verliert in den 1970er-Jahren an Glanz, „weil er im Gegensatz zur ökologischen Bewegung steht“.[359] Dies zeigt sich in den 1970er-Jahren auch in Fotografien, auf denen die Technik in den Hintergrund und die Landschaft wieder mehr in den Vordergrund gerückt wird.[360]

Doch außer Lorenz Antretter und dem Erzähler scheint niemanden der Tourismus und das Kraftwerk zu stören. Vermutlich, da die meisten ja beruflich und dadurch auch finanziell vom Kraftwerk und dem Tourismus abhängig sind. Das stille Übereinkommen von Natur und Technik zeigt auch das freundlich-konkurrierende Kartenspiel von „Fulterer, der ist Forstgehilfe, und [...] Ingenieur Brokal vom Kraftwerk“. (AdT, S. 128) Dies verdeutlicht Haas noch zusätzlich, indem die beiden an einem Abend sogar gemeinsam das Gasthaus verlassen wollen. (Vgl. AdT, S. 128)

„«Symbol der Republik» ist in der Zeitung gestanden, das war 1951, wo sie ihn eröffnet haben“ (AdT, S. 32), betont der auktoriale Erzähler und bezieht sich damit – im Sinne Suerbaums zweiebiger Intertextualitätsstruktur – auf die feierliche Eröffnung der Hauptstufe (Limbergsperre) durch Bun-

357 Tauernkraftwerke AG 1977, S. 56.

358 Gemeinde Kaprun 2006, S. 17.

359 Rathkolb 2005, S. 106.

360 http://www.biologie.de/biowiki/Kraftwerk_Kaprun, abgerufen am 13.03.2007 um 10.00 Uhr.

despräsident Dr. Theodor Körner und dem Minister für Verkehr und verstaatlichte Betriebe Ing. Waldbrunner 1951.[361] Der feierliche Abschluss der Oberstufe 1955 und damit des gesamten Kraftwerks fand schließlich aufgrund einer unerwarteten Erkrankung des Bundespräsidenten nur im Rahmen der Ingenieure und Arbeiter ohne offiziellen Besuch statt.[362] Auch Clare Corrigan alias Elfi Lohninger schreibt über dieses Thema in ihrem Schulaufsatz mit dem Titel „Die Bedeutung unseres Stausees als Symbol der Republik". (AdT, S. 91)

Als „Symbol für den Wiederaufbau Österreichs"[363] bzw. als „Symbol des modernen Österreich und des österreichischen Wiederaufbaues nach dem Zweiten Weltkrieg"[364] wurde das Kraftwerk Kaprun in der APA-Meldung zum Bauabschluss aus dem Jahr 1955 bezeichnet. Die Tauernkraftwerke AG spricht in ihrer im Selbstverlag herausgegeben Broschüre über die *Werksgruppe Glockner-Kaprun* ebenfalls vom „Symbol für den Aufbauwillen Österreichs nach dem wirtschaftlichen Tiefpunkt am Ende des zweiten Weltkrieges".[365] Neben zahlreichen Kaprun-Filmen wurde der „Wiederaufbaumythos"[366] seit den 1950er-Jahren auch in Schulbüchern, Publikationen und Wochenschauen „im kollektiven Gedächtnis"[367] verankert.[368]

Doch der Bau eines solchen Kraftwerks hat natürlich auch seine Schattenseiten, denn „[j]etzt kann man natürlich in sechs Jahren keinen Hochgebirgsstausee bauen" (AdT, S. 32), betont der Erzähler in AdT. Und mit der Bekundung, „aber ich möchte jetzt auch nicht wieder mit der Nazizeit anfangen" (AdT, S. 32), gelingt Haas natürlich erst recht genau der Verweis

361 Eröffnung der Limbergsperre durch Bundespräsident Körner, September 1951. Film des Österreichischen Produktivitätszentrums (ÖPZ). Um 1952. (Ausschnitt). Österreichische Mediathek, P-00421-DB-3, http://www.mediathek.at/staatsvertrag/Wiederaufbau/Weg_zum_quotWirtschaftswunderquot/kaprun.htm, abgerufen am 16.03.2007 um 10.30 Uhr.

362 Vgl. APA-Meldung: Kaprun – Symbol für den Wiederaufbau Österreichs. 12.08.1955, auf: http://www.historisch.apa.at/cms/apa-historisch/dossier.html?dossierID=AHD_19550301_AHD0001, abgerufen am 16.03.2007 um 10.00 Uhr.

363 Ebd.

364 Ebd.

365 Tauernkraftwerke AG 1977, S. 51.

366 Rathkolb 2005, S. 106.

367 Ebd.

368 Vgl. ebd.

auf die Zeit der „ersten Bauphase von 1938 bis 1945 während der Zeit des Nationalsozialismus".[369] Zudem lässt dieser Kommentar auch auf seine Haltung gegenüber dem Staudamm als Symbol der Republik schließen.[370]

Ob die Politik die Informationen damals tatsächlich zurückgehalten hat, wie der Erzähler kritisiert – „[d]ie Politiker aber natürlich kein Wort darüber verloren" (AdT, S. 32) –, ist anzunehmen, konnte ich jedoch leider nicht eruieren. Auch die vom Erzähler erwähnten Berichte zu den Jubiläen waren für mich nicht auffindbar:

> Beim 25-Jahr-Jubiläum ist es dann in Mode gekommen, praktisch kritische Berichte. Und vor ein paar Jahren, das ist 1991 gewesen, da war das 40-Jahr-Jubiläum. Da hat man sogar ein paar von den ukrainischen Zwangsarbeitern eingeladen, weil von denen sind natürlich Hunderte auf der Baustelle oben ums Leben gekommen. (AdT, S. 32)

Wie der Erzähler in AdT berichtet, gab es damals hunderte „Zwangsarbeiter, die beim Bau der Staumauer erfroren oder abgestürzt sind". (AdT, S. 122) Tatsächlich wurden im Zuge der Bauarbeiten am Kraftwerk Kaprun unzählige Arbeiter verletzt und über 100 Arbeiter verunglückten tödlich.[371] Oliver Rathkolb zählt „zumindest 56 Todesfälle von ausländischen Zwangsarbeitern"[372] bis 1945 und ca. 78 Arbeiter zwischen 1946 und 1951.[373] Auch die Gemeinde Kaprun berichtet in ihrer *Festschrift zum 1075. Jahrestag der ersten urkundlichen Erwähnung von Kaprun* von zahlreichen Zwangsarbeitern. Im Oktober 1939 wurden ca. 500 polnische Zwangsarbeiter, später auch „Belgier, Niederländer, Briten und Franzosen, ab 1941 noch Jugoslawen, Griechen, Ukrainer und Russen"[374] eingesetzt.[375] Bis 1943 arbeiteten bis zu „4400 Menschen am Kraftwerksbau"[376] – laut Oli-

---

369 http://www.verbund.at/cps/rde/xchg/internet/hs.xsl/354_2727.htm, abgerufen am 14.4.2007 um 10.20 Uhr.

370 Vgl. Baßler 2002, S. 191.

371 Vgl. APA-Meldung: Kaprun – Symbol für den Wiederaufbau Österreichs. 12.08.1955; auf: http://www.historisch.apa.at/cms/apa-historisch/dossier.html?dossierID=AHD_19550301_AHD0001, abgerufen am 16.03.2007 um 10.00 Uhr.

372 Rathkolb 2005, S. 107.

373 Vgl. ebd.

374 Gemeinde Kaprun 2006, S. 16.

375 Ebd.

376 Ebd.

ver Rathkolb „weit über 2000 [...] Kriegsgefangene und 8500 ausländische Zivilarbeiter [...] sowie 30 jüdische Zwangsarbeiter. Nur rund 1100 Staatsbürger des Deutschen Reiches finden sich in den Meldestatistiken".[377]

Haas bezieht sich bezüglich dieser Thematik auf keinen individuellen Prätext, sondern auf die Gesamtheit der geschichtlichen Ereignisse, die in diversen Medien (Geschichtsbüchern, Zeitungen, Fernsehen usw.) erfasst wurden, im Sinne eines kulturellen Textes, einer Systemreferenz. Das Kraftwerk mit seinen Staumauern, die Geschehnisse während des Krieges und die Entwicklung nach dessen Ende sind in AdT stets präsent und werden sowohl vom auktorialen Erzähler als auch in realitätsnahen Textformen wie dem Schulaufsatz von Elfi Lohninger oder den Headlines zur Eröffnung des Kraftwerks in den Zeitungen thematisiert und kommentiert. Die Geschichte des Kraftwerks und die fiktive Verknüpfung mit der realen Geschichte der Leuchtziffernmalerei haben in AdT mehrere Funktionen. Sie sollen dem Text nicht nur Realitätsnähe verleihen, sondern auch die Handlungen von Elfi Lohninger und Lorenz Antretter, welche die Handlose erst aufgrund dieser Thematiken instrumentalisieren kann, rechtfertigen und unterstreichen. Zudem haben die realitätsnahen Schilderungen von Haas selbstverständlich auch einen gesellschaftskritischen Charakter.

Der Bau des Kraftwerks gerät nach dem Krieg ins Stocken, weshalb sowohl in der Schilderung des Erzählers in AdT als auch in der Realität „die Amerikaner den Zellern ein bißchen unter die Arme gegriffen" (AdT, S. 95) haben. Gemeint ist damit die Fortsetzung der Bautätigkeit nach dem Ende des Zweiten Weltkriegs „mit amerikanischer Hilfe"[378] durch Mittel aus dem Marshall-Plan.[379]

Hier endet der realitätsnahe, intertextuelle Bezug des Haupttextes auf seinen kulturellen bzw. historisch belegbaren Prätext über die Kraftwerksgruppe Glockner-Kaprun. In ihrem Aufsatz hebt Elfi Lohninger schließlich die Rolle der Amerikaner bzw. einer amerikanischen Firma, die „eine wichtige Rolle beim Bau der Mauer gespielt hat" (AdT, S. 91), hervor. Diese Firma, die den Schwiegereltern des Vergolders gehört, hat „nach dem

---

377 Rathkolb 2005, S. 107.

378 http://www.deutsches-museum.de/en/exhibitions/verkehr/wasserbau/wasser kraft/, abgerufen am 16.03.2007 um 09.30 Uhr.

379 Vgl. APA-Meldung: Kaprun – Symbol für den Wiederaufbau Österreichs. 12.08.1955, http://www.historisch.apa.at/cms/apa-historisch/dossier.html?dossierID=AHD_19550301_AHD0001, abgerufen am 16.03.2007 um 10.00 Uhr.

Krieg sofort umgesattelt“ (AdT, S. 94), sich „auf hochwertige Betonmischungen spezialisiert“ (AdT, S. 94) und den Österreichern scheinbar so das nötige Fachwissen für die richtige Betonherstellung vermittelt. (Vgl. AdT, S. 91) Tatsächlich ist es laut den offiziellen Berichten über den Baustand des Kaprun-Kraftwerks allerdings der Deutsche „Dr. Tillmann, der die Tauernkraftwerke A.G. in Betonfragen beim Bau der Limbergsperre berät“[380] und somit maßgeblich für die richtige Betonzusammensetzung verantwortlich ist. Bis zur Fertigstellung des Kraftwerks werden schließlich insgesamt ca. 1,5 Mio. m^3 Beton verarbeitet.[381]

Der Verweis auf die „amerikanische Chemiefirma“ (AdT, S. 91) steht nicht in direktem Zusammenhang mit dem Bau des Kraftwerks, bezieht sich jedoch auf eine weitere reale Begebenheit, die ich im Folgenden ebenfalls beschreiben möchte.

Exkurs: Die Geschichte der Leuchtziffernmalerei

Mit der (teils fiktiven) Geschichte von der Leuchtziffernmalerin Clare Corrigan und der amerikanischen Firma Parson in AdT spricht Haas ein Thema an, das gerade in der heutigen Zeit wieder aktueller denn je ist: Radium bzw. Radioaktivität, ihre Risiken und der – leider oft nicht verantwortungsvolle – Umgang damit. Haas lässt seinen Detektiv Brenner die Informationen zu diesem Thema wieder einer realitätsnahen Textart, dem Schulaufsatz von Elfi Lohninger, entnehmen. Elfi erzählt darin von der Firma „Parson Radium“ (AdT, S. 92), die „1910 in Amerika die Leuchtziffern erfunden“ (AdT, S. 92) hat und durch die Leuchtfarbe „‹Lightnight›“ (AdT, S. 92) reich wurde.

Mit dieser Schilderung bezieht sich Haas auf die reale „U. S. Radium Corporation“,[382] die ca. zur von Elfi erwähnten Zeit die Leuchtfarbe „Undark“[383] produziert hat. Der Werbeslogan für „Undark“ lautete „Shines in

---

380 Böhmer 1949, S. 25.

381 http://www.deutsches-museum.de/en/exhibitions/verkehr/wasserbau/wasser kraft/, abgerufen am 16.03.2007 um 09.30 Uhr.

382 Time Magazine: Medicine: Poison Paintbrush, 04.06.1928; auf: http://www.time.com/time/magazine/article/0,9171,731868,00.html, abgerufen am 15.05.2011 um 15.15 Uhr

383 http://libraries.umdnj.edu/History_of_Medicine/USRadiumCorp.html, abgerufen am 15.05.2011 um 15.35 Uhr.

the Dark",[384] wodurch sich hier sinngemäß, da die Nacht bzw. die Dunkelheit erleuchtet werden soll, ein direkter Bezug zu Haas' Namensgebung „Lightnight" feststellen lässt. Der fiktive Name der Farbe in AdT wird im Gegensatz zu den meisten anderen, realen Markennamen nicht kursiv geschrieben.

In AdT schildert Elfi Lohninger in ihrem Aufsatz weiter die Geschichte der Radium-Firma und der dort angestellten Menschen:

> «Bald hatte der alte Parson 200 Leuchtziffernmalerinnen angestellt. Das war ungefähr 1915. Vor allem junge Frauen. Sie mußten ihre Pinsel immer ablecken, damit sie spitz genug wurden für die winzigen Uhrenziffern. Manchmal machten sich die Malerinnen den Spaß, ihre Fingernägel oder Zähne zu bemalen, weil sie dann im Dunkeln leuchteten. Leider sind sie dann der Reihe nach gestorben. Also hat es eine Untersuchung gegeben.» (AdT, S. 92)

Bei dieser Untersuchung zeigt sich schließlich, dass „die Haare, Gesichter, Hände, Arme, Hälse, die Kleider und die Wäsche der Ziffernmalerinnen im Dunkeln geleuchtet" (AdT, S. 93) haben. Ganz den realen Geschehnissen entsprechend, wie ein Bericht im *Time Magazine* 1928 – „The girls were taught to point and clean the brushes with their lips"[385] – und eine Reportage von Manfred Kriener in der *Zeit* belegen: „Doch unter den jungen Arbeiterinnen häufen sich die Todesfälle. Untersuchungen kommen in Gang und enthüllen schaurige Arbeitsbedingungen. Haare, Gesichter und Kleider der Frauen leuchten im Dunkeln wie ein Weihnachtsbaum."[386] Die Folgen sind Rechtsklagen, wobei Parson in AdT „freigesprochen" (AdT, S. 94) wird, die U. S. Radium Corporation in der Realität jedoch Entschädigungszahlungen leisten muss.[387]

---

384 Siehe Werbeplakat auf http://en.wikipedia.org/wiki/Undark, abgerufen am 15.05.2011 um 15.05 Uhr.

385 Time Magazine: Medicine: Poison Paintbrush, 04.06.1928; auf: http://www.time.com/time/magazine/article/0,9171,731868,00.html, abgerufen am 15.05.2011 um 15.15 Uhr.

386 Manfred Kriener: Ein GAU pro Jahr schadet nicht; in: Die Zeit, Nr. 16, 14.04.2011; auf: http://www.zeit.de/2011/16/Strahlung?page=all, abgerufen am 15.05.2011 um 15.00 Uhr.

387 Jede der betroffenen Arbeiterinnen erhielt schließlich 1928 10.000 Dollar Entschädigung und 600 Dollar „Rente" pro Jahr für den Rest ihres Lebens. Die

Zu Beginn des Zweiten Weltkrieges hat Parson dann „den Amerikanern für ihre Flugzeuge leuchtende Armaturen verkauft“ (AdT, S.94), schildert Elfi in ihrem Aufsatz weiter die Geschichte von der Firma der verstorbenen Amerikaner. Und auch diese Information entspricht in der Realität der Geschichte der U. S. Radium Corporation: „During World War I and World War II, the company produced luminous watches and gauges for the United States Army for use by soldiers.“[388]

Interessantes Detail: Wie die fiktive, historische Clare Corrigan in AdT bricht sich auch ihr reales, historisches Pendant Katherine Schaub im Gehen ein Bein, weil „ihre Knochen [...] schon so morsch“ (AdT, S. 94) waren: „Last week there, walking through a doorway, she stumbled. A leg, necrosed by the radium, broke.“[389]

Der intertextuelle Bezug zur realen Entwicklung der Leuchtziffernmalerei und ihrer Opfer erweist sich zwar im Sinne „sozialkritische[r] Intentionen“[390] interessant, für die Handlung jedoch als nicht besonders relevant. Der Handlungsstrang von Clare Corrigan alias Elfi Lohninger wird von Haas als illustrativer Zusatz[391] eingesetzt und instrumentalisiert – sowohl thematisch als auch inhaltlich. Auch Pfisters Kriterien gemäß ist dieser Bezug von geringer Intensität. Referentialität und Dialogizität sind kaum gegeben, da der Haupttext eine modifizierte Wiedergabe des Prätextes im Sinne einer Systemreferenz ist. Auch Autoreflexivität, Kommunikativität und Selektivität treffen auf diesen Bezug wenig zu. Die Intertextualität dieser Thematik wird weder als solche markiert noch thematisiert. Dass Wolf Haas die Hintergründe zur realen Geschichte jedoch bekannt gewesen sein müssen – und dieser Bezug somit auf jeden Fall ein intertextueller und für

---

Grenzwerte für die Arbeit mit Radium wurden allerdings erst 1941 neu festgelegt. Vgl. Time Magazine: Medicine: Radium Women. 11.08.1930; auf: http://www.time.com/time/magazine/article/0,9171,740056,00.html, abgerufen am 15.05.2011 um 15.30 Uhr. Sowie: Manfred Kriener: Ein GAU pro Jahr schadet nicht; in: Die Zeit, Nr. 16, 14.04.2011; auf: http://www.zeit.de/2011/16/Strahlung?page=all, abgerufen am 15.05.2011 um 15.00 Uhr.

388 http://en.wikipedia.org/wiki/United_States_Radium_Corporation, abgerufen am 15.05.2011 um 15.30 Uhr.

389 Time Magazine: Medicine: Radium Women. 11.08.1930; auf: http://www.time.com-/time/magazine/article/0,9171,740056,00.html, abgerufen am 15.05.2011 um 15.30 Uhr.

390 Nusser 2003, S. 103.

391 Vgl. ebd.

meine Analysen relevanter ist –, zeigt die detailgetreue Wiedergabe der geschichtlichen Ereignisse.

4.5.2 Der „Fall Groer" – vom Schweigen der Kirche

Im März 1995 veröffentlichte das österreichische Nachrichtenmagazin *profil* einen Artikel mit Missbrauchsanschuldigungen eines ehemaligen Zöglings gegen den Wiener Erzbischof Kardinal Hans Hermann Groer.[392] „Noch nie wurden gegen einen österreichischen Bischof derart gravierende Vorwürfe erhoben",[393] betont der damalige *profil*-Chefredakteur Josef Votzi über ein Thema, das „in den 1990er-Jahren die Öffentlichkeit weit über die Kirchenkreise hinaus"[394] beschäftigt hat. So wohl auch Wolf Haas, der das Thema gleich zum Aufhänger seines vierten Brenner-Romans S! gemacht hat.

Als intertextueller Bezug auf ein Thema wird auch die Causa Groer als reine Systemreferenz betrachtet, doch ist Haas' Bezug auf den *profil*-Artikel „Bekenntnisse des Josef H." mehr als nur augenscheinlich. Da jedoch davon ausgegangen werden kann, dass dies nicht die einzige Textgrundlage war – Haas hat S! schließlich erst nach der erneuten Beschuldigung Groers durch den kircheninternen Pater Udo Fischer verfasst, wie in Folge noch gezeigt werden wird –, ist die Zuordnung der Thematik zur Systemreferenz in jedem Fall zutreffend.

„Silentium!" lautet bereits der prägnante Titel von Haas' Roman, der unter anderem auf die Causa Groer anspielt. „Silentium" ist auch das Motto zur Reaktion von Groer und seinen Kirchenbrüdern zum Thema des sexuellen Missbrauchs, denn „bis zum Redaktionsschluß [Anm.: des *profil*-Artikels 1995] blieb der Kardinal stumm",[395] schweigt Groer weiter eisern.[396] Er „schweigt auch zweieinhalb Jahre nach der Affäre Hartmann hartnäckig [...] und nimmt damit in Kauf, dass die Situation für die katholische Kir-

---

392 Vgl. Josef Votzi: Bekenntnisse des Josef H.; in: profil, Ausgabe 13, 26. Jg., 27.03.1995, S. 64-73.

393 Josef Votzi im Vorwort; in: profil, Ausgabe 13, 26. Jg., 27.03.1995, S. 64-73.

394 http://www.orf.at/040712-76240/76234txt_story.html, abgerufen am 13.03.2007 um 17.00 Uhr.

395 Josef Votzi im Vorwort, in: profil, Ausgabe 13, 26. Jg., 27.03.1995, S. 66.

396 Vgl. http://www.orf.at/040712-76240/76234txt_story.html, abgerufen am 13.03.2007 um 17.00 Uhr.

che in Österreich immer prekärer wird".[397] „Silentium!" (S!, S. 9) lautet auch die Inschrift – bereits im Sinne der Markierung im inneren Kommunikationssystem als physischer Gegenstand in die Handlung eingebunden – über dem Schreibtisch des Marianum-Regens in S!. Das „strikte[] ‚Silentium',„[398] das in den „kasernenartigen Schlaf-Unterkünften",[399] den „Gängen und Studiersälen und sogar in den Waschsälen" (S!, S. 10) herrscht, zieht sich durch: „«Silentium!» hier, «Silentium!» da." (S!, S. 10)

Haas' vierter Brenner-Roman spielt zu einer Zeit, als gerade „eine neue Bischofsernennung bevorsteht". (S!, S. 14) Bischofskandidat ist „der Monsignore Schorn" (S!, S. 17), der „vor 30 Jahren Spiritual im Marianum war". (S!, S. 17) Doch genau zu diesem Zeitpunkt hat auch „ein ehemaliger Zögling [...] Geschichten über den Monsignore Schorn aufgebracht". (S!, S. 18) In der Realität findet diese Geschichte ihre Entsprechung in der Person des Kardinal Hans Hermann Groer, der bereits im Herbst 1986 von Papst Johannes Paul zum Erzbischof von Wien ernannt wurde – obwohl scheinbar schon damals „viele Menschen über Groërs Neigungen Bescheid wussten",[400] aber ganz im Sinne von S!: „Rom schweigt und toleriert".[401] Am 22. Februar 1995 wendet sich der sonst so stille Groer, der von 1952 bis 1976 „Religionslehrer"[402] und „‚geistlicher Berater' der Oberstufen-Gymnasiasten"[403] in Hollabrunn war, mit seinem „Fasten-Hirtenbrief"[404] an die Gläubigen und fordert „zur Reinigung der öffentlichen Moral"[405] auf: „Täuscht euch nicht! Weder Unzüchtige noch Götzendiener, weder Ehebrecher noch Lustknaben, noch Knabenschänder werden das Reich Gottes erleben."[406] Doch das Zitat dieser Bibelstelle führt dazu, dass der

---

397 Feurstein 2008, S. 70.

398 Josef Votzi: Bekenntnisse des Josef H.; in: profil, Ausgabe 13, 26. Jg., 27.03.1995, S. 66.

399 Ebd., S. 66.

400 Feurstein 2008, S. 71.

401 Ebd.

402 Ebd., S. 70.

403 Josef Votzi: Bekenntnisse des Josef H.; in: profil, Ausgabe 13, 26. Jg., 27.03.1995, S. 66.

404 Josef Votzi im Interview mit Josef Hartmann; in: profil, Ausgabe 13, 26. Jg., 27.03.1995, S. 73.

405 Ebd.

406 Josef Votzi: Bekenntnisse des Josef H.; in: profil, Ausgabe 13, 26. Jg., 27.03.1995, S. 64.

„ehemalige[] Groer-Schüler"[407] Josef Hartmann „mit [s]einem Wissen von diesem Mann nicht mehr länger hinter dem Berg halten"[408] kann.[409]

Als „ganz lieber Kerl, hübsche blonde Locken und alles" (S!, S. 19), „achtunddreißig Jahre alt" (S!, S. 25), wird Gottlieb Meller geschildert. Im *profil*-Interview zeigt sich ein attraktiver junger Mann, 37 Jahre alt, ebenfalls mit gelocktem Haar, wenn auch dunklem. Interessantes Detail am Rande: In S! erwähnt der Erzähler, dass der Psychiater Dr. Prader „ebenfalls Exzögling des Marianums, Klassenkamerad von seinem Patienten" (S!, S. 25) war. Und auch in der Realität gab es einen weiteren jungen Mann, den Mitschüler Hartmanns Pater Udo Fischer,[410] der nur zwei Jahre nach Hartmanns Anschuldigungen Groer ebenfalls „beschuldigt, Jugendliche sexuell missbraucht zu haben".[411] Fischer spricht davon, dass es „ schon damals immer wieder Gerüchte über Groër gegeben"[412] hat. Von Gerüchten wird auch in S! gesprochen: „«Gerüchte, hat der Sportpräfekt Fitz gesagt [...]. «Nur Gerüchte!»" (S!, S. 16)

Auch die Beschreibung des Tagesablaufs für die Schüler im Internat in S!:

> Die Internatsklingel ist auf einmal losgegangen wie eine Granate. Weil jeden Morgen erbarmungslos um sechs Uhr früh Motto: Du sollst dem Herrgott nicht den Tag stehlen. Der Brenner ist zwar sofort wieder eingeschlafen, aber um zwanzig nach sechs wieder Klingel, weil Frühstudium, zwanzig vor sieben wieder die Klingel, weil Messe, und dann um Viertel nach sieben wieder die Klingel, weil Frühstück (S!, S. 21),

---

407 Ebd., S. 66.

408 Josef Votzi im Interview mit Josef Hartmann; in: profil, Ausgabe 13, 26. Jg., 27.03.1995, S. 73.

409 Interessant ist hier auch die Umdeutung der Redewendung – „mit etwas nicht hinter dem Berg halten können" – durch Haas in S!. Das Marianum liegt hier nämlich wörtlich hinter dem Berg, „ganz hinten im Kapuzinerbergschatten" (S!, S. 70), auf dem die Witwe des verstorbenen Gottlieb Meller wohnt.

410 Vgl. Feurstein 2008, S. 70.

411 Ebd., S. 69.

412 Ebd., S. 71.

ähnelt der im *profil*-Artikel: „Der Tag beginnt mit Aufstehen um sechs Uhr, Meßgang wochentags um halb sieben, Frühstück, zwanzig Minuten ‚Morgenstudium', anschließend Abmarsch an die öffentliche Schule."[413]

Die Namensgebung des Marianums durch Haas, die der Erzähler sogar thematisiert – „warum ein Knabenseminar ausgerechnet Marianum heißt" (S!, S. 30) –, erfolgt wohl aufgrund Groers bekannt fanatischer Marien-Verehrung. „Vielleicht übertreibt er es [...] mit der Frauenverehrung" (S!, S. 30), überlegt Brenner und auch René ist darüber wütend: „Diese Gestörten beten Tag und Nacht eine Jungfrau an!" (S!, S. 206) Wohl wieder ein Hinweis auf Groer, der Vorstehender der „Legio Mariae" war, unter deren Vorwand er auch die Hilfe Josef Hartmanns in Anspruch nahm.[414]

Von „Zucht und Ordnung"[415] im Knabenseminar Hollabrunn erzählt Josef Hartmann, von der „Unzucht im Marianum" (S!, S. 76) berichtet die Meller-Witwe. Und während die Buben im Marianum stets zum Monsignore Schorn, ihrem Spiritual „beichten gehen" (S!, S. 17) mussten, die „Zimmerbeichte" (S!, S. 18) direkt bei ihm ablegten, hat auch Groer die Buben in Hollabrunn „dazu bewogen, bei ihm zu beichten".[416] Hartmann hat sogar „in der 5. Klasse Dr. Groer als Beichtvater genommen – nachdem er sich mir irgendwie aufgedrängt hat".[417] Und auch in der Realität hat die Beichte „meistens in seiner [Anm.: Groers] Privatwohnung"[418] stattgefunden. Schließlich – so betont Fischer – wollte er ja, „dass seine Annäherungen unter der Beichte verschwinden".[419]

Der „päpstliche Wunschkanditat" (S!, S. 14) Schorn, „der aus unserem Haus [Anm.: dem Marianum] hervorgegangen ist" (S!, S. 14), wird in S! als „ein großer, schlanker Mann, dem der schwarze Haarkranz rund um seine Glatze weggestanden ist wie Hörner", (S!, S. 108) beschrieben.[420] Und auch

---

413 Josef Votzi: Bekenntnisse des Josef H.; in: profil, Ausgabe 13, 26. Jg., 27.03.1995, S. 66.

414 Vgl. ebd.

415 Ebd.

416 Feurstein 2008, S. 71.

417 Josef Votzi im Interview mit Josef Hartmann; in: profil, Ausgabe 13, 26. Jg., 27.03.1995, S. 72.

418 Ebd.

419 Feurstein 2008, S. 76.

420 Die Schilderung Schorns als „Glatzkopf mit den schwarzen Hörnern" (S!, S. 121) soll ihn wohl als personifizierten Teufel in Priesterkleidung darstellen. Ein Ver-

Groer ist von schlanker Gestalt, wenngleich auch schon aufgrund seines Alters in den 1990er-Jahren weißhaarig. Groer war als Absolvent des „katholischste[n] aller Internate, [des] erzbischöfliche[n] Knabenseminars Hollabrunn“[421] ebenfalls päpstlicher Wunschkanditat, obwohl der Großteil der Wiener „über die Nominierung des verschrobenen – meist säuselnd verzückten – Marien-Verehrers als Nachfolger des weltgewandten und dialogfreudigen Franz König schlicht schockiert“[422] war. Schorn bleibt in S! eine Nebenfigur, er tritt nur einmal persönlich auf. Und auch Groer zeichnet sich durch seine „seltenen öffentlichen Lebenszeichen“[423] aus.

Zum Eklat kommt es sowohl im Roman als auch in der Realität aber erst, als bei dem betroffenen Zögling – Gottlieb Meller bzw. Josef Hartmann – „nach jahrzehntelangem Schweigen“ (S!, S. 33) durch – von Haas ironisch bezeichnete – „scheibchenweise[] Erinnerungsweltrekorde“ (S!, S. 25) „Erinnerungen an Erlebnisse mit dem heutigen Wiener Kardinal“[424] hochkommen. Neben „Streicheleien und Schmeicheleien“[425] und dem „bißchen Händchenhalten gegen den Heimwehteufel“ (S!, S. 18) treten schließlich Erinnerungen an den „Hygieneunterricht in den Kellerduschen mit dem Spiritual Schorn“ (S!, S. 19) bzw. die „Gesundheitsvorsorge“[426] mit Kardinal Groer in den Vordergrund. Auch diese Beschreibungen ähneln sich deutlich:

> Das ärgste Erlebnis, das ich in Erinnerung habe, war, daß er mich unter folgendem Vorwand in seine Duschkabine gelockt hat: Er hätte einmal einen anderen Internatsschüler vor einer großartigen Entzündung des Penis gerettet, weil diese Schüler nicht informiert war, wie man sich ordentlich wäscht, Intimpflege betreibt, indem man die Vorhaut zurückschiebt und die Eichel ordentlich reinigt. Aus vorgespielter Sorge, ich könnte vielleicht aus so eine Entzündung kriegen, hat er mich gebeten, ich

---

gleich, der zwar eine Wertung darstellt, angesichts seiner Verbrechen aber wohl durchaus zutreffend ist.

421 Josef Votzi: Bekenntnisse des Josef H.; in: profil, Ausgabe 13, 26. Jg., 27.03.1995, S. 66.

422 Ebd., S. 61.

423 Ebd.

424 Ebd., S. 66.

425 Ebd.

426 Ebd.

> soll mich da ganz frei fühlen und mich meiner Kleidung entledigen. Er hat mich dann am ganzen Körper eingeseift und auch mein Glied gereinigt. Das hat er mit hochrotem Kopf getan, das habe ich noch genau vor mir, diese Bild. Er war also sichtlich erregt. Und seine Erektion war ja auch deutlich erkennbar.[427]

Doch während sich der reale Josef Hartmann noch persönlich an die Begebenheiten erinnern kann, werden die Erlebnisse von Gottlieb Meller in S! vom auktorialen Erzähler wiedergegeben. Der missbrauchte Gottlieb ist ja bereits zu Beginn des Romans tot und somit auch nicht mehr in der Lage, für sich selbst zu sprechen:

> Auf einen Schlag hat der Brenner sich in seinem Hilfspräfektenbett erinnert, woran der ehemalige Zögling sich auf der Psychiatercouch erst nach und nach erinnert hat. Wie er einmal statt in die Sonntagsmesse ganz allein mit dem Spiritual in den Keller hinuntergegangen ist.
> Der Brenner hat sich jetzt auf einen Schlag erinnert, daß der sich erst ein weiteres Jahr später daran erinnert hat, wie er sich als zehnjähriges Kind im Keller unten ausgezogen hat.
> Und erst ein weiteres Jahr später ist ihm eingefallen, daß der Spiritual gesagt hat, er darf seine Unterhose ausnahmsweise im Umkleideraum ausziehen, obwohl sonst Unterhoseausziehen nur in der Duschkabine erlaubt.
> Und ein Jahr später hat er sich erst erinnert, daß sich der Spiritual für den Hygieneunterricht ein bißchen ausgezogen hat.
> Und erst vor zwei Monaten hat er sich an das Wort erinnert, das er zum Spiritual dann gesagt hat. Weil zuerst vollkommenes Silentium […] Und wie er sein weißes Priesterunterhemd und seine schwarze Priesterhose ausgezogen hat, ist er in Socken und Unterhose und vollkommenem Duschkeller-Silentium neben dem nackten Kind gestanden,
> «Ahoi!» hat der zehnjährige Bub auf einmal aus voller Kehle gerufen […]
> Weil sonst hat der Priester immer nur Brot in Fleisch und Wein in Blut verwandelt, aber jetzt hat sich seine Priesterunterhose in ein Segelschiff verwandelt! In eine prächtige Millionärsyacht mit aufgeblähten Segeln, praktisch Atlantik-Überquerung.

---

[427] Josef Votzi im Interview mit Josef Hartmann; in: profil, Ausgabe 13, 26. Jg., 27.03.1995, S. 73.

> Und der Spiritual hat das Wasser der vierzig Duschen aufgedreht, bis der Fliesenboden vollkommen überflutet war, und ist mit seinem prächtigen Unterhosenschiff durch die Gänge zwischen den vierzig Duschkabinen gesegelt, und das Hygieneschweinchen auf seinem Schoß erster Matrose.
> Du siehst schon, da ist die Erinnerung ein bißchen im Nebel verlorengegangen. (S!, S. 21-23)

Beide Buben wurden zum Hygieneunterricht gebeten, beide sollten sich ohne schlechtes Gewissen entkleiden, beiden wiederfährt ein unangenehmes sexuelles, „manuelle[s]"[428] Erlebnis. Um der realen Geschichte rund um Groer und Josef Hartmann in seinem Roman mehr Dramatik zu verleihen, vergleicht Haas schließlich die deutlich erkennbare Erektion des Geistlichen in seiner Unterhose mit dem aufgeblähten Segel einer Yacht. Ein „unschuldiges" Bild einer unmoralischen Tat.

Resultat dieser schrecklichen Erlebnisse im Jugendalter ist bei Josef Hartmann schließlich eine gescheiterte Ehe und ein „verklemmtes Verhältnis zur Sexualität".[429] Und auch Gottlieb Meller war „so beschädigt" (S!, S.83), dass seine Ehe mit der Tochter des Vizedirektors der Salzburger Festspiele „im Grunde genommen gar nie eine richtige Ehe war". (S!, S. 83)

Nicht zu unterschätzen ist auch die Rolle von Sportpräfekt Fitz im Rahmen dieses Themas und im Verhältnis zu Monsignore Schorn. Fitz, dem ja selbst ein geistlicher Weg verwehrt blieb, schreibt die Reden des Bischofskandidaten (Vgl. S!, S. 151) – so auch die „schöne Eröffnungsrede" (S!, S. 121) –, um so wenigstens ein bisschen an dessen „Erfolg" teilhaben zu können. In der Rede spricht Schorn davon, „daß es eine heikle Angelegenheit ist mit dem Verzicht und daß man es sogar übertreiben kann" (S!, S. 125), womit der Redenschreiber Fitz nicht zuletzt auch sich selbst meint. Sowohl namenstechnisch ähnlich klingend als auch von der Position vergleichbar gab es auch in Groers Umfeld einen Mann, der – wie Fitz indirekt bei Schorn – bei Groer „als graue Eminenz [...] im Hintergrund die Fäden zieht".[430] Gemeint ist der ehemalige Benediktinermönch „Pater

428 Josef Votzi: Bekenntnisse des Josef H.; in: profil, Ausgabe 13, 26. Jg., 27.03.1995, S. 68.

429 Josef Votzi im Interview mit Josef Hartmann; in: profil, Ausgabe 13, 26. Jg., 27.03.1995, S. 73.

430 Josef Votzi: Bekenntnisse des Josef H.; in: profil, Ausgabe 13, 26. Jg., 27.03.1995, S. 70.

Ildefons Fux",[431] der nach seiner Tätigkeit als Betreuer Groers im Stift Göttweig Ende der 1970er-Jahre „eine erstaunliche Karriere […] [als] Wiener Bischofsvikar an der Seite Hans Hermann Groers"[432] machte. Wie Fitz in S! galt auch Fux in der Realität als eigentlicher „Machthaber" hinter dem in der Öffentlichkeit präsenten Geistlichen.

Die Position von Fitz sorgt schließlich auch dafür, dass er, der bereits alle anderen „Schwierigkeiten" wie den sich erinnernden Gottlieb Meller, die über den Mädchenhandel informierten Mary Ogusake sowie die in diese Machenschaften involvierte Frau von Dr. Prader beseitigt hat, auch zur tödlichen Bedrohung für Brenner wird – ironischerweise ausgerechnet in den berüchtigten Duschräumen im Keller des Marianums.

Zusammenfassend lässt sich also sagen, dass die Ähnlichkeit zwischen Haas' Thema des sexuellen Missbrauchs in S! und der Causa Groer frappant ist. Ein Unterschied ergibt sich in den Konsequenzen: So musste Hans Hermann Groer zum Ausgleich für sein Handeln „sein Amt als Erzbischof von Wien zurück[legen]".[433] Dass er schließlich „Prior des Wallfahrtsklosters Maria Roggendorf"[434] wurde und auch dort die „klosterinterne[n] Vorwürfe"[435] und Anschuldigungen gegen ihn nicht abrissen, wodurch er 1998 wiederum seines Amts enthoben wurde,[436] ist für die Intertextualitätsanalyse von S! nicht relevant, wenngleich auch interessant. Sein literarisches Pendant in S! hingegen kommt durch den Tod des ehemaligen Zöglings nochmal davon und wird am Ende zum Bischof ernannt, was Brenner resigniert feststellt: „«Und was wird aus dem Schorn?» «Bischof»" (S!, S. 221)

Im Rahmen der Intertextualitätsanalyse zeigt sich, dass der intertextuelle Bezug der Geschichte des Monsignore Schorn, der „den Gottlieb ein bißchen gedingst hat", (S!, S. 34) eindeutig die Causa Groer meint und durch den Kontext der Haupthandlung deutlich wird. Markiert wird dieser Bezug allerdings nicht. Auch thematisiert und kommentiert der auktoriale Erzähler die Erinnerungen Gottlieb Mellers, die ja das einzige sind, die das Miss-

431 Ebd.

432 Ebd.

433 Feurstein 2008, S. 69.

434 Ebd.

435 http://www.orf.at/040712-76240/76234txt_story.html, abgerufen am 13.03.2007 um 17.00 Uhr.

436 Vgl. ebd.

brauchsverhalten belegen, nicht. Der Erzähler gibt nur wieder – umfassend, kommentarlos, manchmal vielleicht etwas sarkastisch. Dieser intertextuelle Bezug weist Anzeichen einer Pastiche auf, Haas hat schließlich die der Öffentlichkeit bekannten Fakten über den Fall Groer bis ins Detail eingearbeitet, S! ist von der Thematik geprägt.

Und obwohl Haas die Thematik des Schweigens der Kirche und vor allem Groers derart detailliert in S! ausführt und sogar als Aufhänger verwendet, haben die Ereignisse rund um den Monsignore Schorn bzw. den Kardinal Groer keine weiterführende Funktion für die Haupthandlung, „weil mit dem Spiritual Schorn hat das gar nichts zu tun gehabt". (S!, S. 184) So bezieht sich das „Silentium!" aus dem Titel zwar in erster Linie auf das Schweigen der Kirche und Groers über den sexuellen Missbrauch, in Folge aber auch auf das Schweigen über den illegalen Mädchenhandel für die Festspielgäste – ebenfalls mit Jungfrauen. Hier schließt sich der Kreis. Die Mehrdeutigkeit des Titels ist ein typischer Kunstgriff von Haas, der seine Brenner-Romane so unverwechselbar macht.

Exkurs: Der Andeutung Brenners, dass es „ja längst allgemein bekannt [ist], daß die Pfarrer –" (S!, S. 193), könnte ein Verweis auf den in derselben *profil*-Ausgabe enthaltenen Artikel „US-Priester: 5% Kinderschänder?" von Michael Siegert sein, der davon ausgeht, dass in den USA „zwei bis drei Prozent der auf 200.000 geschätzten US-Gesamtzahl von sexuellen Vergehen an Kindern"[437] durch Priester begangen werden.

4.5.3 Friede den Hütten! Ein Tiroler auf Abwegen

Einen bestimmten Tiroler Politiker und die Geschehnisse aus dem Jahr 2004 rund um diesen beschreibt Wolf Haas in DBlG und verzichtet dabei nicht auf einen Rundumschlag auf das korrupte österreichische Politik- und Bauwesen und die typische „Freunderlwirtschaft" in „höheren" Kreisen, wo ein Bauunternehmer einem Bankdirektor schon mal seinen Chauffeur leihen kann als „eine Art Freundschaftsbeweis unter den besseren Leuten". (DBlG, S. 65)

Obwohl auch dieses Thema als Systemreferenz nach Broich zu verstehen ist, lässt sich von Haas' Wortwahl und Formulierungen in DBlG jedoch vermuten, dass er sich auf zwei bestimmte Prätexte bezieht – nämlich ei-

437 Michael Siegert: US Priester: 5% Kinderschänder?; in: profil, Ausgabe 13, 26. Jg., 27.03.1995, S. 70.

nen Bericht der österreichischen Tageszeitung *Der Standard* mit dem Titel: „RLB Tirol: Ein Sittenbild aus dem heiligen Land“[438] und die Presseinformation der RLB Tirol zum 60. Geburtstag von Fritz Hakl. Dass die *Standard*-Redakteurin Tirol gleich zu Beginn als „heiliges Land“ tituliert, kommt Haas und seiner Vorliebe für „Gottesbeweise“[439] natürlich besonders entgegen.

Haas erwähnt den echten Namen des in DBlG beschriebenen, realen Bankdirektors an keiner Stelle. Doch er verfremdet die Figur des Direktors – bis auf das Verhältnis[440] Reinhards mit der 12-jährigen Sanja – ebenfalls nicht. Zwar wird kein intertextueller Verweis im Sinne von Pfisters Selektivität oder Kommunikativität als direktes, eindeutig zuordenbares Zitat aus einem Prätext wiedergegeben, doch die ähnlichen Formulierungen und die Tatsache, dass „das Geschehen in diesem Buch nur durch eine hauchdünne Membran von der Wirklichkeit geschieden“[441] ist, führen trotz fehlender Markierung zu einer Relevanz dieses intertextuellen Bezugs. Haupttext und Prätext stehen im direkten Kontext, wodurch auch die Referentialität nach Pfister gegeben ist. Auch thematisiert der Erzähler die Geschehnisse rund um den Bankdirektor im Sinne der Autoreflexivität. Doch wer den Bezug zum realen Bankdirektor Hakl nicht erkennt, kann auch nicht den Sarkasmus wahrnehmen und genießen, mit dem Haas den Direktor durch seinen Erzähler beschreiben lässt.

Dass selbst der Showdown des siebten Brenner-Romans am Bankdirektor in DBlG spurlos vorbeigeht bzw. mit ihm erst gar nichts zu tun hat, kann als Hinweis darauf gesehen werden, dass die Figur des Reinhard von Haas nur in den Haupttext implementiert wurde, um seine kritische Haltung zu

---

438 Renate Graber: RLB Tirol: Ein Sittenbild aus dem heiligen Land; in: Der Standard, 11.05.2004, online seit 19.05.2004; auf: http://derstandard.at/1660648, abgerufen am 29.05.2011 um 19.50 Uhr.

439 Bernhard Flieher im Interview mit Wolf Haas: „Dann erschieße ich die Sprache“; in: Salzburger Nachrichten, Ausgabe 197, 27.08.2009, S. 9.

440 Dieses sexuelle Verhältnis der beiden und das daraus resultierende Kind, das Frau Doktor Kressdorf „ohne es zu melden“ (DBlG, S. 137) abtreibt, ist die einzige Aktion, die den Bankdirektor zumindest am Rande mit der Haupthandlung verbindet.

441 Daniela Strigl: Eine Suada, die die Welt verändert; in: F.A.Z., 25.09.2009; auf: http://www.faz.net/artikel/C30347/wolf-haas-der-brenner-und-der-liebe-gott-eine-suada-die-die-welt-veraendert-30071202.html, abgerufen am 04.01.2011 um 16.20 Uhr.

diesen realen Geschehnissen kundtun und dieses reale Milieu als Stoff für seinen letzten Roman nutzen zu können. Für die Haupthandlung haben die Ereignisse rund um den (realen) Bankdirektor jedoch keine weitere Funktion.

„Imperiales Gehabe“[442] wird ihm vorgeworfen, dem ehemaligen Generaldirektor der Raiffeisen Landesbank Tirol Fritz Hakl, was den aufmerksamen Rezipienten sogleich an Haas' „Bankdirektor Reinhard“ (DBlG, S. 35), der „immer so gemütlich auf seinem Sessel gethront“ (DBlG, S. 35) hat, erinnert. Und generell scheint die Haas'sche Schilderung des Bankdirektors dem Tiroler RLB-Chef Hakl wie aus dem Gesicht geschnitten. Mit „sechzig Jahren“ (DBlG, S. 35) und einer „Leibesfülle“ (DBlG, S. 35) wird der der „schwarze[] Banker“ (DBlG, S. 203) beschrieben. Und auch Fritz Hakl hat zu diesem Zeitpunkt gerade erst seinen „60. Geburtstag“[443] mit einem „pompösen 60er-Fest“[444] zelebriert und gilt als ein „nicht ganz so beliebte[r] wie beleibte[r] Raiffeisen-Manager“.[445] Und „schwarz“, also politisch auf der konservativen, christlichen Seite, sind im Heiligen Land Tirol ja ohnehin beinahe alle hochrangigen Beamten und Geschäftsführer. Und so eben auch der „einst mächtigste[] Banker im heiligen Land“,[446] Fritz Hakl.

Ein „verantwortungsvoller Mensch“ (DBlG, S. 36) ist der Bankdirektor in DBlG, der „die Bank seit zwanzig Jahren sehr erfolgreich geführt“ (DBlG, S. 36) hat. Hakl war bis zu seinem unrühmlichen Abschied 2004 ebenfalls

---

442 Renate Graber: RLB Tirol: Ein Sittenbild aus dem heiligen Land; in: Der Standard, 11.05.2004, online seit 19.05.2004; auf: http://derstandard.at/1660648, abgerufen am 29.05.2011 um 19.50 Uhr.

443 Presseinformation der Raiffeisen-Landesbank Tirol AG: Fritz Hakl – 60 Jahre. 16.01.2003; auf: www.rlb.info/d/pic/upload/presse/1120_GD-Pressetext_60rtf.rtf, abgerufen am 30.05.2011 um 00.20 Uhr.

444 Renate Graber: RLB Tirol: Ein Sittenbild aus dem heiligen Land; in: Der Standard, 11.05.2004, online seit 19.05.2004; auf: http://derstandard.at/1660648, abgerufen am 29.05.2011 um 19.50 Uhr.

445 Daniela Strigl: Eine Suada, die die Welt verändert; in: F.A.Z., 25.09.2009; auf: http://www.faz.net/artikel/C30347/wolf-haas-der-brenner-und-der-liebe-gott-eine-suada-die-die-welt-veraendert-30071202.html, abgerufen am 04.01.2011 um 16.20 Uhr.

446 Renate Graber: RLB Tirol: Ein Sittenbild aus dem heiligen Land; in: Der Standard, 11.05.2004, online seit 19.05.2004; auf: http://derstandard.at/1660648, abgerufen am 29.05.2011 um 19.50 Uhr.

exakt zwanzig Jahre in der Geschäftsleitung tätig: „1984 wurde er in die Geschäftsleitung berufen; seit 1. Juli 1994 ist er Generaldirektor der Raiffeisen-Landesbank Tirol.“[447] Doch Hakl setzte bei seiner Geschäftsstrategie auf „Kundenoptimierung und nicht zuerst auf Gewinnmaximierung“,[448] „das Ideelle und das Materielle müssen sich gegenseitig abstützen“,[449] meint er. Eine Scheinidylle, wie sie auch der Bankdirektor Reinhard mit seinem „Handyverbot“ (DBlG, S. 34) auf der „Almhütte in Kitzbühel“ (DBlG, S. 33) vermitteln will, sich selbst jedoch über sein eigenes Verbot hinwegsetzt.

„Kleinkariertheit und Provinzialismus sind Hakl verhasst“,[450] heißt es in der offiziellen Presseinformation zu seinem 60. Geburtstag und so verurteilt auch Bankdirektor Reinhard in DBlG das kindische Verhalten Obersenatsrat Stachls, denn ein „gewisses Niveau hat er sich von einem Obersenatsrat erwartet, auch auf der Alm“. (DBlG, S. 38) Und eben diese Alm, „die eigentlich nur noch der Holzwurm zusammengehalten hat“ (DBlG, S. 34), ist ein weiteres brisantes Thema sowohl in Haas Brenner-Roman als auch in der Realität. Während in DBlG der Bauunternehmer Kressdorf in der Gesellschaft aufsteigt, weil er auf eigene Kosten einen „Almpalast“ (DBlG, S. 34) aus der „total verrottete[n] Almhütte“ (DBlG, S. 34) gemacht hat und dort „Bankdirektoren, Politiker, Journalisten, Bischöfe, Investoren“ (DBlG, S. 34) empfängt, wurde auch auf Fritz Hakls Wunsch, nachdem die zum gepachteten Jagdgebiet gehörende „Jagdhütte laut Obsteiger Bürgermeister Gerald Schaber ‚wirklich völlig desolat‘“[451] war, „eine komfortreichere, neue […] auf RLB-Kosten auf den Berg gestellt“.[452]

Die Definition der Stube in der Kitzbüheler Almhütte in DBlG als „Jagdherrenstube“ (DBlG, S. 34) ist ein weiterer Verweis auf die Tatsache, dass

---

447 Presseinformation der Raiffeisen-Landesbank Tirol AG: Fritz Hakl – 60 Jahre. 16.01.2003; auf: www.rlb.info/d/pic/upload/presse/1120_GD-Pressetext_60rtf. rtf, abgerufen am 30.05.2011 um 00.20 Uhr.

448 Ebd.

449 Ebd.

450 Ebd.

451 Renate Graber: RLB Tirol: Ein Sittenbild aus dem heiligen Land; in: Der Standard, 11.05.2004, online seit 19.05.2004; auf: http://derstandard.at/1660648, abgerufen am 29.05.2011 um 19.50 Uhr.

452 Ebd.

Hakl erst 2002 „die Jagdprüfung bestanden“[453] hatte und in Folge „die RLB unter ihrem Chef Fritz Hakl die Lehenberg-Jagd der (615 Hektar) sowie die örtliche Genossenschaftsjagd gepachtet“[454] hat. Die genauen Kosten, die im Standard-Bericht schließlich für den Hüttenneubau und die Jagdpacht aufgelistet werden, erinnern – nicht zuletzt auch aufgrund des bereits in 3.4.9 mit dieser Thematik zusammenhängenden Verweises – an Büchners *Der Hessische Landbote*. Auch dort folgt der Anklage eine genaue Kostenaufstellung.[455]

Bankdirektor Reinhard wird vom auktorialen Erzähler in DBlG ausführlich beschrieben:

> Im Alltag hat er seine gütige Seele gewaltsam unterdrücken müssen, Was glaubst du, was aus der Bank geworden wäre, wenn er sie mit seiner Jagdgüte geführt hätte.
> Aber dazu war der Reinhard natürlich ein viel zu verantwortungsvoller Mensch. Der hat die Bank seit zwanzig Jahren erfolgreich geführt, da hätten Hunderte, wenn nicht Tausende junge Bankfräulein ihren Job verloren, wenn der Reinhard das nicht so super gemacht hätte. Dann auch noch seine Familie [...] Er hat sogar in der Pfarre mitgeholfen, wenn es sich zeitlich ausgegangen ist, vor allem seine Frau natürlich. Da haben sich viele gefragt, wie der Reinhard das alles schafft. (DBlG, S. 36)

Diese detaillierte Schilderung des Bankdirektors, der – wie sich später herausstellt – auch eine minderjährige Freundin hat und in diverse illegale Geschäfte verwickelt ist, entspricht in ihren Grundzügen der „Lobeshymne“ Hakls in der Presseinformation zu seinem 60er:

> Hakls Name hat in Bankkreisen einen besonderen, ausgezeichneten Klang, wohl deshalb, weil er Wert darauf legt, dass sein Haus zwar im Gespräch bleibt, aber nicht ins Gerede kommt. [...]. Die riesigen von ihm bearbeiteten Aktenstöße haben ihn nie daran gehindert, den Standort des Kunden nicht aus den Augen zu verlieren. Er mag Menschen, Mitarbeiter und die Kunden. Dr. Hakl gehört zu den hilfsbereiten Menschen. [...] Unvermeidbare Begleiterscheinung seines Engagements und seiner Intensität ist eine lange Reihe von Ehrenämtern und

---

453 Ebd.

454 Ebd.

455 Vgl. Büchner 2000, S. 38.

> Funktionen bei den verschiedensten Einrichtungen, Gremien und Organisationen, zahlreichen Vereinen und Institutionen. Auch Ehrungen blieben nicht aus. […] Fritz Hakl ist wahrhaftig „a man of all seasons", geeicht für gute, aber auch für schlechte Zeiten. Er sieht nicht – typisch österreichisch – voll Vertrauen in die von ihm geprägte Vergangenheit, im Gegenteil: Er liebt Herausforderungen, er fühlt sich verantwortlich für das Ganze und hat die Fähigkeit dazu.[456]

Beide Bankdirektoren werden als sozial engagiert und verantwortungsvoll dargestellt. Beide haben ein Faible für die Jagd und logieren immer mal wieder in einer Hütte in den Tiroler Bergen. Und beide genießen ihre Position und die damit verbundenen Annehmlichkeiten. Schließlich hat „so ein Bankmanager […] wahnsinnig viel Verantwortung, der darf sich auch einmal ein kleines Extravergnügen gönnen" (DBlG, S. 37), meint der Erzähler lapidar. Wie etwa das viel diskutierte 60er-Fest von Fritz Hakl mit „mehr als tausend Gästen, im Innsbrucker Kongresszentrum […], das von der RLB gesponsert wird".[457]

Der fiktive Bankdirektor Reinhard und die Ereignisse, die ihn betreffen, weisen eine auffallende Ähnlichkeit mit dem realen Bankdirektor Fritz Hakl auf. Und es ist eben sehr wahrscheinlich, dass Wolf Haas sich mit seiner Personenbeschreibung an der gesellschaftlichen Person Hakl sowie an den Berichten rund um den ehemaligen RLB-Generaldirektor orientiert hat. „Feste, Jagden, pralles Leben – das alles wäre, weil Tiroler ja nicht fad sind, noch gegangen. ‚Wenn nur', so sagen die RLB-Eigentümer, die Dividenden sehen wollen, ‚das Geschäft gut ginge'." Doch die Geschäfte laufen nicht gut. Der Ausbau zur Universalbank und die riskanten Kredite, die Hakl vergeben hatte, führen zu einer Bilanz, die „keine Begeisterungsstürme"[458] auszulösen vermag.[459] In Anspielung auf die Entwicklung der RLB meint der auktoriale Erzähler diesbezüglich in DBlG ironisch: „Was

---

456 Presseinformation der Raiffeisen-Landesbank Tirol AG: Fritz Hakl – 60 Jahre. 16.01.2003; auf: www.rlb.info/d/pic/upload/presse/1120_GD-Pressetext_60rtf.rtf, abgerufen am 30.05.2011 um 00.20 Uhr.

457 Renate Graber: RLB Tirol: Ein Sittenbild aus dem heiligen Land; in: Der Standard, 11.05.2004, online seit 19.05.2004; auf: http://derstandard.at/1660648, abgerufen am 29.05.2011 um 19.50 Uhr.

458 Ebd.

459 Ebd.

glaubst du, was aus der Bank geworden wäre, wenn er sie mit seiner Jagdgüte geführt hätte." (DBlG, S. 36)

Doch während der Bankdirektor in DBlG zum Schluss unbehelligt bleibt, muss Fritz Hakl nach verlorenem „Machtkampf gegen die Eigentürmer (82 Tiroler Raiffeisenkassen)"[460] seinen Posten aufgeben. Er wird sprichwörtlich „in die Wüste"[461] geschickt. Und so heißt es auch für ihn: „*And so castles made of sand fall into the sea, eventually*". (DBlG, S. 30)

4.6 Sprachspiele, Redewendungen und Sprichwörter

Den Sprachspielen sowie den Redewendungen und Sprichwörtern kommt in den Brenner-Romanen eine besondere Bedeutung zu. Vieles, das anderes vermuten lässt, ist wörtlich zu nehmen und manches, das man eigentlich wörtlich nimmt, ist plötzlich im übertragenen Sinne gemeint. Neben den für Haas so typischen Sprachspielen werden in diesem Abschnitt auch einige Redewendungen und Sprichwörter aufgezeigt, die sinnbildhaft für Haas' Umgang mit der Sprache und für seinen Wortwitz sind.

4.6.1 Sprachspiele

Haas' Sprachspielen kommt Bachtins Konzept der Dialogizität zugute, das laut Broich / Pfister auch dazu führen kann, „daß das einzelne Wort seinen Absolutheitsanspruch verloren hat, nicht mehr auf die eine, kanonisierte Wahrheit pochen kann, anfechtbar geworden und perspektivisch relativiert ist".[462] Mehrdeutigkeit ist demnach das Schlagwort für Haas' Sprachspiele. Auch Jean Starobinskis Beschreibungsmodell der Intertextualität greift hier. Er sieht – im Sinne Ferdinand de Saussures – Intertextualität als „anagrammatisches Rätsel",[463] dass „so wie in einem phonetisch oder graphisch umgestellten Wort ein anderes verborgen sein kann, auch in einem Text ein anderer Text verborgen sein kann".[464]

Die Sprachspiele dienen in den Brenner-Romanen oft der Verstärkung des Themas bzw. manchmal auch dem Verwirrspiel des Rezipienten. Für eine

---

460 Ebd.

461 Ebd.

462 Broich/Pfister 1985, S. 4.

463 Schedel 2004, S. 26.

464 Ebd.

hohe Textkohärenz sorgen vor allem die „Wortspiele und Verdichtungen durch Wiederaufnahme auch nebensächlicher Aspekte“.[465] Im Folgenden werden nun einige dieser kreativen Spielereien mit der Sprache aufgezeigt.

Haas nutzt die phonetische Ähnlichkeit von Begriffen in englischer und deutscher Sprache mehrmals in seinen Brenner-Romanen. In AdT nennt Haas' den Spieler beim Eisstockschießen, „der [...] zweimal schießen“ (AdT, S. 38) darf, „Moar“ (AdT, S. 38). Phonetisch erinnert die Aussprache dieses Wortes an das englische „more“, womit wir wieder beim Thema des Amerikanismus in AdT wären und dem wörtlichen Verständnis. Haas schafft durch die phonetische Ähnlichkeit und die Wortbedeutung sowie den Bezug auf das Thema Amerika eine starke Verdichtung. So meint der englische Begriff „*backlash*“ (DK, S.63) eigentlich das Wort „*Flashback*“, das Brenner in seiner Erinnerung wohl aufgrund der Drogenkonsumation verwechselt.

Die phonetische Ähnlichkeit von „Hygiene und Hyäne“ (S!, S. 221) in S!, die die Witwe von Gottlieb Meller bereits als Kind verwechselt hat, wurde bereits in 3.4.6 ausführlich geschildert. Aber auch der Name der privaten Grazer Bürgerarmee „Initiative Grazer Sicherheit“ wird anstatt der logischen Abkürzung „IGS“ aufgrund der phonetischen Ähnlichkeit mit „X“ bezeichnet. „Das X steht für IGS“ (DeL, S. 59), lässt Haas den Trafikanten in DeL erklären. Dieses Sprachspiel spinnt Haas noch weiter, indem er in diesem Sinne auch das englische Wort „drugs“ durch „Drax“ (Del, S. 60) ersetzt und Brenner scherzen lässt: „Aber ich habe immer geglaubt, ihr heißt: Wehr-Initiative Grazer Sicherheit.“ (DeL, S. 60)

Neben der phonetischen Ähnlichkeit benützt Haas auch gerne den wörtlichen Sinn einer Aussage. Der Spruch „Schieß voll super“, der an den Eisstockschießenden Andi Fux gerichtet ist, steht in einem thematischen Zusammenhang mit der Tatsache, dass Andi hauptberuflich als Tankwart arbeitet. „Zieh-Garetten“ (KsT, S. 36) meint der Rettungsfahrer Bimbo zu Angelika Lanz, als er ihr eine Zigarette anzündet. Und Brenners Jugendfreundin Klara spricht schließlich von „Sankt Erben“ (KsT, S. 121), einem Hinweis auf das „Sterben“, was schließlich auch der Erzähler erkennt: „St. Erben, hat der Brenner überlegt. Und dann natürlich: Sterben.“ (KsT, S. 121)

---

[465] Baßler 2002, S. 190.

Beim traditionellen „Vormachen" auf der Hochzeit des Vergolder und seiner amerikanischen Frau vor etlichen Jahren wurde auf ein „Verhältnis des Vergolders mit einer Krankenschwester" (AdT, S. 53) angespielt. Einer „kranken Schwester" wohl eher, was auch Brenners Frage, ob der Vergolder „es nebenbei mit einer Schwester hat" (AdT, S. 53) unterstreicht. „Jugendsünde" (AdT, S. 53), betont die Handlose zu diesem Zeitpunkt, wo dem Rezipienten noch nicht bewusst ist, dass es sich bei der Handlosen um die leibliche Schwester des Vergolders handelt. Die Aufklärung dieses Sprachspiels erfolgt erst am Ende des Romans: „Aber diese Schwester, auf die die Zeller Vormacher da angespielt haben –", fragt der Brenner und die Handlose antwortet ihm: „– natürlich keine Krankenschwester war. Sondern einfach eine Schwester". (AdT, S. 144)

Einige Sprachspiele Haas' präsentieren sich voll bösartigem Humor. So bezeichnet der Tankwart Andi Fux das Entfernen der „Mücken auf der Scheibe" (AdT, S. 50) von Autos ironischerweise als „Leichen waschen". (AdT, S. 50) Und als der Sohn des alten Löschenkohl-Wirts in einer Bar dem Brenner seine Geschichte erzählt und nebenbei einen roten Bierdeckel mit der Aufschrift „BAD GLEICHENBERG" (DK, S. 128) bemalt, endet die Erzählung schließlich genau in dem Moment, als auf dem Bierdeckel nur noch „LEICHENBERG" (DK, S. 128) zu lesen ist. Die Bezeichnungen der Leberkässemmeln in KsT haben einen bitteren Beigeschmack: *„Spenderleber 32,-, Spenderherz 60,-"* (KsT, S. 11) steht dort an einem Imbissstand angeschrieben. Auch der Hinweis der Zigeunerin in DeL – „Brena abgraz ibermorgen halb finf Uhr frih" (DeL, S. 93) – meint nicht den phonetisch wahrgenommen Tod – „abgraz" im Sinne von „Abkratzen" für „Sterben" – von Brenner, sondern dessen Fahrt mit dem Zug, „der um halb fünf Uhr früh ab Graz in Richtung Slowakei geht". (DeL, S. 94) Die „Hanfallergie" (DeL, S. 119) als charmante Umschreibung für den Tod seines Vaters, der sich selbst erhängt hat, ist ebenfalls typisch für Haas' spitzen Wortwitz.

Besonders aber die Namensgebung mancher Figuren in den Brenner-Romanen zeichnet sich durch solche Sprachspielereien aus. So erinnert der „Postenkommandant Kollarik" (AdT, S. 104) aus AdT, zu dem „die Zeller immer «Kolleriker» gesagt" (AdT, S. 104) haben, an den Menschentypen des „Cholerikers".[466] Mit der Aussage des auktorialen Erzählers – „da hat sich der Kollarik schon die Seele aus dem Leib geschrien" (AdT, S. 117)

[466] Entsprechend der Temperamentenlehre der Hippokratiker.

erklärt Haas sogar noch indirekt sein Sprachspiel. Den Name der serbischen Fußballmanschaft „Partizan Belgrad“ vertauscht Haas in DK mit dem Namen „Partisan Belgrad“ (DK, S. 56), was zum einen auf die Bedeutung der Partisanen als bewaffnete Kämpfer hindeutet und zum anderen den Stürmer Ortovic meint, der dem Milo vor Jahren „regelrecht den Schädel zertrümmert“ (DK, S. 56) hat.

In S! hängt der Name des verstorbenen Heiratsvermittlers „Dr. Phil. Guth“ (S!, S. 84) direkt mit dem Namen der englischen Rockband „Dr. Feelgood“, deren Lied leitmotivisch in S! gebraucht wird, zusammen. Das bestätigt auch das Gespräch zwischen Brenner und der Notapothekerin:

> «Dr. Feelgood», hat der Brenner gesagt. «Das wäre der Hinweis gewesen.»
> «Dr. Phil. Guth», hat die Notapothekerin buchstabiert, als würde sie den Namen eines Medikaments von einem unleserlichen Rezeptzettel ablesen. «Da hättest du früher schalten müssen.» (S!, S. 220)

Doch bleibt dies nicht der einzige Hinweis Haas' auf dieses Sprachspiel. Die phonetische Ähnlichkeit ist unverkennbar, die Betonung des akademischen Titels „Dr. *Phil.* Guth“ (S!, S. 155) lässt ebenfalls auf den Namen der Rockgruppe schließen, da bei dieser auch die Betonung auf der ersten Silbe von „Feelgood“ liegt. Auch die Tatsache, dass der gute Doktor eine Vorliebe für – wieder eine phonetische Ähnlichkeit – <u>phil</u>ippinische Mädchen hatte, die er im Auftrag der Salzburger Festspiele an die berühmten Tenöre vermittelt hat, kann als Hinweis erachtet werden. Seine Heirat der 15-jährigen, also minderjährigen, Philippinin Mary Ogusake zeigt zudem, dass Dr. Phil Guth eindeutig pädo<u>phil</u> war. In all diesen Wörtern, die phonetisch „phil“ enthalten, liegt die Betonung eindeutig auf dieser Silbe im Wort. Dass der Doktor kein netter Mensch gewesen zu sein scheint, erwähnt der Erzähler – nicht zuletzt auch aufgrund des Namens – noch beiläufig mit dem Kommentar, „daß sie dir am Schulhof «Böse» oder sonst was nachrufen“. (S!, S. 156)

Auch die Klingelschilder in WdT hat Haas' im Rahmen eines Sprachspiels genützt. „TIERE ist am oberen Klingelschild gestanden, SUMMER am unteren“ (WdT, S. 59), stellt der Erzähler fest. Brenner, der eigentlich zur Tierzüchterin Hartwig möchte, geht davon aus, dass sich hinter „SUMMER“ „vielleicht eine von diesen raffinierten Klingeln [versteckt], wo man sich selber die die Tür aufsummt“. (WdT, S. 59) Doch es stellt sich heraus, dass mit „Summer“ der Name der verstorbenen Hausbesitzerin gemeint ist. „Wenn Sie wollen, dass ich die Tiere öffne, […] müssen Sie schon bei Tiere läuten“ (WdT, S. 64), entgegnet ihm Frau Hartwig mit „ungarische[m] Akzent“ (WdT, S. 64), wobei sich in ihrer Aussprache „Türe“ und „Tiere“ phonetisch gleich anhören. Doch damit nicht genug, Brenner besucht schließlich den Treuhund-Verwalter Hojac, bei dem er das Gefühl hat, dass dieser „besser als Geschäftsführer ins Summer-Sun hinunter gepasst“ (WdT, S. 104) hätte. Erst später stellt sich heraus, dass Hojac tatsächlich auch Eigentümer des Solariumstudios „Summer-Sun“ – was von seiner Bedeutung im Englischen ja „Sommer-Sonne“ bedeutet und für die Namensgebung eines Solariums durchaus geeignet ist – und eigentlich der Sohn der zuvor erwähnten, verstorbenen Frau Summer ist. Demnach bezieht sich „Summer-Sun“, das dem englischen „Summer-Son“ phonetisch gleicht, nicht nur aus das Sonnenstudio, sondern vor allem auf die Beziehung zu Frau Summer. Hojac ist der Summer-Sohn. Das bestätigt auch der Erzähler:

> Weil natürlich, Sohn und Sonne, das hat er sich schon in der Schule nie merken können, wie man das auf Englisch richtig schreibt. Und wenn du dich da mit dem «o» und dem «u» vertust, hast du statt einem Solarium auf einmal einen enterbten Summer-Sohn, wo die Mutter lieber alles dem Hund hinterlassen hat als dem Sohn, der seinen Namen aufgegeben hat. (WdT, S. 172)

Und auch dieses Sprachspiel steht wieder in direktem Zusammenhang zum leitmotivisch gebrauchten Lied *Mama* von Heintje. Diesmal allerdings mehr inhaltlich.

4.6.2 Redewendungen und Sprichwörter

Wolf Haas hat ein Faible für Sprichwörter und Redewendungen, „weil die schönen alten Reime geraten ja [sonst] alle in Vergessenheit“. (KsT, S. 38) Nicht umsonst beinhalten alle sieben Brenner-Romanen zahlreiche neunmalkluge Alltags- und Bauernweisheiten, wörtlich gemeinte Sprichwörtern und mal mehr und mal weniger veränderte Zitaten aus Bibel, Literatur und Medien, die sich im Laufe der Zeit auch als Redewendungen etabliert haben. Aber auch neu kreierte Sprichwörter und Motti fehlen nicht.

„Jedem Schicksalsschlag wird mit so genannten Lebensweisheiten begegnet“,[467] meint auch Christian Schachinger im Interview mit Wolf Haas und so dienen die Sprüche und Redewendungen als intertextuelle Bezüge zur Beschreibung von Verhaltensweisen und Situationen, als Tipps oder auch mal als Hinweis auf kommende Brenner-Romane. Manchmal werden die Sprüche von Erzähler als solche angekündigt, z. B.: „da gibt es diesen sehr guten Spruch. Man soll sich nicht zu früh freuen“ (WdT, S. 60), doch zumeist integriert Haas die Redewendungen und Sprichwörter bündig in den Fließtext.

Im Folgenden soll ein Überblick über die relevanten und am interessantesten eingesetzten Sprichwörter und Redewendungen gegeben werden, denn „[s]sicher ist sicher“. (KsT, S. 142)

Allein vierzehn Redewendungen und Sprichwörter finden sich bei genauer Durchsicht von KsT. Von den zusätzlich von Haas erfundenen wie „Nichts scheißen, durchbeißen“ (KST, S. 39) mal ganz abgesehen. Und während Haas in seine ersten beiden Brenner-Romane AdT und DK noch relativ wenige Redewendungen einfließen lässt, weisen spätestens seit KsT alle weiteren Bücher mindestens zehn Sprüche oder mehr auf.

„Konzentrieren geht über Studieren“ (AdT, S. 23), ist das erste Sprichwort, das sich in einem Brenner-Roman findet – und das gleich in veränderter Form. Im Original lautet dieses geläufige Sprichwort bekanntlich „Probieren geht über Studieren“. Doch derart harmlose Sprüche gibt es in den Brenner-Romanen wenige und so setzt Haas weitere Sprichwörter und Redewendungen gezielt sarkastisch und voll schwarzem Humor ein. So lässt er den Kripo-Chef Aschenbrenner in Del sich im Grab umdrehen – „wenn er schon dort gewesen wäre“ (DeL, S. 96), lässt den Bauunternehmer Kressdorf in DBlG vier Menschen töten, um seine entführte Tochter zurückzubekommen – „aber nicht nur als Person, sondern auch mit Haut und Haar […], quasi genmäßig“ (DBlG, S. 204) und erklärt das Sprichwort „Übung macht den Meister“ durchaus anschaulich:

> Und wie der Obersenatsrat Stachl den Brenner nicht mehr heraufholen wollte, hat der Kressdorf sein Jagdgewehr aus dem Haus geholt und es dem Obersenatsrat mit so einer Wucht über

[467] Christian Schachinger im Interview mit Wolf Haas: „Den habe ich mir eingetreten“; in: derStandard.at, 26.08.2009; auf: http://derstandard.at/1250691296113/STANDARD-Interview-Den-habe-ich-mir-eingetreten, abgerufen am 12.11.2010 um 12.15 Uhr

> den Hinterkopf gezogen, dass sie später bei der Obduktion festgestellt haben, der Stachl ist gar nicht ertrunken, sondern dort schon mit einem gebrochene Genick angekommen, Und da sieht man wieder einmal, wie recht das Sprichwort hat. Übung macht den Meister, da kann man sagen, was man will. Weil beim Knoll haben sie festgestellt, dass der Kressdorf ihn mit dem Gewehrkolben nur niedergeschlagen hat, und verstorben ist er dann in der Senkgrube. (DBlG, S. 193)

Die Zeit mit dem unerfahrenen Flugschüler Berti in einem Hubschrauber ist für seine Freundin Magdalena leider nicht „wie im Flug vergangen". (WdT, S. 197) Doch für den Architekten, der nun nach einer Verfolgungsjagd mit Brenner am Flakturm im Wiener Augarten sowohl wörtlich als auch sprichwörtlich „mit dem Rücken zur Wand gestanden" (WdT, S. 202) ist, endet dieses Erlebnis tödlich. Er wird vom Rotorblatt des Hubschrauber geköpft.

Das Thema „Sterben" wird von Haas generell gerne durch Sprichwörter und Redewendungen beschrieben. „Jetzt natürlich die Blicke. Sie können ja nicht töten, das ist erwiesen. Darum hat der Brenner ja noch gelebt" (DK, S. 54), heißt es in DK, als die Hostess einer Kaffeefahrt Brenner für einen Journalisten hält, der über die Abzocke bei solchen Veranstaltungen berichten möchte. Während eben dieser Kaffeefahrt hat Brenner die Senioren im Autobus in seinen Gedanken „so erschreckt, daß viele von ihnen sofort tot umgefallen sind". (DK, S. 52) Den Kripo-Chef Aschenbrenner hat ob Brenners Anschuldigungen in DeL gleich „der Schlag getroffen" (DeL, S. 202), am Ende des Romans stirbt er an den Folgen seines Schlaganfalls. Der Blutbankchef Stenzl, dem zwar angeblich niemand aus seinen Affären „einen Strick [...] gedreht" (KsT, S. 87) hat, wird jedoch ironischerweise gleich zu Beginn von KsT durch einen Kopfschuss getötet. Er hat somit im wahrsten Sinne des Wortes „seinen Schädel hinhalten müssen" (KsT, S. 187) und auch die Selbstmörderin[468] in S! hat wörtlich „auf einen Sprung in der Felsenreitschule vorbeigeschaut" (S!, S. 170). Und während Brenner in KsT noch fürchtet, dass er selbst gleich „den Löffel ab[gibt]" (KsT, S. 211), philosophiert er in DeL schon wieder über den „Löffel" von seinem verstorbenen Freund Irrsiegler (Vgl. DeL, S. 49) und in DBlG über

[468] Genau genommen wird sie, die Frau von Dr. Prader, von Sportpräfekt Fitz hinuntergestoßen.

den Tod aller drei Musiker seiner Lieblingsband, die „vor der Zeit den Löffel ab[geben]" (DBlG, S. 158) mussten.

Auch Redewendungen und Sprüche mit kirchlicher Konnotation dürfen beim „Kirchenkritiker"[469] Haas natürlich nicht fehlen. „Immer mit der Kirche ums Kreuz" (S!, S. 7), also eigentlich ums Dorf – im Sinne von umständlichem Vorgehen – ist die Ermittlungsweise von Brenner. Doch nicht nur er, auch andere Figuren zeigen sich umständlich: „Der Pfarrer predigt nicht zweimal [...], aber ich bin kein Pfarrer" (AdT, S. 44), betont der um Aufmerksamkeit heischende, neunmalkluge Tankwart Andi Fux, als Brenner ihn darauf aufmerksam macht, dass er seine Mordtheorie bereits zum zweiten Mal vorträgt. In seiner Vorgehensweise geradliniger, dafür aber nicht nur „fast päpstlicher als der Papst ausgesehen" (KsT, S. 43), sondern sich auch sprichwörtlich so verhalten, hat sich der Juniorchef der Kreuzretter in KsT. Zwei Mal eingesetzt hat Haas aber nur das Sprichwort „Das letzte Hemd hat keine Taschen". (DK, S. 53 und S!, S. 86) Ein Leitspruch, wenn den alten Leuten in DK bei einer Kaffeefahrt oder in S! von der Kirche ihr gesamtes Vermögen abgenommen wird:

> Du darfst nicht vergessen, die Kirche hat da ihre eigens ausgebildeten Spezialkräfte, die nehmen den Leuten die Beichte ab und sonst auch alles, weil Sprichwort, das letzte Hemd hat keine Taschen. (S!, S. 86)

Freundlicherweise hat der Regens des Marianums diesbezüglich auch „ein bißchen ein schlechtes Gewissen, daß sie den ärmsten Rentnerinnen das Geld aus der Tasche gezogen haben. sprich Spendenzahlschein". (S!, S. 38) Und auch in WdT wird „noch den ärmsten Rentnerinnen de[r] Hilflosenzuschuss aus der Tasche gezogen" (WdT, S. 8), wenngleich auch ohne Sprichwort.

„Himmel, Arsch und Zusatzarsch!" (KsT, S. 44) bzw. eigentlich „Himmel, Arsch und Zwirn" – besonders humorvoll eingesetzt ist in den Brenner-Romanen die Fäkalsprache. Neben dem bereits erwähnten, von Haas selbstkreierten Spruch „Nichts scheißen, durchbeißen" (KsT, S. 39) finden sich noch zahlreiche weitere derbe Sprüche. In KsT macht der Kreuzret-

---

[469] Jakob Buhre im Interview mit Wolf Haas: Wenn jemand besonders glänzend auftritt, versuche ich das Lächerliche daran zu sehen; in: Planet Interview, 13.02.2005; auf: http://www.planet-interview.de/wolf-haas-13022005.html, abgerufen am 06.03.2007 um 11.40 Uhr.

ter-Chef Junior Brenner und seinen Kollegen „Feuer unter dem Arsch" (KsT, S. 94) und in DBlG ärgert sich der Erzähler über Menschen, die „einen anderen in die Scheiße tauchen". (DBlG, S. 184) Sprichwörtlich und nicht zuletzt auch wörtlich trifft der Spruch auch auf Brenner zu, als dieser schließlich bis zum Hals in der Scheiße steckt, denn: „[f]ür Senkgruben gilt: Hals noch viel unangenehmer". (DBlG, S. 187)

Eine spezielle Funktion übernehmen schließlich die intertextuellen Bezüge auf Redewendungen und Sprichwörter, wenn sie auch intratextuell genützt werden. So deutet der Erzähler immer wieder auf Themen kommender Brenner-Romane voraus oder bezieht sich auf bereits erschienene. An den Leitsatz seines Lateinlehrers – „Si tacuisses, philosophus mansisses" (KST, S. 45) – kann sich Brenner z. B. in KST erinnern, „Schweigen ist Gold" (KsT, S. 45) bzw. eigentlich zu übersetzen mit „wenn du geschwiegen hättest, wärst du ein Philosoph geblieben", und deutet damit bereits auf das Thema des nächsten Brenner-Romans S! voraus, in dem Schweigen titelgebendes Gesetz ist. „Durch das Reden kommen die Leute zusammen" (KsT, S. 93), meint der Erzähler in KsT und spielt auf die sich anbahnende Affäre von Brenner mit der Empfangsdame der Blutbank an. Nach einem selbst zugefügten Kopfschuss in DeL sind allerdings „durch das Reden [...] die Leute wieder auseinander gekommen" (DeL, S. 67) – sprichwörtlich, da seine Rückkehr nach Puntigam und das Aufwärmen alter Geschichten für viel Unmut und einige Tote sorgen, und wörtlich als verdrehte Redewendung in seinen Gedanken, „sprich klare Unterscheidung, da der Aschenbrenner, da der Brenner". (DeL, S. 67-68) An den Mordversuch des alten Löschenkohls, der in DK „den Brenner ein bißchen mit seiner Fleischerhacke [...] berühren" (DK, S. 135) wollte, erinnert die ausführliche Beschreibung eines Schreis in S!, der Brenner „wie eine Rasierklinge [...] durch Mark und Bein" (S!, S. 158) geht:

> Er hat die Tür aufgerissen, und dann ein Schrei, wenn du dir ein Bein vorstellst, das besteht ja nicht nur aus Fleisch, da ist innen der Knochen, und der Knochen besteht auch nicht nur aus Knochen, sondern da ist innen das Mark, und wenn du dir jetzt einen vorstellst, der dir da hineinfährt wie eine Rasierklinge, durch Mark und Bein, wie man so schön sagt, so ein Schrei ist das gewesen. (S!, S. 157-158)

„Praktisch schlafende Hunde" (KsT, S. 145) – diesmal sogar im Sinne der umgangssprachlichen Redewendung für „bloß keine Aufmerksamkeit erregen" gebraucht – sowie das als „Hunde, die bellen, schießen nicht" verfremdete Sprichwort „Hunde, die bellen, beißen nicht" können als Hinweise auf die Thematik von WdT gesehen werden. Dort hat der Argentino der verstorbenen Frau Summer zwar auch nicht gebellt, aber dafür zugebissen: „Oder sagen wir einmal so. Beißt ihr mit einem einzigen Biss die Gurgel durch." (WdT, S. 38) Zuletzt deutet auch noch der auf einem Gleichnis aus der Bibel (Mt 7,24-27[470]) basierende Spruch – „Immer auf Fels bauen, nur nicht auf Sand" (S!, S. 26) – bereits auf den letzten Brenner-Roman DBlG voraus, bei dem dieser Satz leitmotivisch – unter anderem durch Jimi Hendrix' Song *Castles made of Sand* – die Handlung bestimmt.

4.7 Kulturgeschichtliche intertextuelle Verweise

Neben den für meine Analysen besonders relevanten und – teilweise – intertextuell intensiven Bezügen, die bereits in 3.2 bis 3.5 ausführlich beschrieben wurden, fallen in den Brenner-Romanen natürlich auch noch zahlreiche weitere – mehr oder weniger stark markierte bzw. relevante – intertextuelle Verweise auf.

Neben der detaillierten, realitätsgetreuen Beschreibung von (Handlungs-) Orten und Milieus wie z. B. dem Grazer Ortsteil Puntigam in DeL oder dem Gasthaus *„Hirschen"* bzw. *„Hirschenwirt"* (erstmals genannt in AdT, S. 8) in AdT, die beide auch in der Realität existieren, beinhalten die Brenner-Romane auch eine Vielzahl an intertextuellen Verweisen auf Personen und Sendungen aus den Medien und bekannte Markennamen. Auch Haas' kritische Seitenhiebe auf Kirche, Politik, Kunst und z. B. Genderproblematik enthalten intertextuelle Bezüge – sei es auf reale Ereignisse, Klischees oder Mythen.

Die Archivierung jeder erdenklichen Art von Lokalwissen in den Text, wie auch Haas sie vornimmt, bezeichnet man laut Moritz Baßler in der Kulturwissenschaft als „local knowledge".[471] Ihre Funktion ist stets die Erschaffung eines Milieus, eines möglichst realen Bilds der fiktiven Geschichte, und die Veranschaulichung desselben. Für den Textsinn an sich sind all diese sonstigen intertextuellen Verweise jedoch nicht von Bedeutung.

---

470 Mt 7,24-27; in: Bibel nach der Übersetzung Martin Luther in der revidierten Fassung von 1984; auf: http://www.bibleserver.com/#/text/LUT/Matth%C3%A4us7, abgerufen am 26.05.2011 um 11.00 Uhr.

471 Baßler 2002, S. 192.

Bei der Schilderung eines Großteils der Lokalitäten und Ereignisse ist Haas in seinen Brenner-Romanen besonders realitätsgetreu. Auch wenn er stets abstreitet, für seine Romane viel zu recherchieren – „Aber ich bin da eher wie ein Kind, das einen Aufsatz für die Schule schreibt, das ist nicht dokumentarisch orientiert, sondern eher wie ein Fantasie-Aufsatz“[472] – ist es dennoch verblüffend, wie stark seine fiktiven Ortsbeschreibungen mit den realen Orten übereinstimmen.

Interessant ist, dass Eigennamen mal in Kursivdruck und mal in Standarddruck abgebildet sind. Eine optische Unterscheidung nach realen und fiktiven Orten und Personen lässt sich dadurch leider nicht treffen, da keine durchgehende Vorgehensweise vorliegt. Ob die unterschiedlichen Schreibweisen jedoch eventuell im Rahmen der Veröffentlichung der Romane verändert wurden oder ob tatsächlich die Schreibweise jedes Worts von Haas so intendiert war, lässt sich leider nicht nachprüfen.

Im Folgenden werden nun einige Beispiele dieser intertextuellen Bezüge auf kulturgeschichtlich relevante Themen erfasst und analysiert.

4.7.1 Markennamen, wohin man sieht

Die Waren- und Markenkultur, die zu den „wesentlichsten Elementen [gehört], über die Kultur im Text repräsentiert wird“,[473] übernimmt für die Brenner-Romane eine konstitutive Funktion. Baßler spricht – wie noch in 4.4 näher beschrieben wird – von einer Archivierung von Popkultur.[474] Tatsächlich ist die Masse an existierenden Markennamen – ob es sich dabei nun z. B. um Produkte des täglichen Bedarfs, Automarken oder Geräte- und Firmennamen handelt – in den Brenner-Romanen auffallend. Nur wenige Marken- und Unternehmensnamen wurden speziell für den Roman erfunden. Und was in Film und Fernsehen noch als Schleichwerbung gilt, ist in den Brenner-Romanen Element der fiktiven Romanwelt und soll eine größere Realitätsnähe schaffen.

---

472 Jakob Buhre im Interview mit Wolf Haas: Wenn jemand besonders glänzend auftritt, versuche ich das Lächerliche daran zu sehen; in: Planet Interview, 13.02.2005; auf: http://www.planet-interview.de/wolf-haas-13022005.html, abgerufen am 06.03.2007 um 11.40 Uhr.

473 Baßler 2002, S. 193.

474 Vgl. ebd., S. 184.

Haas integriert vor allem zahlreiche Produktnamen in seine Brenner-Romane wie z. B.: „Philishave“ (AdT, S. 153), „Kukident“ (DK, S. 21 und DeL, S. 74), „Milka“ (KsT, S. 8), „Tuc-Salzkekse“ (S!, S. 11), „Marlboro“ (DeL, S. 87), „Davidoff“ (S!, S. 117), „Marlboro light“ (DBlG, S. 77). Von Hygieneartikeln über Lebensmittel bis hin zu Zigarettenmarken ist alles vertreten. Einen Übergang zwischen den Markennamen und Firmennamen bildet die Kombination aus der Marke und einem erklärenden Nomen, meistens mit einem Bindestrich verbunden. So betreffen Begriffe wie z. B. „Perlweiß-Reklame“ (AdT, S. 80), „Motorola-Handy“ (DK, S. 36), „Kim-Packung“ (KsT, S. 37), „Loctite Superkleber“ (KsT, S. 39), „Puma-Schuhen“ (DK, S. 25), „Ray-Ban-Sonnenbrille“ (KsT, S. 34) und „ESCAPADE-Buchstabenschnalle“ (KsT, S. 71) nicht nur ein bestimmtes Produkt, sondern oft auch dessen Herstellernamen. Die Modemarke „Escapade“ wird hier als einziger Begriff durchgehend in Großbuchstaben geschrieben.

Auch Firmennamen finden sich zahlreich in den sieben Romanen – von „Kärcher“ (KsT, S. 70), „Adidas“ (S!, S. 23), „*Drogeriemarkt*“ (S!, S. 191), „*Kodak*“ (S!, S. 191), „*H&M*“ (S!, S. 192), „*Interspar*“ (S!, S. 192) und „Ikea“ (DBlG, S. 189) bis „Mister Minit“ (DBlG, S. 206). Das Wort „*Lego*“ (S!, S. 192) meint das Produkt und das Unternehmen gleichermaßen. Weitere Firmennamen werden – wie bereits bei den Produktnamen – mit einem erklärenden Nomen verbunden: „Quelle-Katalog“ (AdT, S. 70), „*Spar*-Plastiktasche“ (S!, S. 190), „*C&A*-Plastiktasche“ (S!, S. 191), „*ONE*-Telefone“ (S!, S. 205), „*Levi's*-Jeans“ (S!, S. 205). Bei den von Haas integrierten Firmennamen finden sich allerdings zwei erdachte: „*Parfümerie Elke*“ (S!, S. 192) und „*Bauprofi*“. (S!, S. 192) Auffällig bei den Firmennamen ist zudem, dass sich auch hier die Schreibweise verändert. Manche Namen stehen im Kursivdruck, andere in Standardschrift.

Neben den Firmennamen produzierender Unternehmen trifft man in den Brenner-Romanen auch auf einige – zum Teil internationale – soziale Organisationen und Behörden. Neben der existierenden Menschrechtsorganisation „*amnesty international*“ (S!, S. 79), dem gemeinnützigen Service-Club „Rotary“ (S!, S. 81), der kirchlichen Hilfsorganisation „Caritas“ (WdT, S. 9) und der unabhängigen, überkonfessionellen Organisation „Kinderdorf“ (WdT, S. 9) bzw. eigentlich „SOS Kinderdorf“ mit Sitz in Tirol findet sich auch die jüngere, rein österreichische Hilfsaktion „Nachbar in Not“ (WdT, S. 9). Einzig die Organisation „*Proleben*“ (DBlG, S. 10) entspringt wohl Haas' Fantasie, diese existiert in der Realität in dieser Funktion in Wien nicht. Bei den Behörden werden – ganz im Sinne der amerikanischen Einflüsse seit dem ersten Brenner-Roman AdT – „FBI" (WdT, S. 138) und „NASA" (KsT, S. 198) integriert. Zudem wird ein „Uno-General" (AdT, S. 104) erwähnt.

Ausgesprochen gehäuft finden sich in den Brenner-Romanen auch existierende Automarken und ihre Modellbezeichnungen wie „Chevrolet" (AdT, S. 34), „Renault Twingo" (AdT, S. 101), „Mercedes" (AdT, S. 106; DK, S. 86; DeL, S. 116), „Porsche" (DK, S. 24), „Ford Fiesta" (DK, S. 115) oder schlicht „Fiesta" (DeL, S. 185), „Golf" (DBlG, S. 27) bzw. „Golf GTI" (KsT, S. 153), „Ford Mondeo" (KsT, S. 153), „Audi" (DeL, S. 116) bzw. „Audi Quattro" (KsT, S. 163), „Alfa" (KsT, S. 163 und DBlG, S. 27), „Toyota" (S!, S. 86), „Maserati" (WdT, S. 76), „BMW" (WdT, S. 103; DeL, S. 116; DBlG, S. 22), „Suzuki" (DeL, S. 36), „Volvo" (DBlG, S. 27), „Ford Mondeo" (DBlG, S. 85), „VW-Bus" (DBlG, S. 216), „Polo" (DBlG, S. 216), „Mini" (DBlG, S. 216) und „Micra Mouse" (DBlG, S. 216) sowie Institutionen und ähnliches, das mit Kraftfahrzeugen in Verbindung steht. So z. B. ein „Nissanhändler" (DK, S. 85), der Österreichische Automobil club „ÖAMTC" (DBlG, S. 212) sowie diverse Tankstellen: „Aral" (AdT, S. 103), „Shell" (AdT, S. 103) bzw. „Shell-Tankstelle" (DBlG, S. 210) und „BP" (DBlG, S. 210).

Als österreichischer Autor hat Haas bewusst vor allem auf österreichische Firmen- und Produktnamen, Bezeichnungen sowie – wie noch in 3.7.2 und 3.7.3 beschrieben wird – Personen aus Kunst, Literatur, Musik und den Medien zurückgegriffen. So schluckt Brenner, als österreichischer Detektiv gleich zu Beginn von AdT das Kopfschmerzmittel „Migradon" (AdT, S. 17) und beobachtet den „Hubschrauber Martin" (AdT, S. 8) über Zell am See. Das österreichische Referenzprodukt „Red Bull" (KsT, S,153) bzw. „*Red Bull*" (DBlG, S. 27) findet in Haas' Romanen natürlich ebenso Erwähnung wie die beliebten „Goldfischli" (S!, S. 11) und „Soletti" (S!, S. 11), deren Markenname sich bereits derart in die Alltagssprache der Menschen eingeprägt hat, dass auch andere Unternehmen dazu übergegangen sind, ihre Salzstangen Soletti zu nennen. Auch österreichische Unternehmen wie „*Billa*" (S!, S. 191) und „*Kleider Bauer*" (S!, S. 192) sowie die beiden in Konkurs geratenen Firmen „*Konsum*" (S!, S. 190) und „*Libro*" (S!, S. 192) werden genannt, teilweise wieder mit nominativem Zusatz: „*Humanic* Plastiktasche" (S!, S. 190), „*Palmers* Tasche" (S!, S. 191). Das größte österreichische Bankinstitut, die „Bank Austria" (S!, S. 192), der Österreichische Automobilclub „ÖAMTC" (DBlG, S. 212), der Österreichische Rundfunk „*ORF*“ (S!, S. 192) und die „ZAMG“ (S!, S. 131), die Zentralanstalt für Meteorologie und Geodynamik, stehen in den Brenner-Romanen auf gleicher Stufe mit den Namen von Gebäuden – wie dem „Arnold-Schwarzenegger-Stadion“ (DeL, S. 7) oder der „Landesnervenklinik Sigmund Freud“ (DeL, S. 6) – und Vereinen wie „Sturm Graz“ (DeL, S. 147) und „Austria Wien“ (DeL, S. 147). Auch hier findet sich wieder eine Kombination aus Standard- und Kursivdruck.

Das Thema der Amerikanisierung zieht sich nicht nur durch die Handlung der Brenner-Romane wie ein roter Faden, sondern betrifft auch die genannten Firmen- und Produktnamen. Dementsprechend kann sich Brenner in AdT lange nicht entscheiden, ob er sich eine amerikanische „*Smith & Wesson*“ (AdT, S. 58), eine deutsche „*Walther*“ (AdT, S. 59) bzw. „Walther“ (DeL, S. 11) oder eine österreichische „*Glock*“ (AdT, S. 59 und KsT, S. 142) bzw. „Glock“ (DeL, S. 12) kaufen soll. Brenner entscheidet sich schließlich – wie kann es für einen von Wolf Haas geschaffenen österreichischen Detektiv auch anders sein – für die „Glock“.

Der Ausdruck „Billigsdorfer-Kamera“ (DeL, S. 170) bezeichnet letztendlich in österreichischer Umgangssprache eine Kamera – es könnte im Zusammenhang mit „Billigsdorfer“ auch ein beliebiges anders Produkt bzw. eine Marke sein – von schlechter Qualität.

4.7.2 Die Welt der Massenmedien

Im Sinne der „zweiebige[n] Intertextualitätsstruktur“[475] finden sich in Haas' Brenner-Romanen neben echten Zitaten aus echten Medien auch fiktive Zitate aus solchen – und natürlich auch fiktive Zitate aus fiktiven Medien. Im Falle der Printmedien erwähnt der auktoriale Erzähler neben dem Zeitungsnamen oft auch den Titel der Schlagzeile, der – wie bei Haas' Büchern – bereits auf den Inhalt schließen lässt, sowie ob und welches Foto abgebildet wurde. Eine Schilderung des Inhalts gibt es hingegen nur selten.

In der „*Pinzgauer Post*“ (AdT, S. 19), in der Realität der Name einer Salzburger Monatszeitung, wird mit dem Artikel „Auferstehung der Toten“ (AdT, S. 98) und einem „Foto von den amerikanischen Liftfahrern“ (AdT, S. 98) von der scheinbaren Wiederauferstehung der verstorbenen Amerikaner berichtet, während die „*Kronenzeitung*“ (KsT, S. 33) in KsT einen Bericht mit Bild über einen Mord veröffentlicht:

---

475 Broich/Pfister 1985, S. 62.

> Du kennst das bestimmt, die Zeitung macht immer so Fotos, wo die Leute in eine Richtung zeigen. Sagen wir, jemand hat ein Kind aus einem reißenden Wildbach gerettet. Jetzt geht der Pressefotograf her und sagt zu dem tapferen Menschen: Stell dich da hin und zeig auf den Wildbach. Und unter dem Foto steht dann: «Der tapfere Kinderretter zeigt auf den Wildbach, aus dem er das Kind gerettet hat.» [...]
> Und genau so haben der Bimbo und der Hansi Munz in der Zeitung auf den AKH-Imbißstand gezeigt, vor dem der Chef der Wiener Blutbank so gemein erschossen worden ist, daß seine Freundin Irmi gleich hat mit dran glauben müssen.
> «Rettung kam schon nach einer Sekunde – und doch zu spät», war die Überschrift. Und unter dem Foto ist gestanden: «Die Rettungsfahrer Groß und Munz zeigen auf die Stelle, wo Leo Stenzl und seine Geliebte niedergestreckt wurden.» (KsT, S. 33)

Dieser fiktive Artikel sorgt bei der Romanfigur Manfred Groß für ein übersteigertes Selbstwertgefühl, was schließlich auch zu seiner Ermordung führt. (Vgl. KsT, S. 217) Mit der Schilderung, wie Pressefotos gemacht werden, übt Haas' – fast beiläufig – Kritik an den Medien.

Die „*Kronenzeitung*" (WdT, S. 149) findet als einziges Medium in zwei Brenner-Romanen Erwähnung – so auch in WdT, als Brenner die junge Mali als die Hundekeksmörderin entlarvt, von den Umstehenden jedoch selbst für den Täter gehalten wird. So landet nicht nur der letzte Hund, der einen solchen Keks überlebt hat, in der *Kronenzeitung*, sondern auch der Brenner samt Foto mit der „mannshohe[n] Schlagzeile: «Irrer Hundekeksstreuer endlich gefasst.»" (WdT, S. 149)

Neben mehr oder weniger populären Zeitungen pflegt Haas auch Zeitschriften wie das Klatschblatt „*Bunte*" (KsT, S. 17), die Frauenzeitschrift „*Brigitte*" (S!, S. 13) und die obligatorische Jugendzeitschrift „*Bravo*" (S!, S. 84) in seine Romane ein. Und während *Bunte* und *Brigitte* nur kurz erwähnt werden, steht *Bravo* in Verbindung mit Brenners Recherchen über „Petting und Party". (S!, S. 84) Schließlich hat er – wie auch viele Jugendliche in der Realität – früher viel über sexuelle Themen in dieser Zeitschrift gelernt. (Vgl. S!, S. 84)

Haas' Anspielungen auf den Fotobericht über die Almhütte des Bauunternehmers Kressdorf in der „*Jagdrevue*" (DBlG, S. 38) sowie die Auszüge aus dem „*GratisGrazer*" (DeL, S. 11) in DeL kombinieren schließlich fiktive Zitate mit fiktiven Zeitungen. Weder die *Jagdrevue* noch den *GratisGrazer* gibt es wirklich. Trotzdem kommt dem *GratisGrazer* eine besondere Bedeutung für den sechsten Brenner-Roman zu, da darin nicht nur von dem „Wunder“ (DeL, S. 11) von Brenners Wiederauferstehung, sondern auch vom Tod seines Kollegen Köck (Vgl. DeL, S. 56) sowie in einem fiktiven Zeitungsausschnitt von einem Jimi Hendrix Konzert in Graz berichtet wird. (Vgl. DeL, S. 222) Auch hier übt Brenner Kritik, da der *GratisGrazer*, um „seine Leser nicht ganz ohne Strohhalm zurückzulassen“ einen Augenzeugen benennt, der an diesem Tag gar nicht vorort war. (Vgl. DeL, S. 56) Ein kleiner Hinweis darauf, nicht alles so ernst zu nehmen, nur weil es in einer Zeitung steht. Auch der Umzug des *GratisGrazers* „ganz nobel in die Innenstadt“ (DeL, S. 147) soll wohl darauf hindeuten, dass manche Zeitungen so mittellos nicht sein können, wie sie uns gerne weismachen würden.

Zu den Printmedien gesellen sich in den Brenner-Romanen auch visuelle und akustische Massenmedien: Fernsehen und Radio. So begeistern sich die Gäste des alten Löschenkohl-Wirts für die beliebte Fernsehsendung „*Aktenzeichen XY*“ (DK, S. 26, 29), die der Aufklärung von Verbrechen in Deutschland, Österreich und der Schweiz anhand ihrer Moderatoren „Eduard Zimmermann“ (DK, S. 27), „Peter Nidetzky“ (DK, S. 29) und „Konrad Tönz“ (DK, S. 29) mithilfe des Publikums dienen soll. Auch die beiden ORF-Ö1-Radiosendungen „Autofahrer unterwegs“ (DK, S. 84) und „Religion aktuell“ (DBlG, S. 74) werden in den Brenner-Romanen erfasst.

Während es den Großteil der genannten, nicht fiktiven Medienformen immer noch gibt, wurde die Ausstrahlung der Radio-Sendung *Autofahrer unterwegs* 1999 – also bereits nach dem Erscheinen von DK – nach 42 erfolgreichen Jahren eingestellt.[476] Als „42 Jahre lang gusseiserne Frömmigkeit“[477] tituliert der *Falter*-Redakteur Wolfgang Paterno die Radiosendung, die insgesamt 15.153 Mal ausgestrahlt wurde – immer „nett, adrett, korrekt, schön gediegen und gemessen: Radio, von einer Radiofamilie für die österreichische Familie gemacht“.[478] Und so passt auch Haas' Beschreibung von Brenner, der als Kind in Puntigam „immer zum Mittagessen «Autofahrer unterwegs» im Radio gehört“ (DK, S. 84) hat, perfekt zu dem Bild einer

---

476 Vgl. Wolfgang Paterno: Rezension ‚Autofahrer unterwegs‘; in: Falter, Ausgabe 37, 10.09.2003, S. 71.

477 Ebd.

478 Ebd.

familienfreundlichen, „solide[n], immer auch ein wenig hausbackene[n]"[479] Sendung. Als „älteste bestehende tägliche Rundfunksendung"[480] kam Autofahrer unterwegs 1992 sogar ins Guinness Buch der Rekorde. „Und immer wieder das Glockengeläut: ‚Es ist 12 Uhr, Sie hören die Glocken [...]'",[481] denn das wird sowohl Brenner als auch den Rezipienten vermutlich in Erinnerung bleiben: „um zwölf Uhr haben sie jeden Tag aus einem anderen Ort in Österreich die Mittagsglocken übertragen". (DK, S. 84)

Exkurs: Auch einige Filme finden in den Brenner-Romanen Erwähnung wie z. B. der „Western *Zwölf Uhr mittags*" (KsT, S. 18), „Doktor Doolittle aus dem Fernsehen" (KsT, S. 72), „Singing in the Rain" (S!, S. 199), „Das Imperium schlägt zurück" (DBlG, S. 45) oder auch eine Szene, die an ein Filmzitat aus der Tarzanverfilmung „Tarzan, der Affenmensch"[482] aus dem Jahr 1932 mit Johnny Weissmüller als Tarzan und Maureen O'Sullivan als Jane erinnert. Haas legt die Szene auf eine Situation zwischen Brenner und einer Prostituierten im Bordell *Borderline* in DK um: „«Ich Angie!» sagt sie und zeigt dabei auf die eigenen Brust [...] Und dann greift sie dem Brenner an die Brust und sagt: «Du Mon!»" (DK, S. 65) Da es sich dabei allerdings nur um eine reine Imitation des Filmzitats handelt, das keine Funktion für die Handlung des Haupttextes hat, liegt hier ein geringer intertextueller Intensitätsgrad vor. Haas markiert diesen Verweis zudem bereits eine halbe Seite später:

> «Das ist ein Schmäh, wie beim Tarzan, verstehst du? Ich Tarzan, du Jane, verstehst du: Ich Angie, du Mon, verstehst du? Welcher Tarzan gefällt dir am besten, mir immer noch der Johnny Weissmüller. Solche Männer gibt es heute nicht mehr. Das kann ich dir schriftlich geben.» (DK, S. 65)

Der Film, „wo der Mönch sagst, also so ein indischer, ein Buddhist, der sagt: Wenn ich gehe, dann gehe ich, und wenn ich stehe, dann stehe ich"

---

479 Ebd.

480 Ebd.

481 Ebd.

482 Vgl. The Internet Movie Database (IMDb): Tarzan, der Affenmensch (1932); auf: http://www.imdb.com/title/tt0023551/, abgerufen am 18.05.2011 um 16.55 Uhr.

(AdT, S. 23),[483] ist allerdings vermutlich nur eine Erfindung von Haas, diesen Film gibt es wohl nicht.

4.7.3 Bekannte Personen und Ereignisse

Die Dichte der real existierenden, teilweise sogar noch lebenden Persönlichkeiten aus den unterschiedlichsten Bereichen und Sparten, die in den Brenner-Romanen erwähnt werden, ist hoch. Ereignisse wie z. B. wie z. B. die „Olympiaabfahrt 1976“ (DBlG, S. 182) finden sich weniger viele – zumal diese ja erfahrungsgemäß schneller in Vergessenheit geraten als Prominente, die laufend in den Medien präsent sind.

Personen aus Film und Fernsehen wie Moderatoren oder Schauspieler eignen sich daher besonders gut für die Schaffung einer fiktiven Romanrealität und zur Beschreibung von Personen und Verhaltensweisen. Da viele Rezipienten ja meist schon im wahren Leben des Gefühl haben, Prominente durch ihre Präsenz in den Medien irgendwie persönlich zu kennen, finden sie dieses Gefühl auch in den Brenner-Romanen wieder. So erinnert Brenner die Versicherungsbeamtin aus Amerika an ihren Schwarm aus Kindheitstagen „Robert Redford“ (AdT, S. 21), Brenner kränkt die Kellnerin in DK durch einen unglücklichen Vergleich mit „Charlie Chaplin“ (DK, S. 115) und ein potentieller Spender in WdT fängt vor Nervosität mit seinen Schuhen zu klappern an wie „Fred Astaire“. (WdT, S. 35)

Auch die Hollywood-Größen „Angelina Jolie“ (DBlG, S. 42) und „Julia Roberts“ (DBlG, S. 182) finden in den Brenner-Romanen Erwähnung, während der Name des deutschen Models Heidi Klum abschätzig zu „Heidi Klump“ (DBlG, S. 42) verändert wird. Schlussendlich hält Brenner Soili Aschenbrenner für „hübscher als irgendeine Lolobrigida“ (DeL, S. 74) – gemeint ist natürlich die italienische Schauspielerin Gina Lolobrigida, wobei hier aber auch die phonetische Ähnlichkeit zwischen Brigadier und dem Namen Lolobrigida ins Auge sticht und die Beschreibung von Soili auch an eine sinnbildhafte Lolita erinnert.

---

483 Wobei es sich hier um ein falsch wiedergegebenes Zitat handelt. Korrekt lautet dieses: „Wenn ich stehe, dann stehe ich, und wenn ich gehe, dann gehe ich [...]“ und ist ein Auszug einer fernöstlichen Weisheit, die angeblich ursprünglich vom einem Zen-Mönch stammt.. Siehe dazu u. a.: http://www.glaubeaktuell.net/portal/denkanstoss/index.php?IDD=1034318516, abgerufen am 12.05.2011 um 13:45 Uhr. Ein Film, der dieses Zitat enthält, ist mir nicht bekannt.

Neben den Verweisen auf reale Schauspieler, pflegt Haas auch Anspielungen auf Filmfiguren ein, deren darstellende Schauspieler dem Erzähler scheinbar gerade nicht geläufig sind. An die fiktive „Nscho-tschi" (DK, S. 77), also eigentlich an Marie Versini, aus den Winnetou-Verfilmungen erinnert ihn so die Schwester der verschwundenen Löschenkohl-Wirtin. Der „französische Schauspieler" (KsT, S. 27), „der immer den Don Camillo gespielt hat, und wenn er gelacht hat: Zähne wie ein Pferd" (KsT, S. 27), bezieht sich auf Fernandel. Der „Captain Kirk" (DeL, S. 28) aus der „Fernsehserie" (DeL, S. 28) ist William Shatner.

Im Bereich des Sports wird neben dem brasilianischen Fußballstar „Pelé" (DK, S. 25) auch der durch seinen „Jason-King-Schnurrbart" (KsT, S. 162) bekannte kanadische Eishockeyspieler Jason King namentlich erwähnt. Der „russische[] Stabhochspringer" (S!, S. 20) Srhij Bubka, der von 1983 bis 1997 sechs Mal hintereinander Weltmeister wurde,[484] wird hingegen nur beschrieben:

> Weil da hat es einmal einen russischen Stabhochspringer gegeben, der hat seinen Weltrekord immer nur um einen einzigen Zentimeter verbessert, obwohl er im Training schon zehn Zentimeter höher gesprungen ist, nur damit er die Millionenprämie jedes einzelne Mal wieder bekommt. (S!, S. 20)

Auch der Südtiroler Extrembergsteiger und Autor zahlreicher Bücher Reinhold Messner wird treffend und sarkastisch umschrieben, als der Erzähler Brenners Besteigung des Flakturms lobt. Denn „da hätten die vollbärtigen Berufsbergsteiger schon drei prächtige Bildbände und zehntausend Lichtbildervorträge und Fernsehdiskussionen und Parteigründungen und alles gemacht, um diese Besteigung gebührend zu feiern". (WdT, S. 192)

Die beiden Motorrad-Legenden „Jarno Saarinen" (DeL, S. 47) und „Renzo Pasolini" (DeL, S. 47) werden ausführlicher thematisiert, da Brenners verstorbener Freund Irrsiegler „immer so von dem finnischen Motorradweltmeister Saarinen geschwärmt hat" (DeL, S. 29) und deswegen „Saarinen" (DeL, S. 29) genannt wurde. Aber „Ironie des Schicksals, dass sein Polizei-

---

484 RP Online: Stabhochspringer holte sechs WM-Titel in Folge. Bubka will Karriere in Sydney beenden; in: RPO Archiv, 01.08.2000; auf: http://www.rp-online.de/sport/Bubka-will-Karriere-in-Sydney-beenden_aid_294367.html, abgerufen am 08.06.2011 um 22.30 Uhr.

schulfreund dann sogar noch drei Monate vor dem richtigen Saarinen mit dem Motorrad tödlich verunglückt ist". (DeL, S. 29) Die Geliebte des verstorbenen Irrsiegler eröffnet daraufhin „die beste Bar in Graz [...], das Pasolini" (DeL, S. 106), und nennt ihre ungeborene Tochter nach der „hübschen Witwe von seinem Liebling" (DeL, S. 194), der geliebten Frau des finnischen Motorradfahrers Saarinen, „Soili Saarinen". (DeL, S. 194) Der Lokalname, der auch an den italienischen Filmregisseur Pasolini (Vgl. DeL, S. 186) erinnert, resultiert allerdings aus ihrer „Sympathie für den Renzo Pasolini, weil er zusammen mit dem Saarinen gestorben ist". (DeL, S. 194) Haas' Verweis auf die Geschichte von „Jarno Saarinen und Renzo Pasolini" (DeL, S. 175), die zum Zeitpunkt der Romanveröffentlichung tatsächlich vor genau 30 Jahren bei einem Rennen in Monza tödlich verunglückt sind, entspricht der Realität. So bestätigt Paolo Montagna in *Monza*:

> Soon after the start of the 250 cc race of the 1973 Grand Prix of Nations, which took place on the combination road course without chicanes. a seized piston on Renzo Pasolini's bike sparked off an accident at the entrace to the big corner involving many competitors, in wich Pasolini and Jarno Saarinen both lost their lives.[485]

Dass Pasolini vermutlich aufgrund des fahrlässigen Verhaltens des Veranstalters unverschuldet auf einem Ölfilm ausgerutscht ist, schildert auch ein Artikel zum 25. Todestag von Jarno Saarinen im Motorsport-Magazin *Motorrad*.[486]

Im musischen Bereich werden der deutsche Opernsänger „Rudolf Schock" (DK, S. 87), der berühmte US-Sänger „Elvis Presley" (DK, S. 115), der Komponist „Richard Strauss" (S!, S. 64), der Jazz-Musiker „Louis Armstrong" (S!, S. 67) und der Bandleader „James Last" (S!, S. 101) genannt. Anspielungen und Informationen zu Brenners Idol „Jimi Hendrix"[487] finden sich allen Brenner-Romanen wieder – mit Ausnahme von DK.

---

485 Montagna 2005, S. 89.

486 Vgl. Lothar Kutschera: Der fliegende Finne; in: Motorrad, 03.06.1998; auf: http://www.motorradonline.de/de/motorraeder/archiv/25todestag-von-jarno-saarinen/180495, abgerufen am 06.06.2011 um 10.00 Uhr.

487 Eine detaillierte Schilderung der intertextuellen Bezüge auf Hendrix' Leben und das seiner Bandkollegen würde den Umfang dieser Arbeit sprengen. Daher muss an dieser Stelle darauf verzichtet werden.

Im gesellschaftspolitischen Leben finden die beiden monegassischen Prinzessinnen „Caroline von Monaco“ (DK, S. 153) und „Stephanie von Monaco“ (KsT, S. 18) ebenso Erwähnung wie der entführte und verstümmelte Milliardärsenkel „Paul Getty“ (S!, S. 126), für den auch die Anspielung auf „van Gogh“ (DBlG, S. 112) bzw. „Vincent van Gogh“ (S!, S. 125) in DBlG gedacht ist, sowie der US-Tycoon „Donald Trump“ (DBlG, S. 202-203). Auf den „Prinzen mit abstehenden Ohren“ (KsT, S. 142), Charles Mountbatten-Windsor, den Prinz von Wales, wird ebenfalls angespielt.

Auch die von Walt Disney geschaffene Comicfigur „Micky Maus“ (KsT, S. 117) wird durch Brenners Vergleich derselben mit dem „kleinen“ Berti, dem „Rettungsfahrer ohne Schnurrbart, aber mit Sonnenbrille, fast zwei Meter groß und so dünn wie eine Micky Maus“ (KsT, S. 117) in den Haupttext integriert. Als fiktive Kinderbuch-Figur „Pippi Langstrumpf“ (DBlG, S. 92) bezeichnet der Erzähler schließlich in DBlG den Bauleiter mit den vielen Sommersprossen. (Vgl. DBlG, S. 88)

Wie bei den Markennamen pflegt Haas auch bei den bekannten Persönlichkeiten bewusst einige österreichische ein. So findet sich der Erbauer der Semmering-Gebirgsbahn „Freiherr Ritter von Ghega“ (DK, S. 83), der auch „auf dem alten 20-Schilling-Schein oben gewesen“ (DK, S. 83) ist, neben dem österreichischen Komponisten und Dirigenten „Robert Stolz“ (DK, S. 84) wieder. Im musischen Bereich werden der österreichische Sänger, Schauspieler und Entertainer „Peter Alexander“ (DK, S. 84), „Hugo von Hofmannsthal“ (S!, S. 64), „Mozart“ (S!, S. 67) und die obligatorischen „Zillertaler-Schürzenjäger-Kassetten“ (KsT, S. 106) erwähnt.

4.7.4 Kirche und Religion

Besonders auffällig ist Haas' „Faible für Gottesbeweise“[488] und seine Bezüge auf aktuelles Geschehen in der römisch-katholischen Kirche, mit denen er nicht selten Kritik an dieser Institution übt.[489] Den „beißend satirischen Umgang“[490] damit pflegt Haas wohl nicht nur aufgrund seiner Eigenschaft

---

488 Christian Schachinger im Interview mit Wolf Haas: „Den habe ich mir eingetreten“; in: derStandard.at, 26.08.2009; auf: http://derstandard.at/1250691296113/STANDARD-Interview-Den-habe-ich-mir-eingetreten, abgerufen am 12.11.2010 um 12:15 Uhr.

489 Siehe z. B. der „Fall Groer“ in 3.5.2.

490 Jakob Buhre im Interview mit Wolf Haas: Wenn jemand besonders glänzend auftritt, versuche ich das Lächerliche daran zu sehen; in: Planet Interview,

als „Kirchenkritiker“,[491] sondern auch, weil er sich in diesem Milieu besonders gut auskennt. Haas stammt aus Maria Alm bei Salzburg, „wo die katholische Kirche die einzige vorhandene Kultur ist“.[492] Und so trifft auch Brenner auf ein Milieu, bei dem „überall, wo er hingestiegen ist, [...] eine Madonna [...] oder ein Heiliger“ (AdT, S. 85) seinen Weg kreuzen.

Erwartungsgemäß erhält Haas auch viel Kritik für seinen bösen Witz. So berichtet er in einem Interview in *News*: „Nach ‚Silentium!‘ hat mich einer angesprochen: ‚Ich möchte Sie auffordern, wahrheitsgetreuer über die katholische Kirche zu schreiben.‘ Ich wollte fast sagen: So bös, dass ich das tu, bin nicht mal ich.“[493] Im Folgenden werden einige intertextuelle Bezüge dieser Art dargestellt. Aufgrund der Fülle in den Brenner-Romanen handelt es sich dabei jedoch nur um einen Bruchteil der enthaltenen religiösen bzw. kirchlichen Verweise.

Dem Thema Sex und römisch-katholische Kirche mit dem umstrittenen Zölibat widmet sich Haas in AdT, indem Brenner als typischer österreichischer Alibi-Christ, der nur an Feiertagen und zu bestimmten Anlässen in die Kirche geht – so z. B. zur „Hochzeit seiner Schwester“ (AdT, S. 70) und zum „Begräbnis seines Kollegen Schmeller“ (AdT, S. 70) –, seit langem einmal wieder an einem Gottesdienst teilnimmt:

> «Sex und noch einmal Sex!» hat jetzt der Pfarrer ins Mikrofon gesagt, weil der Zeller Pfarrer hat gern über solche Themen gepredigt [...]
> «Heute beten die Leute den Sex an.»
> [...]
> «Schon im Kindergarten reden die Tanten über Sex.»“
> [...]
> Und dann natürlich ist es dem Brenner wieder so gegangen. Aus der Pubertät hat er das gekannt, aber daß es jetzt immer noch so ist. Das soll jetzt nicht irgendwie ding klingen. Aber jetzt hat ihn wieder diese unglaubliche Geilheit erfaßt. Genau so, wie es ihm früher immer gegangen ist, kaum daß er eine Kirche von innen gesehen hat.

13.02.2005; auf: http://www.planet-interview.de/wolf-haas-13022005.html, abgerufen am 06.03.2007 um 11.40 Uhr.

491 Ebd.

492 Ebd.

493 Renate Kromp im Interview mit Wolf Haas: Brenners Wiederkehr; in: News, Ausgabe 35/09, 26.08.2009, S. 72.

> Damals hat er geglaubt, es hängt damit zusammen, daß er in die Messe gehen muß, quasi mit dem Zwang. Aber jetzt trotzdem, obwohl er freiwillig da ist. Oder manchmal hat er auch geglaubt, es hängt mehr mit dem Körper zusammen, Beengtheit, unnatürliche Bewegungslosigkeit, weil in so einer Kirchenbank kniest du ja drinnen wie in einem Schraubstock. Oder er hat es sich mehr psychisch gedacht, quasi die Kirche will den Sex unterdrücken, jetzt wehrt sich die Natur.
> […]
> «Dies ist mein Leib», hat der Pfarrer jetzt gesagt, und vielleicht ist es auch seine Sex-Predigt gewesen, daß der Brenner jetzt an nichts anderes mehr denken hat können. (AdT, S. 73-76)

Der Erzähler erklärt im Text bereits selbst, inwiefern eine Beziehung zwischen der Natur im Sinne des menschlichen Sexualtriebs und der Unterdrückung dieses Bedürfnisses durch die Kirche besteht. In AdT ist diese Szene auch eine Metapher für die Unterdrückung der Natur, der Berge, durch den Menschen, verkörpert durch den Bau des Kraftwerks sowie für das Inzestverhältnis zwischen dem Vergolder Antretter und seiner Schwester. „Zell war immer schon ein Inzestloch" (AdT, S. 145), betont so der Pfarrer gegenüber der Handlosen.

Die Thematik der sexuellen Unterdrückung durch die Kirche nimmt Haas auch in DK auf, wo „dem Pfarrer [Anm.: von Brenners Heimatstadt Puntigam] eine Sexgeschichte nachgesagt" (DK, S. 84) wird. Und schließlich in S!, wo der Bischofskandidat Schorn der Unzucht mit einem Zögling beschuldigt wird und ein Verstoß gegen das Zölibat das Karriereende des Sportpräfekten Fitz bedeutet, der schließlich zum Frauenhasser und brutalen Mörder „im Sinne der Kirche" wird. Weil „wenn du heute keine eigene Familie haben darfst, […] quasi Amoklauf". (S!, S. 11) „Außerdem ist es ja längst allgemein bekannt, daß die Pfarrer –" (S!, S. 193), betont diesbezüglich auch der Erzähler.

Auch die Schwerfälligkeit der Kirche, die für jede Entscheidung Jahre bis Jahrzehnte benötigt, wird thematisiert, „weil in der Kirche ändern sich die Dinge ja nicht jede Saison". (AdT, S. 71) Von einem „Mordskonzil" (AdT, S. 71) spricht der Erzähler, von den Neuerungen in den 1960er-Jahren durch „Johannes, das ist der Papst damals gewesen, der dreiundzwanzigste, und der hat ja viele so Neuerungen gebracht damals". (AdT, S. 71) In der Realität findet diese Anspielung ihre Entsprechung im Zweiten Vatikanischen Konzil, das 1961 einberufen wurde. Während das Erste Vatikanum

1870 nach nur knapp zehn Monaten „wegen des Deutsch-Französischen Krieges [zwar] offiziell nur vertagt",[494] aber von keinem Papst später mehr aufgegriffen wurde, rief Papst Johannes XXIII. am 25.12.1961 zum Zweiten Konzil. Ziel war es, „die Kirche ‚für die Lösung der gegenwärtigen Probleme geeigneter zu machen'".[495] Papst Johannes XXIII. galt als ein „Papst des ‚Aufbruchs'",[496] der „demokratischer denkt als irgendein Kirchenmonarch vor ihm"[497] und „für die katholische Kirche neue theologische, politische und soziale Wegweiser setzte".[498] Er vertrat im Rahmen des Zweiten Vatikanums einen deutlich „freiheitlicheren Geist",[499] sorgte sich um eine „Annäherung der katholischen und nichtkatholischen Christen",[500] „gab den gläubigen Katholiken im Westen größere politische Freiheiten"[501] und „leitete erste Kontakte mit den Staaten des Ostblocks ein".[502] Papst Johannes XXIII. starb noch vor Beendigung des Zweiten Konzils – allerdings eines natürlichen Todes, was darauf verweist, dass Haas mit dem Begriff „Mordskonzil" (AdT, S. 71) tatsächlich nur den Umfang des Zweiten Konzils und nicht die Umstände rund um den Tod des Papstes meint.

Kritisiert wird auch die Spendenpolitik der Kirche, die bereits in 3.6 im Rahmen des Sprichworts „Das letzte Hemd hat keine Taschen" angesprochen wurde. So erklärt der Erzähler, dass die Kirche – vor allem in Salzburg, wo nur ein „paar Zentimeter zwischen zwei Salzburger Kirchen" (S!, S. 34) liegen – den Leuten „das Geld aus der Tasche" (S!, S. 38) zieht, ihnen „die Beichte ab[nimmt] und sonst auch alles". (S!, S. 86) Diese Spenden erinnern an den mittelalterlichen Ablasshandel, durch den man sich von seinen Sünden freikaufen konnte. So kaufen sich auch in S! die reichen Leute bei den Wohltätigkeitspartys „von ihrem schlechten Gewissen los[]"

---

494 Der Spiegel: Vater und Söhne. Vatikan / Papst-Nachfolge. Ausgabe 52, 26.12.1962, S. 42.

495 Ebd.

496 Kardinal Döpfner, zit. nach: Der Spiegel: Aufbruch. Kirche / Johannes XXIII. Ausgabe 24, 12.06.1963, S. 67.

497 Der Spiegel: Scharfe Kurve. Kirche / Konzil. Ausgabe 51, 19.12.1962, S. 40.

498 Der Spiegel: Aufbruch. Kirche / Johannes XXIII. Ausgabe 24, 12.06.1963, S. 66.

499 Ebd.

500 Ebd.

501 Ebd.

502 Ebd.

(S!, S. 125) und alleinstehende Personen haben „das Haus eben der Kirche vermacht". (S!, S. 86) Den Wunsch hinter solchen Aktionen lässt Haas ebenfalls in den Haupttext einfließen: „Die meisten vererben alles der Kirche, wollen sich einen Platz im Himmel sichern." (KsT, S. 173)

Neben den kirchlichen Themen finden sich in den Brenner-Romanen auch zahlreiche Begriffe, Symbole und Personen aus Bibel und neuem Testament. Zu David und Goliath als Fußballspieler in Klöch (Vgl. DK, S. 14) gesellen sich Adam und Eva als Redewendung in KsT und S! (Vgl. KsT, S. 61 und S!, S. 47) und Moses mit seinem roten Meer als bildliche Beschreibung von Brenners Kopfschuss in DeL (Vgl. DeL, S. 55). Auch „der liebe Gott" (erstmals in DeL, S. 47 und verstärkt in DBlG, ab S. 6), „Der Heilige Geist" (S!, S. 59), und „Jesus" (DeL, S. 85) finden neben der „Jungfrau Maria" (DBlG, S. 6), dem „Todesengel" (DeL, S. 167) und sogar einem „umgekehrte[n] Adam" (DBlG, S. 18-19) Erwähnung. Von der Kreuzigung und dem letzten Abendmahl spricht der Erzähler nach dem Tod des Bauunternehmers Kressdorf (Vgl. DBlG, S. 207), wörtlich zitiert werden nur Teile des apostolischen Glaubensbekenntnisses (Vgl. AdT, S. 74-75) und der Titel des „Vaterunser[s]" (KsT, S. 143 und DBlG, S. 104). Die Bibel selbst als physischer Gegenstand, als „das heilige Buch" (DeL, S. 159), wird allerdings erst in DeL eingeführt.

Der „Jüngste Tag" und der „heilige Zorn" sind von Haas gerne genutzte religiöse Begriffe. Der Verweis auf den „Jüngsten Tag" findet sich in vier Brenner-Romanen, der „biblische Zorn" spielt in drei Romanen eine Rolle. Vom Jüngsten Tag, dessen biblische Bedeutung bereits in einer Fußnote in 3.2.1 erklärt wurde, spricht der auktoriale Erzähler bereits in AdT von der Situation, als Lorenz Antretter seinen „Onkel", der ja eigentlich sein leiblicher Vater ist, auf einer Tankstelle tötet. (Vgl. AdT, S. 104) Bis zum Jüngsten Tag will die Ex-Freundin des ermordeten Fußballers Ortovic in ihrer Villa sitzen bleiben, um zu beweisen, dass sie für diesen Mord nicht verantwortlich ist. (Vgl. DK, S. 91) Bis zum Jüngsten Tag müsste auch der Brenner mit dem pedantischen Sanitäter Laireiter diskutieren, damit dieser ein Einsehen dafür hat, dass er seine abgehackten Finger nicht sofort ärztlich versorgen lässt, sondern erst noch einen Kollegen retten will. (Vgl. DK, S. 142) Brenners Lethargie in S! bringt die Mutter Oberin in der Krankenstation dazu, ihm vorzuwerfen, dass er so bis zum Jüngsten Tag nicht gesund werden würde. (Vgl. S!, S. 151). Und letztlich erwähnt der Erzähler noch beiläufig, dass die Sängerknaben im Wiener Augarten „bis zum Jüngsten Tag" (WdT, S. 110) Heintjes *Mama* singen können.

Der biblische Zorn, auch als „heiliger Zorn“ oder „Zorn Gottes“ bekannt, meint die gerechte Rache Gottes an den Menschen, die eine Sünde begehen oder nicht seinem Willen gehorchen:

> Alle Menschen sind nämlich dem Gericht Gottes verfallen und dieses Gericht beginnt schon offenbar zu werden. Sein heiliger Zorn wird vom Himmel herab alle treffen, die Gott nicht ehren und seinen Willen missachten. Mit ihrem verkehrten Tun verdunkeln sie die offenkundige Wahrheit Gottes.[503]

Auch die Strafe für derartige Verbrechen wird in der Bibel klar definiert: „Denn der Sünde Sold ist der Tod; die Gabe Gottes aber ist das ewige Leben in Christus Jesus, unserm Herrn.“[504] Dieser biblische Zorn erfasst in DK die Klöcher Fußballspieler, als sie gegen den divisionshöheren Verein aus Oberwart antreten dürfen, weil „große Chance für die Kleinen, da glaubt jeder Kleine, heute werfen wir den Goliath aus dem Cup, praktisch biblischer Zorn“. (DK, S. 14) Auch die biblische Geschichte von David und Goliath findet hier Verwendung. Vom heiligen Zorn spricht der Erzähler auch in AdT, als Brenner die Handlose auf den vorgetäuschten Tod ihres Sohnes anspricht. (Vgl. AdT, S. 136) Und schließlich trifft der biblische Zorn auch die Kreuzretter in KsT. (Vgl. KsT, S. 110) Doch anstatt ihnen etwas anzutun, rächt sich die zuckerkranke „Schreckschraube“ (KsT, S. 110) Frau Rupprechter an dem Funkgerät im Rettungswagen, indem sie „vor Ungeduld und Zorn gleich das Kabel herausgerissen“ (KsT, S. 118) hat.

Der letzte Brenner-Roman erinnert an die Schilderung der biblischen sieben Plagen, die den „Zorn Gottes“,[505] der sich ja bereits in einigen Brenner-Romanen gezeigt hat, vollenden:

> Er ließ Finsternis kommen und machte es finster; doch sie blieben ungehorsam seinen Worten. Er verwandelte ihre Wasser in

---

503 Röm 1,18; in: Bibel nach der Übersetzung Martin Luther in der revidierten Fassung von 1984; auf: http://www.bibleserver.com/#/text/LUT/R%C3%B6mer1, abgerufen am 26.05.2011 um 11.00 Uhr.

504 Röm 6,23; in: Bibel nach der Übersetzung Martin Luther in der revidierten Fassung von 1984; auf: http://www.bibleserver.com/#/text/LUT/R%C3%B6mer6, abgerufen am 26.05.2011 um 11.00 Uhr.

505 Vgl. Offenbarung 15,1-7; in: Bibel nach der Übersetzung Martin Luther in der revidierten Fassung von 1984; auf: http://www.bibleserver.com/text/LUT/Offenbarung15%2C1, abgerufen am 07.06.2011 um 12.50 Uhr.

> Blut und tötete ihre Fische. Ihr Land wimmelte von Fröschen bis in die Kammern ihrer Könige. Er gebot, da kam Ungeziefer, Stechmücken in all ihr Gebiet. Er gab ihnen Hagel statt Regen, Feuerflammen in ihrem Lande und schlug ihre Weinstöcke und Feigenbäume und zerbrach die Bäume in ihrem Gebiet. Er gebot, da kamen Heuschrecken geflogen und gekrochen ohne Zahl; sie fraßen alles, was da wuchs in ihrem Lande, und fraßen auch die Frucht ihres Ackers. Er schlug alle Erstgeburt in Ägypten, alle Erstlinge ihrer Kraft.[506]

Die Finsternis lässt sich mit dem dunklen Gemützustand der Eltern von Helena erklären, nachdem ihr Kind entführt wurde. Das in Blut verwandelte Wasser stellt die Jauchegrube dar, die einige Tote beherbergt. Die Frösche, die „bis in die Kammern ihrer Könige" vordringen, stehen als Symbol der Fruchtbarkeit wohl für die Thematik der ungewollten Schwangerschaften in DBlG, die sogar den Bauunternehmer selbst betrifft, da er der einzige Protagonist ist, der scheinbar keine Kinder zeugen kann.[507] Die Stechmücken kommen personlich als „Mückenschwärme" (DBlG, S. 121) im Haupttext vor, allerdings führen sie Brenner zur Leiche anstatt ihn zu verletzen. Die Schilderung von Hagel, Feuerflammen usw. deutet auf die völlige Zerstörung von Kressdorfs Leben hin – sowohl beruflich als auch privat. Die Heuschrecken sind die Reporter, die über das Unglück von Frau Dr. Kressdorf berichten wollen und sich „auf sie gestürzt [hätten], frage nicht". (DBlG, S. 214) Die Erstgeborene ist eindeutig Helena, doch ihr Überleben, das der Vollendung der sieben Plagen und somit auch dem Zorn Gottes widerspricht, könnte als Hinweis Haas' betrachtet werden,

---

506 Psalm 105,28-36; in: Bibel nach der Übersetzung Martin Luther in der revidierten Fassung von 1984; auf: http://www.bibleserver.com/#/text/LUT/Psalmen105, abgerufen am 07.06.2011 u 13.10 Uhr.

507 So empfängt Frau Dr. Kressdorf ungeplant ein Kind von ihrem Geliebten Obersenatsrat Stachl, obwohl sie eigentlich zuvor jahrelang erfolglos mit ihrem Mann durch zahlreiche Behandlungen versucht hat, schwanger zu werden. Ihre Fruchtbarkeit und die Unfruchtbarkeit ihres Mannes werden ihr zum Verhängnis. Der Obersenatsrat wird dadurch zum ungewollten, fruchtbaren Vater. Bankdirektor Reinhard kann durch eine Abtreibung gerade noch verhindern, dass seine Fruchtbarkeit Auswirkungen auf die minderjährige Sanja haben. Auch Kommissar Peinhaupt leidet an seiner Fruchtbarkeit und muss für fünf ungeplante Kinder Alimente zahlen und sogar Brenner ist vor Jahren davon ausgegangen, fruchtbarer Vater zu sein.

dass irgendwann vielleicht doch noch ein weiterer Brenner-Roman folgen könnte.

Schließlich verweist Haas in seinen Brenner-Romanen auch gerne auf berühmte Orte und Gegenstände, die die Kirche verehrt, wie das Grabtuch von Turin (Vgl. DK, S. 39), „Pater Pio, den sie in Italien so anbeten, weil der hat diese Wundmale gehabt, die zu den hohen Feiertagen zu bluten angefangen haben“ (DeL, S. 219), und den portugiesischen Wallfahrtsort „Fatima“ (WdT, S. 154), der durch seine „Marienerscheinung“ (S!, S. 200) berühmt wurde. Auch das Paradies in seiner irdischen Bedeutung wird mehrfach erwähnt. So ist das Haus mitten in Wien, das nur von Hunden bewohnt wird, für diese laut dem Erzähler ein Paradies (Vgl. WdT, S. 65) und das Auftreten von Soili Aschenbrenner in deren Wohnung erinnert Brenner ebenfalls an das Paradies. (Vgl. DeL, S. 65 und 69-70) Zum Ausgleich findet natürlich auch die Hölle – und mit ihr der Teufel (Vgl. KsT, S. 7) – in mehreren Brenner-Romanen und Begriffen wie dem „Höllenlärm“ (DK,.120), dem „Höllentempo“ (KsT, S. 8) und der „Ehehölle“ (WdT, S. 168) Erwähnung (Vgl. DK, KsT, S!, DeL, DBlG) – manchmal allerdings auch im Rahmen einer Redewendung: „Aber er hat unbedingt wieder damit anfangen und meinem Schwiegersohn das Leben zur Hölle machen müssen.“ (DeL, S. 195)

Schlussendlich werden auch andere Religionen in die Brenner-Romane integriert. So kommentiert der Erzähler – natürlich ironisch wie immer – die Jenseitsvorstellungen der einzelnen – nicht namentlich genannten – Religionen im Rahmen von Brenners Gedanken in DBlG:

> Da gibt es ja viele Gedankengebäude, und ich sage, man soll nicht zu viel darüber nachdenken, weil es bringt nichts.
> Der Brenner war da anders, der hat schon früh den festen Glauben gehabt, dass oft gerade die schönsten Frauen wissen wollten, ob man nur schnell ein Mann für ein Leben ist oder ob sie auch im Jenseits mit einem rechnen können. […] Eine Zeitlang waren asiatische Meinungen gefragt, und Wiedergeburt der letzte Schrei, dann wieder, dass in der ganzen Natur alles irgendwie drinnen steckt, dann bist du wieder mit den Schamanen gut gefahren. Es hat aber auch welche gegeben, die haben den Widerstand gebraucht, da hat der Brenner gesagt, er gibt leider nichts nachher, weil bei denen hat das mehr gebracht, als wenn du ihnen den Himmel garantiert hast. (DBlG, S. 118-119)

Auch der Hinduismus bzw. „ding, wo sie keine Kühe essen dürfen" (KsT, S. 92), wird nur umschrieben. Die „Zeugen Jehovas" (DBlG, S. 212) und der „Buddhismus" werden jedoch schließlich doch beim Namen genannt.

Kennzeichnend für den Großteil der kirchlichen und religiösen Verweise in den Brenner-Romanen ist die starke Ironie in den Schilderungen. „Du sollst nicht trinkgeldgeil sein" (DK, S. 52), lautet so Brenners Empfehlung an die Hostess der Kaffeefahrt in DK in der unverwechselbaren Formulierung der zehn Gebote. Weiters erfährt Brenner bei seiner Rettung aus der heißen Dusche in S! aufgrund Renés Tätowierung von seiner Jugendfreundin Mariechen Schaumburg eine „Mariechen-Erscheinung" (S!, S. 201) anstatt einer „Marienerscheinung" (S!, S. 200) und Jesus, der eigentlich übers Wasser wandeln sollte,[508] sieht Brenner in DBlG im Scheißesee versinken. (Vgl. DBlG, S. 186) Der Erzähler bezeichnet die Abtreibungsgegner vor der Kressdorf-Klinik als „Rosenkranzrowdys" (DBlG, S. 7) und „Säulenheilige[]" (DBlG, S. 15), die Institution Kirche ist für ihn ein Verein von „Kerzenschluckern". (KsT, S. 175) Dass das staubige Papstfoto in KsT Brenner an einen Witz erinnert, zeugt ebenfalls von bösem Humor: „[...] daß der Papst als Fernsehkandidat bei «Wetten daß» antritt, weil er alle Flughafenrollbahnen der Welt am Geschmack unterscheiden kann". (KsT, S. 51) Dann korrigiert der Erzähler auf Brenners Erklärung eines Kirchenlied hin – „Kirche. Wo man Wein trinkt. Keine Shakes mit Regenschirmchen" (KsT, S. 130) –, „daß es heute schon Pfarreien gibt, die mit der Mode gehen und auch die Regenschirmchen haben". (KsT, S. 130) Die Sekretärin der Blutbank hatte das Wort „Kirchenlied" zuvor akustisch in ihrem Rausch als „Kirschenlied" verstanden. Ironisch – da es an Jesus und seine Auferstehung erinnert – ist auch, dass Brenner genau 30 Tage nach seinem Unfall, den er für einen Mordversuch hält, „vom Totenreich zurückkehrt" (DeL, S. 8) und auch einen Roman später das Gefühl hat, er sei „direkt in den Himmel aufgefahren". (DBlG, S. 131)

4.7.5 Politisches Geschehen

Neben dem bereits in 3.5.4 ausführlich geschilderten intertextuellen Bezug auf die Geschehnisse rund um den Tiroler Bankdirektor Fritz Hakl ver-

---

508 Vgl. Mt 14,25; in: Bibel nach der Übersetzung Martin Luther in der revidierten Fassung von 1984; auf: http://www.bibleserver.com/#/text/LUT/Matth%C3%A4us14, abgerufen am 07.06.2011 um 12.10 Uhr.

weist Haas in seinen Brenner-Romanen auch auf den einen oder anderen Politiker bzw. auch auf politische Entscheidungen.

So spricht der Erzähler in KsT vom „Wiener Bürgermeister“ (KsT, S. 43), aber nicht von „dem jetzigen, neben dem bald mal wer eine gute Figur macht. Neben dem früheren Bürgermeister – der mit der Frau, du weißt schon. Wo die Praternutten eine Zeitlang als Bürgermeisterinnen gegangen sind“ (KsT, S. 43) Der „jetzige“ Wiener Bürgermeister ist der etwas füllige-re Michael Häupl, der bereits seit 1994 im Amt ist und auch in DBlG noch einmal erwähnt wird. (Vgl. DBlG, S. 114) Haas' Anspielung meint somit wohl den „ehemalige[n] Lehrer, Journalist, ORF-Programmdirektor, Kulturstadtrat und Unterrichtsminister“[509] Helmut Zilk, der von 1984 bis 1994 Bürgermeister der Stadt Wien war.[510] Die Frau an seiner Seite war die österreichische Schauspielerin, Sängerin und Musicalstar Dagmar Koller, mit der er seit 1978 verheiratet war. Der Hinweis auf die Praternutten meint wohl den Umstand, dass Dagmar Koller in den 1970er-Jahren das Freudenmädchen Irma La Douce im gleichnamigen Musical in Köln spielte.[511] Für diese Rolle „studierte sie [1974], schon mit Helmut Zilk, das Nuttenmilieu in Paris“.[512] Dafür „lernte die Grande Dame in Strapsen auf der Bühne, die Waffen einer Frau gezielt einzusetzen“.[513]

Einen kurzen Verweis widmet Haas auch dem 1963 ermordeten Präsidenten der Vereinigten Staaten von Amerika, John Fitzgerald Kennedy, da der Geliebte von Fräulein Schuh und der Vater des Sportpräfekten Fitz (eigentlich Fitzgerald) diesem so ähnlich gesehen hat:

> «Der John F. Kennedy war es, aber sag's bitte nicht weiter. Darum hab ich ihn ja auch nach ihm getauft.» Weil 1963 das Atten-

---

509 ORF Wien zu „Wiener Wahl 05“, 23.10.2005; auf: http://wien.orf.at/stories/65731/, abgerufen am 07.06.2011 um 22.30 Uhr.

510 Vgl. ebd.

511 Vgl. ORF Wien: „Koller: ‚Die Kunst eine Frau zu sein‘“, auf: http://wien.orf.at/magazin/magazin-/trends/stories/485873/, abgerufen am 08.06.2011 um 15.20 Uhr.

512 News-Review: Dagmar Koller – 70. Geburtstag; auf: http://www.news.at/nw1/gen/slideshows/slide/show;leute/frauen_neu/k/koller_dagmar/;kid;40;pos;-27?flags=nopop;1, abgerufen am 08.06.2011 um 15.15 Uhr.

513 ORF Wien: „Koller: ‚Die Kunst eine Frau zu sein‘“, auf: http://wien.orf.at/magazin/magazin/trends-/stories/485873/, abgerufen am 08.06.2011 um 15.20 Uhr.

tat auf den John F. Kennedy, Amerika drüben, von der Jackie Onassis der erste Mann, das war damals in aller Munde, ja was glaubst du, Lee Harvey Oswald auf der Gegenseite, siehst du, alles fällt mir wieder ein. (S!, S. 60)

Auch der britische Politiker Winston „Churchill" (DBlG, S. 66) findet im Brenner-Roman DBlG Erwähnung. Churchill, der – ähnlich wie Haas – über eine ganze „Sammlung von Bauernregeln"[514] in seinen Reden verfügte, „achtete auf seinen Mittagsschlaf". Und so rastet sich auch Bankdirektor Reinhard, der aufgrund seiner Leibesfülle optisch etwas an Churchill erinnert, täglich in seinem „Refugium" (DBlG, S. 66), einer Suite im Hotel Imperial, aus – nach dem adaptierten Motto Churchills: „Mit einem Mittagsschlaf mache ich aus einem Tag zwei." (DBlG, S. 66)

Mit dem Hinweis – „Oder, sagen wir, oben, Schleswig-Holstein, mit dem, wo man den in der Badewanne gefunden hat" (AdT, S. 51) – verweist der Erzähler auf den schleswig-holsteinischen CDU-Politiker Uwe Barschel, der am 11.10.1987 tot in der Badewanne eines Genfer Hotelzimmers aufgefunden wurde.[515] Offiziell gilt die Todesursache als ungeklärt, der Verdacht eines Suizids oder z. B. eines Verbrechen durch den Mossad[516] sind allerdings ebenfalls in Betracht zu ziehen. Dieser „nasse" Tod dient aber auch gleichzeitig als Hinweis auf den angeblichen Tod der Handlosen durch Ertrinken. So bestätigt auch ihr Sohn: „Meine Mutter ist ja verschwunden. Also nach meiner Geburt. Wahrscheinlich im See, sagen die Leute." (AdT, S. 63)

Die „Arbeitsplatzaktion Aktion 8000 vom Ministerium" (KsT, S. 19), von der der Erzähler in KsT berichtet, wurde in Österreich tatsächlich in den 1980er-Jahren von Sozialministerium initiiert. Ziel diese Programmes war es, „8000 neue Arbeitsplätze für Langzeitarbeitslose im Non-Profit-Sektor

---

514 F.A.Z.-Buchrezension: Das Churchill-Prinzip. Wie ein Alphatier funktioniert; in: Frankfurter Allgemeine Zeitung, 29.08.2007, Nr. 200, S. 34.

515 Vgl. Focus online: Schimanski, Dallas. Mauerfall; auf: http://www.focus.de/politik/deutschland/60-jahre-bundesrepublik/80er-jahre-schimanski-dallas-mauerfall_aid_378850.html, abgerufen am 14.05.2011 um 10.10 Uhr

516 D. Banse und L. Wiegelmann: Uwe Barschel, der Tote in Zimmer 317; in: Welt online, 21.11.2010; auf: http://www.welt.de/politik/deutschland/article11104929/Uwe-Barschel-der-Tote-in-Zimmer-317.html, abgerufen am 14.05.2011 um 10.20 Uhr.

zu schaffen".[517] Der kleine Berti aus KsT ist genau so ein Fall, „zuerst Achttausender und jetzt angestellt". (KsT, S. 110) Er arbeitet für die Kreuzrettung, eine soziale Non-Profit-Organisation, wie es auch in der Realität gewünscht war, denn die „Arbeit musste [...] dem öffentlichen allgemeinen Interesse entsprechen, Privatfirmen waren vom Förderprogramm ausgeschlossen".[518] Nachdem „das Ministerium den Kreuzrettern die Aktion 8000 und die Zivildiener gestrichen hat" (KsT, S. 20), verlieren sie ihre Vormachtstellung in diesem Sektor und auch der Plan einer „Doppelstrategie"[519] zur „Verbesserung des Angebots an sozialen öffentlichen Diensten"[520] konnte so nicht mehr eingehalten werden.

Einen kritischen Seitenhieb verübt der Erzähler in DeL auf die Vergabe von Tabaktrafiken in Österreich:

> Heute kann ja in Österreich schon jeder eine Trafik betreiben, da zahlst du einem Beamten eine gewisse Schmiergeldsumme, und du hast ganz regulär deine Trafik. Aber das war nicht immer so, weil nach dem Krieg haben sie gesagt, da machen wir für die Kriegsinvaliden eine kleine Hilfe, und da soll die staatliche Tabakgeschichte nicht jeder kriegen, weil Tabak immer Lebensgrundlage, sondern da soll einmal der Kriegsinvalide zum Zug kommen. An sich eine gute Idee, weil Trafikant ist ein Beruf, den kannst du auch mit nur einem Bein betreiben, mit einem Arm, ich sage, Trafikant kriegst du sogar mit dem einen oder anderen Splitter im Kopf gut über die Runden, wenn dir die Frau bei der Abrechnung hilft. (DeL, S. 57)

Tatsächlich entspricht die Anspielung auf die Vergaberichtlinien von Tabaktrafiken sowie die Bevorzugung von Invaliden[521] – auch heute noch –

---

517 Katrin Alterwegmair: Popular Education, Solidarity-based Economy and Urban Development; auf: http://www.paulofreirezentrum.at/index.php?art_id=849, abgerufen am 27.05.2011 um 14.00 Uhr.

518 Ebd.

519 Ebd.

520 Ebd.

521 Vgl. Tabakmonopolgesetz 1996, § 29, Vorzugsrechte; auf: http://www.ris.bka.gv.at/Geltende-Fassung.wxe?Abfrage=Bundesnormen&Gesetzesnummer=10005006, abgerufen am 08.06.2011 um 16.10 Uhr.

der Schilderung des Erzählers.[522] Die Kritik gilt wohl der Tatsache, dass die Trafiken oft innerhalb der Familie weitergegeben werden und somit etliche Behinderte um eine selbstständige Arbeitsstelle fallen.

4.7.6 Kunst und Kultur

Nicht nur zur bildlichen Unterstützung der Romanhandlung und zur Schaffung einer fiktiven Realität, sondern auch um sein Wissen über die Kunst- und Kulturszene vermitteln zu können, lässt der auktoriale Erzähler immer wieder beiläufig Informationen über Künstler und Kunstwerke einfließen, kommentiert und thematisiert. Im Folgenden sollen einige dieser intertextuellen Bezüge aufgezeigt werden.

Der Vergleich des auktorialen Erzählers zwischen dem Haus des Vergolders in AdT und den surrealen, bildnerischen Werken eines Malers, die auch im Sinne Lotmans als künstlerische Texte „nach dem Typus der Sprache“[523] begriffen und somit als für meine Intertextualitätsanalyse relevant erachtet werden können, ist ein interessanter, verfolgt jedoch keine weiterführende Funktion für den Haupttext:[524]

> Und wie ihn da der Vergolder durch ein paar Gänge und über zwei, drei Stiegen voller Antiquitäten schleppt, verliert er natürlich sofort die Orientierung.
> [...] und da hat sich der Brenner überhaupt nicht mehr ausgekannt, weil es sind nur ein paar Schritte bis zur Haustür gewesen, und vorher ist er doch über ein paar Stiegen und Gänge hinter dem Vergolder hergegangen.
> Jetzt ist er sich momentan vorgekommen wie in diesen Bildern, kennst du vielleicht, wo die Leute über eine Stiege hinaufgehen, immer hinauf, aber plötzlich sind sie wieder am Anfang, also, was es in Wirklichkeit nicht geben kann, weil sie ja dauernd hinaufgegangen sind, und plötzlich wieder unten. Da gibt es so einen Maler, der macht dich ganz nervös. (AdT, S. 85, 90)

---

522 Vgl. Monopolverwaltungs GmbH: Geschichte der Monopolverwaltung; auf: http://www.mvg.at/index.php?cid=73, abgerufen am 08.06.2011 um 16.15 Uhr.

523 Lotman 1973, S. 23.

524 Wobei das Einbinden eines vor allem bei der Popkultur des 20. Jahrhunderts beliebten Malers sehr wohl für als für Haas Verbindung zur Popkultur bzw. Postmoderne betrachtet werden kann.

Bei den beschrieben Bildern, die auch in S! noch einmal Erwähnung finden – „Das ist wie bei diesen modernen Bildern, wo die Leute immer aufwärts gehen, obwohl sie gleichzeitig im Kreis gehen. Kennen Sie die? Surreal!" (S!, S. 113-114) – handelt es sich um die Illusionsmalerei von Maurits Cornelis Escher, einem bekannten niederländischen Künstler und Grafiker.[525] Ungewöhnlich ist, dass Haas seinen Namen weder in AdT noch in S! erwähnt.

Der fiktive steirische Künstler „Julius Palfinger" (DK, S. 68) aus DK, der in einem Bordell einen regelrechten „Saustall" (DK, S. 65) anrichtet, erinnert an den realen, ebenfalls aus der Steiermark stammenden Aktionskünstler Günter Brus, der durch Kunstwerke mit Selbstverstümmelungen bekannt wurde: „Wie das Destruktive zur Kunst gehört, gehört es für ihn zum Leben."[526] Der Erzähler kritisiert Brus' Werke, „[w]eil das ist heute in der Kunst erlaubt, daß einer mit etwas Gefundenem hergeht, früher hätte das vielleicht nicht gegolten, aber heute überall Reformen [...]. Jetzt haben sie die Metzgertische vom Horvath gelten lassen". (DK, S. 120) Brus erhält 1996 – ebenso wie Palfinger in DK – den „Große[n] österreichische[n] Staatspreis für bildende Kunst" (DK, S. 69). Auch dieser unmarkierte Bezug hat keine weitere Funktion für den Haupttext.

In DK erwähnt der auktoriale Erzähler den „modernen Kirchturm" (DK, S. 92) von Feldbach. Dieser Kirchturm wurde „nach einem Entwurf des Grazer Künstlers Gustav Troger"[527] von 20 Jugendlichen als Zeichen der Brüderlichkeit 1987 tatsächlich mit „bunten Farbflecken" (DK, S. 93) angemalt.

Amüsant ist auch der Verweis des auktorialen Erzählers auf „die Professionellen" (S!, S. 168), die bei den Salzburger Festspielen[528] abends „Liebes-

---

525 Gemeint sind vermutlich folgende Bilder: „Relativity" (1953) und „Ascending and Descending" (1960), beide einzusehen in der Bildergalerie der offiziellen Website des Künstlers: http://www.mcescher.com/, abgerufen am 15.05.2011 um 13.20 Uhr.

526 E. Znaymer: Das Denken ist ein Unfall; in: Datum; auf: http://www.datum.at/0505/stories/782980/, abgerufen am 06.06.2011 um 14.05 Uhr.

527 Siehe dazu die Website der Pfarre Feldbach: http://feldbach.graz-seckau.at/?d=der-turm, abgerufen am 18.05.2011 um 14.30 Uhr.

528 Die Salzburger Festspiele können ihrerseits ebenfalls als intertextueller Bezug angenommen werden. Eine detaillierte Analyse würde jedoch den Rahmen dieser Arbeit sprengen.

geschichten von dem Salzburger Wunderkind"[529] (S!, S. 168) spielen. So z. B. auch ein „Stück, das sogar in einem Bordell spielt". (S!, S. 168) Gemeint ist Mozarts Oper *Entführung aus dem Serail*, in der zwei von Piraten entführte und versklavte Frauen mithilfe ihrer Liebhaber aus dem Harem des Sultans Bassa Selim fliehen wollen.[530] Die Formulierung der „Professionellen" in Bezug auf die Festspiele und Mozarts Oper weist eine offensichtliche Mehrdeutigkeit auf. Der Erzähler meint mit den „Professionellen" zwar nur professionelle Musiker, da der Hinweis auf die Oper allerdings erst danach folgt, muss der Rezipient wohl auch an Prostituierte denken, die umgangssprachlich auch als „Professionelle" tituliert werden. Diese Bezeichnung für Prostituierte bestätigt sich in KsT, als der Sanitäter Munz dem Bimbo vorrechnet, wieviel er für eine orale Befriedigung bei einer „Professionellen" (KsT, S. 38) zahlen müsste.

---

529 Gemeint ist hier natürlich Wolfgang Amadeus Mozart, der bereits zuvor nur beschrieben und nie namentlich genannt wurde. (Vgl. S!, S. 24-25)

530 Vgl. Mozart 2005.

5 Haas zwischen Postmoderne und Popliteratur?

Die Literatur der Postmoderne[531] ist von „Mehrfachkodierung und Pluralismus"[532] geprägt. Mit der Pluralität als dem „Schlüsselbegriff der Postmoderne"[533] ist vor allem die „Pluralität von Sprachen, Modellen, Verfahrensweisen [...] und zwar nicht bloß in verschiedenen Werken nebeneinander, sondern in ein und demselben Werk, also interferentiell"[534] gemeint. Laut Welsch werden erst durch die Pluralität die typisch postmodernen Begriffe – „Ende der [vereinheitlichend-verbindlichen] Meta-Erzählungen, Dispersion des Subjekts, Dezentrierung des Sinns, Gleichzeitigkeit des Ungleichzeitigen, Unsynthetisierbarkeit der vielfältigen Lebensformen und Rationalitätsmuster"[535] – verständlich.

In direktem Zusammenhang mit der Postmoderne und dem Begriff der Pluralität steht die bulgarische Literaturtheoretikern Julia Kristeva, die mit ihrem Intertextualitätsbegriff auch die Postmoderne begründet hat. Der Begriff der Intertextualität wurde von ihr jedoch derart radikal generalisiert, dass für sie „*alles*, oder doch zumindest jedes kulturelle System und jede kulturelle Struktur, Text"[536] darstellt. Im Rahmen der Begriffsstimmung in 1.1 und 1.2 konnte aufgezeigt werden, dass für die umfassende Analyse der Brenner-Romane zwar ein etwas weiter gefasster Textbegriff vonnöten ist, für die Definition der „Kriterien für die Intensität intertextueller Verwei-

531 Für das folgende Kapitel orientiere ich mich an dem Begriff der Postmoderne nach Wolfgang Welsch, dessen Forschungen bereits die Grundlage für etliche weiterführende Diskussionen bilden. Eine genaue Definition des Postmoderne-Begriffs, seine Entwicklung in Literatur, Philosophie und Soziologie sowie seine Einordnung in eine literarische Epoche würde den Umfang dieser Arbeit sonst sprengen.

532 Borchmeyer 1994, S. 352.

533 Welsch 2008, S. XVII.

534 Ebd., S. 17.

535 Ebd., S. XVII.

536 Broich/Pfister 1985, S. 7.

se“[537] nach Pfister jedoch ein enger gefasster, „nicht [...] poststrukturalistischer Intertextualitätsbegriff“[538] herangezogen werden muss, der es ermöglicht, „Intertextualität von Nicht-Intertextualität zu unterscheiden“[539] und nicht von der „undifferenzierten Universalität“[540] bestimmt wird, die den postmodernen Begriff ausmacht. Welsch besteht hier aber darauf, dass nicht die Literatur beliebiger, sondern das „Feld der Wahrnehmung [...] breiter geworden“[541] ist.

Dem „globale[n] Modell des Poststrukturalismus, in dem jeder Text als Teil eines universalen Intertexts erscheint“,[542] das eine „potentiell unendliche Verweisstruktur“[543] aufweist, steht also das strukturalistische bzw. hermeneutische Modell gegenüber, bei dem „Intertextualität auf bewußte, intendierte und markierte Bezüge zwischen einem Text und vorliegenden Texten oder Textgruppen“[544] eingeengt wird. Somit ist auch der „Trivialslogan“[545] des österreichischen Philosophen Paul Feyerabend „anything goes“,[546] das allgemeine „Schlagwort für Beliebigkeit“,[547] ebenso wie Kristevas Intertextualitätsbegriff für eine effiziente Intertextualitätsanalyse, für die Definition der Pluralität der Postmoderne ungeeignet. Denn die „‚Postmoderne‘ ist eine anspruchsvolle Konzeption, kein Relax-Szenario“.[548]

Welsch spricht diesbezüglich von einer Schlüsselerfahrung der Postmoderne, wenn „ein und derselbe Sachverhalt in einer anderen Sichtweise sich völlig anders darstellen kann und daß diese andere Sichtweise doch ihrerseits keineswegs weniger ‚Licht‘ besitzt als die erstere – nur ein andere“.[549]

---

537 Ebd., S. 26.

538 Ebd., S. X.

539 Ebd.

540 Ebd.

541 Welsch 2008, S. XIV.

542 Broich/Pfister 1985, S. 25.

543 Ebd., S. 24.

544 Ebd., S. 25.

545 Welsch 2008, S. 38.

546 Welsch 1988a, S. 41.

547 Ebd., S. 41-42.

548 Welsch 2008., S. 323.

549 Ebd., S. 5.

In diesem Sinne lässt sich z. B. der Titel von Haas' AdT je nach Sichtweise und Exegese unterschiedlich verstehen, wie in 3.2.1 bereits ausführlich beschrieben wurde. Thomas Anz empfiehlt sogar eine „literaturwissenschaftliche Hedonistik, die das Überleben des Buches mittels Befriedigung pluralistischer Leselüste sichern soll".[550] Seiner Meinung entsprechend sorgen schließlich auch Haas' Brenner-Romane großteils dafür, dass die „Lust am Schönen und am Schrecklichen, an Spannung und Entspannung, am Lachen und am Weinen, am Erotischen, Sexuellen und Pornographischen"[551] wieder aktiviert wird.

„Der ideale postmoderne Roman müßte den Streit zwischen Realismus und Idealismus, Formalismus und ‹Inhaltismus›, reiner und engagierter Literatur, Elite- und Massenprosa überwinden…", [552] betont John Barth und lehnt sich damit vermutlich an Leslie A. Fiedler an, nach dessen Ansicht der postmoderne Künstler „Elitäres und Populäres, Wahrscheinliches und Wunderbares, Wirklichkeit und Mythos, Bürgerlichkeit und Phantastik, Professionalität und Amateurstatus"[553] verbinden soll.

Ihab Hassan erfasst in seinem Aufsatz „Postmoderne heute" folgende Merkmale der Postmoderne: Unbestimmtheit, Fragmentarisierung, die Auflösung des Kanons, der Verlust von „Ich", von „Tiefe", das Nicht-Zeigbare, Nicht-Darstellbares, Ironie, Hybridisierung, Karnevalisierung, Performanz und Teilnahme, Konstruktcharakter, Immanenz.[554] Als wichtigstes Charakteristikum für postmoderne Texte sieht Stefan Neuhaus jedoch das Spiel „mit literarischen Traditionen",[555] um eine beabsichtigte Wirkung zu verstärken.[556] Aufgrund dieser gewünschten Wirkungsverstärkung spielt wohl auch Haas – wie vor ihm schon Patrick Süskind – ab und an mit den „Bauformen verschiedener Gattungen",[557] erlaubt sich ein „Spiel mit Genremustern".[558] So erinnert nicht zuletzt AdT – wie bereits in 3.1.2 beschrieben – auch an eine griechische Tragödie. Haas weist auf die-

550 Thomas Anz, zit. nach Kopp-Marx 2005, S. 43.

551 Ebd.

552 John Barth, zit. nach Anz 1998, S. 18.

553 Welsch 1988b, S. 22.

554 Vgl. ebd., S. 49-55.

555 Neuhaus 2005, S. 167.

556 Vgl. ebd.

557 Ebd., S. 168.

558 Kopp-Marx 2005, S. 38.

sen Bezug sogar noch selbst hin, indem sich der Erzähler über die Unfähigkeit eines Reporters beschwert, der „einfach kein Talent zum Journalisten gehabt" (AdT, S. 152) hat, denn aus der Geschichte rund um den Sohn des Vergolders mit seiner totgeglaubten Schwester, der schließlich seinen Vater – unwissend, dass er dies ist – und aus dieser Schuld heraus auch sich selbst tötet, „hätte der Mandl eine Tragödie machen können, praktisch griechische, aber nein". (AdT, S. 152)

5.1 Das postmoderne Spiel mit der Intertextualität

Die postmoderne Literatur gilt durch ihren ausgesprochen hohen Intertextualitätsgrad als „Paradigma für Intertextualität".[559] Thomas Anz betont in diesem Sinne, dass sich in der Postmoderne „literarische Texte mehr oder weniger exzessiv auf andere, ihnen vorangegangene «Prätexte» beziehen, sie zitieren, imitieren, plagiieren, ironisieren oder mit ihnen in einen Dialog treten".[560] Dieter Borchmeyer bezeichnet die Postmoderne sogar als das „Babel der Zitate"[561] und verweist zugleich auf das Wortspiel des Romanciers R. Federman, der Intertextualität als permanentes, intertextuelles „pla(y)giarism"[562] versteht. Auch Manfred Pfister spricht von der „unendliche[n] Pluralität intertextueller Bezüge".[563]

Ingeborg Hoesterey spricht von einem „Tableau von Intertexten"[564] und betont: „Das Verhältnis des spezifischen Textes zu seiner literarischen Vergangenheit und die kritische wie kreative Reflexion auf die Geschichte des Systems Literatur, ja auf Literarität als aggressive Präsenz für einen Autor – das sind Aspekte, die beachtet werden wollen."[565] Michaela Kopp-Marx bezeichnet sogar die „ganze Weltliteratur [als einen] riesige[n] Teppich von Texten, auf die man zuletzt nicht anders antworten kann, als indem man sie wiederholt".[566]

559 Broich/Pfister 1985, S. 27.

560 Anz 1998, S. 43.

561 Borchmeyer 1994, S. 352.

562 Ebd.

563 Broich/Pfister 1985, S. 20.

564 Hoesterey 1988, S. 166.

565 Ebd.

566 Kopp-Marx 2005, S. 97.

Intertextualität kann auch als eine „Art von literarischem Recycling"[567] betrachtet werden, wobei sich das Zitatenspiel laut Leslie Fiedler „vom vulgären Sprachabfall bis [...] zur Höhenkammliteratur erstrecken"[568] kann. Die Postmoderne präsentiert sich als „stilistische Heterogenität, die Kunst und Kitsch mischt, sowie durch eine neuartige, weil sichtbar inszenierte Praxis des Zitats".[569] Und während „sich der Liebhaber der Klassik schaudernd vom Chaos abwendet, lobt der Modernist oder Postmodernist [die] innovative oder zeitgemäße Kunst".[570]

Typische Verfahren der Intertextualität sind neben der „Freigabe und Potenzierung der Sprachspiele in ihrer Heterogenität, Autonomie und Irreduzibilität",[571] die Montage oder Collage sowie die Parodie und die Ironie. Da diese jedoch nicht in allen Fällen für die postmoderne Form der Intertextualität ausreichen, wurde der Begriff des Pastiche eingeführt.[572] Und auch die Allegorie gilt als typisch postmoderne Kategorie.[573]

Konstitutiv für das postmoderne Schreiben sind „das Thema des Lesens und des damit eng verknüpften Spurensuchens, das Spiel mit Genremustern und das Schreiben mit fremden Federn".[574] In diesem Sinne können Haas' Brenner-Romane durchaus als postmodern erachtet werden. Sowohl Brenner als auch der Rezipient erfahren immer wieder Neues aus den fiktiven Zeitungen im Roman. So hat z. B. in AdT Brenner „die Pinzgauer Post genommen und auf der ersten Seite gelesen: «Auferstehung der Toten!»" (AdT, S. 98) Dieser Zeitungsartikel, der von aktuell unterschriebenen Schecks der bereits verstorbenen Amerikanern handelt, führt den Detektiv schließlich auf die Fährte von Elfi Lohninger und Lorenz Antretter.

Laut Suerbaum ist bereits „seit Holmes-Zeiten innerhalb dieser Gattung"[575] die Integration von echten und fiktiven Zitaten in die Krimi-Intertextualität, die in der Folge noch ausführlich beschrieben wird, üblich.

---

567 Borchmeyer 1994, S. 352.

568 Ebd.

569 Hoesterey 1988, S. 131.

570 Zima 2001, S. 21.

571 Welsch 2008, S. 33.

572 Vgl. Borchmeyer 1994, S. 352.

573 Vgl. ebd.

574 Kopp-Marx 2005, S. 38.

575 Bremer 1999, S. 95.

So bezieht sich Haas sowohl auf echte Texte wie z. B. die Marmortafel mit dem Trakl-Gedicht *Vorstadt im Föhn* am Brückenpfeiler in Salzburg (Vgl. S!, S. 134 f.) als auch auf fiktive Zitate aus fiktiven Zeitungen wie z. B. die Schlagzeile „Leibwächter trank in aller Ruhe Kaffee, bevor er Polizei rief" (DBlG, S. 25) oder fiktive Zitate aus echten Medien wie die Schlagzeile „Auferstehung der Toten" in der *Pinzgauer Post.* (Vgl. AdT, S. 98)

Besonders beliebt sind in der postmodernen Literatur auch intertextuelle Verfahren, bei denen „Strukturen oder Relationen aus Prätexten übernommen werden".[576] So entlehnt Haas z. B. die Rahmenstruktur des Brenner-Romans S! von Süskinds *Parfum*, indem der auktoriale Erzähler zu Beginn des Buches ausführlich über Gerüche spricht und über den Protagonisten am Ende „wie eine Hyäne" hergefallen wird. Dieser intertextuelle Bezug entspricht auch dem zuvor erwähnten „Schreiben mit fremden Federn". Haas übernimmt in S! auf den ersten Seiten auch thematisch die Beschreibung der Gerüche aus Süskinds *Das Parfum.* Und auch die Showdown-Szene im Krankenwagen zu den Klängen der Matthäuspassion in KsT entspricht in Struktur und Pathos dem Ertaubungserlebnis in Schneiders *Schlafes Bruder.* Sein Ertaubungserlebnis, das mit unglaublichem Pathos geschildert wird, dient als Vorlage für Haas' „wunderbares Hörerlebnis", das durch die Untermalung mit pathetischer Musik ebenfalls dramatisch verstärkt wird. Haas' Anspielungen auf diese Romane sind zwar nicht immer wortwörtlich erkennbar, sie werden durch die Struktur aber deutlich ersichtlich.

Sogar Nietzsche, der „im Positiven wie im Negativen als Vaterfigur der Postmoderne beschworen"[577] wird, findet bei Haas als intertextuelle Anspielung seinen Platz. (Vgl. 3.4.11 und KsT, S. 75-76)

Abschließend gilt noch zu erwähnen, dass während sich die Moderne im Vergleich zu Postmoderne und Popliteratur noch in „Wahrnehmungsexerzitien und erzählerischer Magersucht"[578] ergangen hat, um „ebenso wortreich wie blutarm nach[zu]weisen [...], dass Romanschreiben gar nicht mehr möglich ist",[579] ist die Prognose der postmodernen Literatur hinge-

---

576 Broich/Pfister 1985, S. 99.

577 Welsch 2008, S. 13.

578 Richard Kämmerlings: Hat der Autor ein Motiv?; auf: http://www.faz.net/-00m6ov, abgerufen am 12.05.2011 um 14.50 Uhr.

579 Ebd.

gen „aktiv, optimistisch bis euphorisch und jedenfalls bunt".[580] Prominente Autoren wie Umberto Eco und Patrick Süskind versuchen, mit ihren postmodernen Romanen „die modernistische Entfremdung, Zerrissenheit und Unheimlichkeit zu überwinden".[581] Dies z. B. durch eine beim Publikum beliebte Form wie dem Kriminalroman.

5.2 Brenner als postmoderner Detektiv?

Wolf Haas' Brenner-Romane sind – wie bereits in 3.1 erörtert werden konnte – dem Genre der Kriminalliteratur, genauer gesagt der Detektivliteratur, zuzuordnen. Doch neben den klassischen Formen der Detektivromane, die seit dem 19. Jahrhundert immer populärer werden,[582] finden in der heutigen Zeit zusehends auch spezielle, neue Formen Anklang beim Lesepublikum.

So z. B. der postmoderne Kriminalroman, ein „»dekonstruktiver« Anti-Detektivroman",[583] der jedoch nicht als „Negation des Detektivromans"[584] verstanden werden darf, sondern vielmehr als Weiterentwicklung des Kriminalromans der Moderne. Aufgrund der in ihm genutzten Dekonstruktionsverfahren[585] wie Spiel, Vieldeutigkeit, Übertretung von Grenzen und Verschiebung von Bedeutungen im Umgang mit Zeichen ist der Anti-Kriminalroman „ein anerkannter und geschätzter Repräsentant der Postmoderne".[586]

Ulrich Broich geht davon aus, dass Detektivliteratur und Postmoderne eigentlich in einem Gegensatz zueinander stehen.[587] Denn während die Kriminalliteratur von der „rationalen Struktur der Wirklichkeit"[588] und der Deduktion des Detektivs ausgeht, gründet die Postmoderne eigentlich „auf der Prämisse, daß die Wirklichkeit unverkennbar und sprachlich nicht ab-

---

580 Welsch 2008, S. 18.

581 Beekman 2000, S. 312.

582 Vgl. Nusser 2003, S. 66 ff.

583 Borchmeyer 1994, S. 355.

584 Pflanner 2010, S. 27.

585 Vgl. Baasner 2001, S. 127.

586 Bremer 1999, S. 51.

587 Vgl. Borchmeyer 1994, S. 80.

588 Ebd.

bildbar ist".[589] In diesem Sinne glaubt auch Peter Zima an die Postmoderne als eine Konstruktion der Wirklichkeit.[590] Eine Konstruktion, „die für den Zustand der zeitgenössischen europäischen und nordamerikanischen Gesellschaft symptomatisch zu sein scheint",[591] insofern sich in der Gesellschaft und der Literatur seit dem Zweiten Weltkrieg ein Strukturwandel vollzogen zu haben scheint.[592]

Dieser Wandel zeigt sich sowohl durch die in der Postmoderne beliebte Dekonstruktionen von Detektivgeschichten, welche dadurch ihn ihrem „Erkenntnisanspruch ad absurdum"[593] geführt werden, als auch durch die Vielzahl an „gescheiterten Detektiven".[594] Wobei „gescheitert" nicht unbedingt bedeuten muss, dass der Verbrecher über den Detektiv gesiegt hat oder dieser gar verstirbt. Auch der Zufall – als typisches Element der Postmoderne – kann eine große Rolle für das Scheitern spielen.[595] Denn während das Verbrechen z. B. in Dürrenmatts *Das Versprechen* aufgrund des zufälligen Unfalltods des Mörders nicht mehr aufgeklärt werden kann und Kommissar Matthäi dadurch als verwirrter Alkoholiker endet, dient der Zufall in den Brenner-Romanen dem Fortlauf der Handlung und verhilft Brenner oft zur Falllösung – auch wenn der auktoriale Erzähler betont: „Zufall ist das keiner gewesen, weil Zufall in dem Sinn gibt es keinen, das ist erwiesen." (AdT, S. 25)

Als gescheiterte Existenz lässt sich Brenner trotzdem betrachten, entspricht er doch dem postmodernen Modell von Sinn- und Subjektzerfall.[596] Denn während „*in der modernen Literatur Intertextualität und Zitat die Funktion erfüllen, Subjektivität selbstkritisch zu konstituieren und zu stärken, tragen sie in postmodernen Texten zur Auflösung des Subjekts bei*".[597] Auch Stefan Neuhaus ortet in der postmodernen Gesellschaft „nur noch Versuchsanordnungen und keine Sicherheiten [...], die dem Individuum [...] zu einer stabilen

---

589 Ebd.

590 Vgl. Zima 2001, S. 21.

591 Ebd., S. 19.

592 Vgl. ebd., S. 19-20.

593 Borchmeyer 1994, S. 80.

594 Stefano Tani, zit. nach Bremer 1999, S. 131-132.

595 Vgl. Borchmeyer 1994, S. 80.

596 Vgl. Beekman 2000, S. 302.

597 Ebd., S. 302-303.

Identität verhelfen könnten".[598] Und so verfügt Brenner in seiner postmodernen „Außenseiterposition"[599] nach der Kündigung bei der Polizei und der Aufgabe eines geregelten Lebens mit Bekannten, Kollegen und einer Buwog-Wohnung (AdT, S. 24) weder über soziale Bindungen – abgesehen von ein paar harmlosen sexuellen Beziehungen – noch über ein richtiges Zuhause.

Der Held des klassischen Detektivromans tritt freiwillig den Rückzug in die soziale Isolation an und ist – im Gegensatz zu Brenner – „sexuell abstinent",[600] um sich ganz der Lösung von Fällen zu widmen. Bei Haas' Brenner führen jedoch unglückliche Umstände und Entscheidungen dazu, dass er sein Leben in einem Hotelzimmer (AdT), einem Personalzimmer (DK), einer Dienstwohnung (KsT), einer kargen Zelle (S!), einer Wohngemeinschaft zusammen mit einer Prostituierten (WdT), als Dauergast in der Psychiatrischen Klinik (DeL) und schließlich auf der Straße bzw. vorübergehend als Gast auf der Couch einer Freundin fristen muss und laufend von Stadt zu Stadt zieht. Auch diese „Ortlosigkeit",[601] die Brenner durchlebt, ist ein typisches Motiv der postmodernen Literatur.

Haas' Detektiv Brenner ist somit eine typische postmoderne Figur mit „diese[r] Ausstrahlung, daß er nicht richtig dazugehört" (AdT, S. 16), diesem „Außenseitertum"[602] und der „Krise der Subjektivität",[603] die sich im Haupttext widerspiegelt. Als „dumpfe[n] Loser"[604] bezeichnet ihn auch der *Spiegel*-Redakteur Joachim Kronsbein, als Detektiv „wider Willen […] und immer mit dem Zufall als Hilfskommissar. Brenner, der Anti-Detektiv".[605] Und auch Barbara Pflanzer sieht Brenner in ihrer Diplomarbeit als „Verlierertyp",[606] als den „postmodernen Detektiv schlechthin".[607] Diesen „Zer-

---

598 Anz 2009, S. 381.

599 Ebd., S. 382.

600 Nusser 2003, S. 40.

601 Pflanzer 2010, S. 39.

602 Nusser 2003, S. 40.

603 Broich/Pfister 1985, S. 10.

604 Joachim Kronsbein: Requiem für einen Tollpatsch; In: Der Spiegel, Ausgabe 11, 10.03.2003, S. 192.

605 Ebd.

606 Pflanzer 2010, S. 42.

607 Ebd.

fall der Subjektivität"[608] führen postmoderne Autoren – und so auch Haas – dem Rezipienten gerne im Sprachexperiment[609] vor Augen. So ist der Umstand, dass der auktoriale Erzähler am Ende des sechsten Brenner-Romans als Figur im Text in Erscheinung tritt, typisch postmodern und bricht mit allen gängigen Erzählformen. In DBlG tritt Brenner erst als „Herr Simon" auf. Einerseits, weil der Erzähler – natürlich typisch für Haas – gleich nach seinem Erscheinen in DeL erschossen wird, und andererseits, weil auch Brenner dadurch in gewisser Weise seine Identität verliert. Zumindest seine Identität als Detektiv, denn in DBlG ist er vorerst als Berufschauffeur tätig.

Und während die klassisch-mythischen Krimi-Helden wie Sherlock Holmes oder Miss Marple nicht altern, durchläuft der postmoderne Held bzw. Anti-Held eine Entwicklung.[610] So entwickelt sich auch Brenner – allerdings auf der sozialen Leiter eher abwärts – vom Polizisten zum Detektiv (Vgl. AdT und S!) bis hin zum Rettungsfahrer (Vgl. KsT), „Frühpensionstouristen" (WdT, S. 49) bis zum verhinderten Selbstmörder (Vgl. DeL) und schließlich zum Chauffeur und Obdachlosen. Zudem zeichnet sich Brenner – ganz im Sinne der Postmoderne – durch die „allmähliche Befreiung aus der festgeschriebenen Rolle des Scharfsinnshelden"[611] aus. Aber während der postmoderne Detektiv als „genialer Einzelgänger, der die ‚Welttextur' liest",[612] hervorsticht, gelingt Brenner nur ansatzweise dieses „Lesen". Weder sein Handeln noch sein Denken entsprechen dem eines Genies, doch gelingt es ihm immer wieder – wenn auch oft sehr spät und nach mehreren, laut Erzähler vermutlich unnötigen Toten –, die Fälle durch das „Lesen" seines Unterbewusstseins, das ihn zumeist durch Lieder auf den Täter, die Lösung oder die Situation aufmerksam machen will, zu lösen. Das unterscheidet wiederum die Brenner-Romane von der postmodernen Detektivliteratur. Brenner gelingt am Ende jedes Roman die Auflösung des Falles, in der Postmoderne ist das zumeist nicht der Fall.

608 Beekman 2000, S. 303.

609 Vgl. Bremer 1999, S. 53.

610 Vgl. Pflanzer 2010, S. 42.

611 Nusser 2003, S. 42-43.

612 Vgl. Bremer 1999, S. 83.

5.3 Geschichtsintegration und Ironie im postmodernen Detektivroman

Die Postmoderne widerspricht der Moderne, indem sie anerkennt, „daß die Vergangenheit, nachdem sie nun einmal nicht zerstört werden kann, da ihre Zerstörung zum Schweigen führt, auf neue Weise ins Auge gefaßt werden muß: mit Ironie, ohne Unschuld".[613] Umberto Eco, selbst Meister der Geschichtsverarbeitung im postmodernen Kriminalroman, plädiert dafür, „die Vergangenheit wieder [zu] thematisieren"[614] und auch Welsch betrachtet es als eine der „Schlüsselerfahrungen des neuen, postmodernen Bewußtseins und Geschichtsdenkens",[615] wenn ein Autor bereit ist, Tradition in seinen Text aufzunehmen.[616] Selbst Gianni Vattimo geht davon aus, dass die Postmoderne „das Vergangene nicht einfach überwinden, sondern [...] sich verwandelt an[]eignen"[617] will.

Die Vergangenheit soll in den postmodernen Romanen „»auf faszinierende und unverbindliche Weise« vergegenwärtigt"[618] werden. Und während dies bei *Ecos Der Name der Rose* durch das „Spiel mit einem fiktiven Manuskript"[619] – „Natürlich, eine alte Handschrift"[620] – erfolgt, so geschieht es bei Haas z. B. durch die Integration der Geschichte des Kapruner Kraftwerks in einen interessanten Schulaufsatz oder durch die Benennung eines Bordells – „*Borderline*" (DK, S. 61) – aufgrund des Embargos gegen Serbien.

Wie Edgar Allan Poe spricht auch Haas in seinen Detektivromanen „Themen der außerliterarischen Wahrheit"[621] an und nimmt somit „eine Art Deutung der Gesellschaftswirklichkeit vor".[622] Barthes spricht hier davon, dass nicht die Wahrheit das relevante ist, sondern das Spiel, „die Wahrheit

---

613 Welsch 1988b, S. 76.

614 Ebd., S. 22.

615 Welsch 2008, S. 7.

616 Vgl. ebd.

617 Ebd., S. 137.

618 Zima 2001, S. 347.

619 Ebd., S. 347.

620 Eco 2004, S. 5.

621 Bremer, S. 79-80.

622 Ebd., S. 79.

des Spiels".[623] Diese Wahrheit ist aber auch die „Dekonstruktion von Sinn und Subjektivität",[624] von der wir zuvor schon gehört haben. Bei Eco erfüllt das postmoderne Zitat jedoch eine „ironisch-spielerische Funktion" im Text. Im Vordergrund steht nicht mehr die Suche nach der Wahrheit, sondern der Abwesenheit der Subjektivität.[625] Es geht um eine „parodistische und ideologiekritische Relativierung herrschender Diskurse",[626] nicht um diese selbst.

Entsprechend dem postmodernen Roman *Das Parfum* nimmt auch S!, das – wie in 3.4.6 beschrieben – mehrmals auf diesen Prätext anspielt, am Ende eine ironische Wendung. Grenouille, der die Frauen nur tötet, um durch die Kreation des Parfums endlich geliebt zu werden, erliegt am Ende einem Irrtum. Denn statt seiner selbst liebt das Gesindel um ihn herum nur seine Aura, die er mit dem Parfum geschaffen hat. In S! landet Brenner mit der Notapothekerin, die zuvor nie an ihm interessiert war, im Bett, weil er sie mit Informationen über den Mädchenhandel, den Sportpräfekten Fitz usw. versorgt, die nicht ganz der Wahrheit entsprechen. Die ausführliche Schilderung der Ereignisse im letzten Kapitel dient somit nicht nur einer Zusammenfassung, sondern in erster Linie als Hinweis darauf, dass die Notapothekerin eigentlich nur auf die Geschichte „scharf" ist und nicht auf ihn.

Nicht alle postmodernen Autoren inszenieren jedoch in ihren Texten den „Zerfall von Sinn und Subjektivität",[627] sondern stellen möglicherweise auch kohärente, sinnvolle Handlungsabläufe dar.[628] Ecos „Zitierkunst"[629] verweist so nur darauf, dass es sich dabei um ideologiekritische Spiele mit dem Text handelt.[630] Durch das Erzeugen von Komik wird der Sinn des Textes bzw. der Textstelle hinterfragt.[631] So kommt es in DBlG zu einer Kombination aus bitterbösem Spiel und Ernst, als Brenner sich in Todesangst wie Jesus fühlt, der jedoch diesmal nicht über das Wasser bzw. in

623 Barthes: zit. nach Beekman 2000, S. 303.

624 Beekman 2000, S. 303.

625 Vgl. ebd., S. 313.

626 Ebd., S. 316.

627 Ebd., S. 317.

628 Vgl. ebd.

629 Ebd.

630 Vgl. ebd.

631 Vgl. Anz 2009, S. 387.

diesem Fall über die Jauchegrube wandeln kann, sondern „immer tiefer eingesunken ist und schon ausgesehen hat wie ein beidseitig beinamputierter Jesus, der mit seinen Stummeln auf dem Scheißesee wandert". (DBlG, S. 186) Anz würde diese Textstelle – im Rahmen der Postmoderne – wohl als „Spiel mit Versatzstücken der Wirklichkeit und verschiedenster Traditionen"[632] bezeichnen.

Haas verfolgt mit seinen Brenner-Romanen auch „sozialkritische Intentionen".[633] Diese gehen allerdings nicht immer in der Handlung auf, sondern führen oft nur zu „illustrativen Zusätzen".[634] Die Brenner-Romane stehen daher ganz im Zeichen der „Absetzung der Geschichte durch das Ende der «Großen Erzählungen» und deren Ersetzung durch plurale Sprachspiele".[635]

Kämmerlings geht sogar davon aus, dass Autoren wie Wolf Haas, Friedrich Ani und Heinrich Steinfest, die alle ihre literarische Prägung in den 1980er-Jahren erfahren haben, den Kriminalroman daher vermutlich „als Tarnklappenflieger des Realismus unter dem Radar der Literaturüberwachung"[636] von einem „bequemen Standort am Rande des kritischen Betriebs"[637] aus nutzen.

5.4 Der Weg in Richtung Popliteratur

Laut Leslie Fielder muss „der wirklich neue Neue Roman anti-künstlerisch und anti-seriös sein",[638] der Autor darf sich nicht als über die Literatur erhaben sehen und sein Werk nicht „blutig ernst"[639] nehmen. Auch Welsch betont, dass die postmoderne Literatur „nicht mehr bloß intellektuell und elitär, sondern zugleich romantisch, sentimental und populär"[640] zu sein hat. Er spricht von einem Ausbruch der neuen Literatur aus dem Elfen-

---

632 Ebd., S. 388.

633 Nusser 2003, S. 103.

634 Ebd.

635 Kopp-Marx 2005, S. 7.

636 Richard Kämmerlings: Hat der Autor ein Motiv?; auf: http://www.faz.net/00m6ov, abgerufen am 12.05.2011 um 14.50 Uhr.

637 Ebd.

638 Welsch 1988b, S. 61.

639 Ebd.

640 Welsch 2008, S. 16.

beinturm der fein gesponnenen, elitären Literatur der Moderne, die nur die intellektuelle Oberschicht erreichen wollte.[641]

Obwohl Fiedler und Welsch eigentlich über die Postmoderne sprechen, erinnert ihre Definition des „neuen Romans“ bereits stark an eine Form der Popliteratur. So betont auch Baßler, dass die Hochkultur immer noch zwanghaft an den „getrennt gehaltenen kulturellen Sphären“[642] festhält, während die Popliteratur – die vor allem von Autoren, die in den 1980er- und 1990er-Jahren aufgewachsen sind,[643] geprägt wird – eine Kombination aus der Hochliteratur und der heutigen Gegenwartskultur mit all ihren Marken schafft – meist sogar auf sehr amüsante Weise.[644]

Die Popliteratur enthält ein „Arsenal von ›sekundären Texten‹“,[645] der „literarische Thesaurus“[646] dafür wird auf die „Waren- und Medienwelt des 21. Jahrhunderts hin geöffnet“.[647] Die Bücher der Pop-Literaten archivieren „in geradezu positivistischer Weise Gegenwartskultur, mit einer Intensität, einer Sammelwut, wie sie im Medium Literatur in den Jahrzehnten zuvor unbekannt war“.[648] In S! tritt diese Archivierung von Popkultur „in der wunderbaren Plastiksackerl-Sequenz“[649] (S!, S. 190-192) schließlich unübersehbar an die poetologische Oberfläche.[650] Brenner zieht einen Marken-Plastiksack nach dem anderen aus dem Plastiktaschen-Pack, aber alles, „was er herausgezogen hat, war eine Enttäuschung“. (S!, S. 190) Thematisiert sollen durch diese Szene Themen wie „Lebensleere und Langeweile“[651] – typisch für Pop-Literaten – werden, die „durch Konsum kompensiert werden“.[652] So z. B. den Konsum von Drogen, denen auch der Brenner im Laufe seiner Entwicklung im Roman immer mehr verfällt und die in

641 Vgl. ebd., S. 15.

642 edition schreibkraft 2003, S. 33.

643 Vgl. Neuhaus 2005, S. 169.

644 Vgl. edition schreibkraft 2003, S. 33.

645 Jörgen Schäfer, zit. nach Seiler 2006, S. 27.

646 Baßler 2002, S. 184.

647 Ebd.

648 Ebd.

649 edition schreibkraft 2003, S. 27.

650 Vgl. ebd.

651 Neuhaus 2005, S. 169.

652 Ebd.

DBlG durch stetigen Tablettenkonsum mit „nicht nur positive[r] Wirkung" (DBlG, S. 9) gipfelt.

Auch Haas' weitere Brenner-Romane enthalten – wie bereits in 3.7 beschrieben – zahlreiche Verweise auf Markennamen und Kulturgüter sowie eine Unmenge an Alltagswissen wie Sendungen aus Film und Fernsehen, berühmte Persönlichkeiten aus der Gesellschaftspolitik usw. Und wie die neuen Archivisten orientiert sich Haas hauptsächlich an der „zeitgenössischen Medien- und Markenkultur [...] vor allem ab der Popmusik".[653]

Mit seinen Brenner-Romanen schafft Wolf Haas im Rahmen eines Detektivromans eine Kombination aus Bildungswissen und diversem – möglicherweise nicht-kanonisierten – populärkulturellen Alltagswissen.[654] Dies zeigt auch Baßlers Definition von Haas' Schreibstil als einem Kunstgriff, der „all diese Dinge der bourgeoisen Enzyklopädie, vom barocken Memento mori bis hin zum Prinzip des Readymade in der Kunst, überhaupt erstmals wieder ohne Peinlichkeit zu einem Gegenstand des Erzählens"[655] macht. Der Erzähler befindet sich als Kommentator schließlich „im Zentrum dieser Enzyklopädie abgesunkenen Gemeinwissens".[656] Doch gilt Haas deshalb gleich als Popliterat?

Richard Reichensberger ortet Haas „im Umfeld der Popliteratur"[657] und auch Baßler geht davon aus, dass z. B. Brenners Rückkehr in seine Heimatstadt Puntigam, die in der heutigen Zeit wohl untrennbar mit der Bierreklame und deren Slogan „Lustig samma – Puntigamer" verbunden ist, die „konstitutive Funktion der Waren- und Markenkultur für diese Literatur"[658] unterstreicht. Das Bild, das der Rezipient von den Brenner-Romanen erhält, ist auf jeden Fall ein „medial geprägtes".[659] Und auch der Erzähler nimmt die Welt als medial geprägt wahr und geht davon aus, dass

---

653 Baßler 2002, S. 185.

654 Vgl. edition schreibkraft 2003, S. 32.

655 Ebd., S. 31.

656 Ebd., S. 32.

657 Richard Reichensperger: Der abschweifende Kinderblick im Krimi. Wolf-Haas-Tage beim „steirischen herbst"; In: Der Standard, Ausgabe 4501, 21.10.2003, S. 26.

658 edition schreibkraft 2003, S. 28.

659 Baßler 2002, S. 194.

der Rezipient über eine Medienkompetenz verfügt,[660] die ihn diese Welt interpretieren und verstehen lässt.

Die Szene in DK, bei der das gesamte Dorf im Gasthaus Löschenkohl sitzt, um *Aktenzeichen XY* zu sehen, verleiht dem Brenner-Roman einen Realismus, wie er in der Literatur selten zu finden ist.[661] Baßler bezeichnet diese Darstellung sogar als „Schlüsselpassage deutscher Literatur um die Jahrtausendwende".[662] Seiner Meinung nach sind die Brenner-Romane zwar nicht der alleinige, aber doch in gewisser Weise der „Ziel- und Höhepunkt der deutschen Literatur des 20. Jahrhunderts",[663] da sie „einen souveränen Umgang mit der Enzyklopädie unserer Gegenwart präsentieren, ohne sich von der Hochkultur gänzlich abzukoppeln".[664] Popliteratur ist somit laut Jörgen Schäfer „keine Literatur, die eine kulturkritische Anklage gegen die ausufernde Zeichenproduktion der populären Kultur erhebt",[665] sondern eine Literatur, die diese als Ausgangsmaterial für das literarische Schreiben nutzt.[666]

Haas' Brenner-Romane sind eine „Prosa der dauernden kleinen Abschweifungen".[667] Sie enthalten eine „Fülle kultureller Randglossen",[668] die einen „deutlichen Mehrwert an Welthaltigkeit und Lesegenuss"[669] erzeugt. Interessant ist bei den Brenner-Romanen auch die Integration von kulturellem Bildungsgut als „Gebrauchslyrik"[670] in den Haupttext. So erscheint z. B. Rilkes *Schlußstück* als Spruch auf einer Kondolenzkarte für Brenners Tante oder die Matthäuspassion findet sich als Chor-Aufnahme auf der Kassette

---

660 Vgl. edition schreibkraft 2003, S. 34.

661 Vgl. ebd.

662 Ebd.

663 Baßler 2002, S. 202-203.

664 Ebd., S. 203.

665 Jörgen Schäfer, zit. nach Seiler 2006, S. 27.

666 Vgl. Jörgen Schäfer, zit. nach Seiler 2006, S. 27.

667 edition schreibkraft 2003, S. 31.

668 Ebd.

669 Ebd.

670 Ebd., S. 33.

seiner damals pubertierenden Jugendfreundin.[671] Das Kulturgut geht somit in „Konversationswissen"[672] über.

Thomas Ernst erklärt, dass sich Texte der Popliteratur durch Merkmale wie z. B. realistische Berichte vom Leben gesellschaftlicher Außenseiter in einfacher Sprache, Songs, die auf Phänomene der Popkultur verweisen oder ein kritisches Verhältnis zum hohen Ton der traditionellen Literatur auszeichnen und sich deshalb um neue, authentische Sprechweisen bemühen oder die Sprache in ihre Einzelteile zerlegen.[673] Manches trifft auf Haas und seine Brenner-Romane zu – die Songs, die neue authentische Sprechweise. Doch Haas, der „wie ein Diskjockey Textzitate mix[t]"? [674] Wohl kaum.

Nicht zutreffend für die Brenner-Romane und ihren Detektiv ist auch die Theorie, dass die Helden der Popliteratur Wohlstandskinder sind, deren Gespräche sich vorrangig um Marken drehen.[675] Haas führt in seinen Brenner-Romanen zwar zahlreiche Markennamen sowie Bezüge auf diverse Medien (Film, Fernsehen, Radio, Musik) ein, Brenner entspricht jedoch wohl kaum der Vorstellung einer markenorientierten Persönlichkeit. Passend für Popliteratur und die Brenner-Romane ist wiederum, dass Songs und Lieder in den Haupttext integriert werden. Auch die Illusionsmalerei von Maurits Cornelis Escher, auf die Haas sogar in zwei Brenner-Romanen anspielt (AdT, S. 90 und S!, S. 113-114), fand bekanntermaßen vor allem bei der Popkultur des 20. Jahrhunderts Anklang. Zufall oder popliterarischer Hinweis?

Durch das Ende des ursprünglichen letzten Brenner-Romans DeL in Puntigam mit dem fiktiven Artikel über ein Jimi Hendrix-Konzert in der fiktiven Zeitung *GratisGrazer* schließt die Brenner-Reihe „mit eben jenem Dimensionsvergleich zwischen amerikanischer Popkultur und zentraleuropäischer Wirklichkeit, mit dem sie in *Auferstehung der Toten* eröffnet wurde".[676]

---

671 Vgl. ebd., S. 32-33.

672 Ebd., S. 31.

673 Vgl. Ernst 2001, S. 9.

674 Ebd.

675 Vgl. Neuhaus 2005, S. 169.

676 edition schreibkraft 2003, S. 28.

5.5 Fazit: Sind die Brenner-Romane nun postmodern oder popliterarisch?

Richard Kämmerlings betont in seinem FAZ-Artikel „Hat der Autor ein Motiv?", dass Haas seine „Prägung als angehende[r] Schriftsteller"[677] in den 1980er-Jahren erfahren hat:

> [...] als die deutsche Gegenwartsliteratur sich – vor der Postmoderne [...] und vor der Popliteratur – überwiegend in Wahrnehmungsexerzitien und erzählerischer Magersucht erging und ebenso wortreich wie blutarm nachweisen wollte, dass Romanschreiben gar nicht mehr möglich ist.[678]

Doch was bedeutet das für die Zuordnung der Brenner-Romane?

Die starke Autoreflexivität der intertextuellen Bezüge in Haas' Brenner-Romanen, die vor allem durch die zahlreichen Kommentare des auktorialen Erzählers bedingt ist, ist ein klares Merkmal der postmodernen Literatur. Die Tatsache jedoch, dass bei der postmodernen Literatur laut Broich eine „stärker verdeckte und weniger eindeutige oder explizite Markierung"[679] vorliegt, Haas jedoch den Großteil seiner literarischen Bezüge explizit deklariert, wirft die Frage auf, ob Haas Brenner-Romane überhaupt postmodern sein können?

Aufgrund der Integration von zahlreichen intertextuellen Bezügen auf die kanonisierte Weltliteratur und z. B. die Mehrdeutigkeit von diversen Begriffen im Sinne der Pluralität als Merkmale der Postmoderne sowie durch die auffallend wachsenden Bezügen auf die „Waren- und Medienwelt des 21. Jahrhunderts"[680] im Sinne der Popliteratur sind Haas' Brenner-Romane wohl genau zwischen diesen beiden literarischen Bereichen, also zwischen Postmoderne und Popkultur, einzuordnen.

Doch obwohl die Brenner-Romane weder dem postmodernen Detektivroman noch der Popliteratur eindeutig zugeordnet werden können, ist eines sicher: „Haas' Erzählen rettet das Bildungswissen des Bürgertums vor

---

677 Richard Kämmerlings: Hat der Autor ein Motiv?; auf: http://www.faz.net/00m6ov, abgerufen am 12.05.2011 um 14.50 Uhr.

678 Ebd.

679 Broich/Pfister 1985, S. 47.

680 Baßler 2002, S. 184.

dem Verschwinden in jenen Spezialkurs-Nischen, zu denen das Verfügen über die hochliterarische Tradition längst zählt, ob wir das wahrhaben wollen oder nicht."[681]

---

681 edition schreibkraft 2003, S. 34.

6 Conclusio

Wie bereits Patrick Süskind mit *Das Parfum* ist auch Wolf Haas mit seinen Brenner-Romanen eine sowohl beim Publikum als auch bei der Literaturkritik erfolgreiche Verbindung aus „Literatur und Unterhaltung, ästhetische[m] Anspruch und lustvolle[m] Lesen“[682] gelungen. Das Besondere an den Brenner-Romanen ist, dass sie sich auch als „einfacher“ Detektivroman lesen lassen. Für literarisch interessierte Rezipienten bieten sie weiters ein schier unerschöpfliches Potential an Sprachspielen, wörtlich gemeinten Redewendungen und Sprichwörtern, intertextuellen Verweisen auf kanonisierte und weniger kanonisierte Literatur, Medien, Themen, Mythen, geschichtliche Ereignisse und vieles mehr. Haas' Romane beeinhalten – wie aufgezeigt werden konnte – ein hohes Maß an Intertextualität und bieten somit eine Fülle an analysierbaren Bezügen.

Der Aufbau der Brenner-Romane orientiert sich am klassischen Detektivroman mit seiner Detektivfigur als notwendigem Außenseiter. Doch während in klassischen Detektivromanen die logische Aufklärung des Verbrechens durch den Detektiv im Vordergrund steht, sind bei Haas all die kleinen Bezüge und Verweise von derart großer Bedeutung – zwar nicht für den Textfluss, aber doch zur Schaffung einer realitätsnahen Romanwirklichkeit –, dass sich nicht nur der Rezipient in diesen Details ergehen kann, sondern auch Brenner als „chaotischer“ Anti-Held sich oft darin verstrickt. „Daß er immer so unfähig ist, das Wesentliche vom Unwesentlichen zu unterscheiden“ (AdT, S. 74), wird ihm ja schließlich auch im Roman vorgeworfen. Auch wenn die „ratio“ im Fall der Brenner-Romane von geringer Bedeutung ist, konnte ihre eindeutige Verortung in der Gattung Detektivroman getroffen werden. Die Intertextualität als konstitutives Merkmal dieser Gattung wird als belegt angenommen.

Die Bedeutung vor allem der richtigen Exegese des Titels als paratextuellem Element sowie die mehrdeutigen Bezüge schon im Titel auf intertex-

[682] Kopp-Marx 2005, S. 110.

tuelle Elemente konnten in 3.2 aufgezeigt werden. Die maßgebliche Funktion des Titels für die Brenner-Romane bestätigt auch Wolf Haas im Zuge eines Podiumsgesprächs bei der „brennermania" im Jahre 2003: „Ich meine, der ganze Text ist auf dem Titel aufgebaut [...]".[683]

Der leitmotivische Gebrauch der Lieder, der sich durch alle sieben Brenner-Romane zieht, konnte schließlich in 3.3 deutlich herausgestrichen werden. Die Liedauswahl spiegelt die Vielfalt der Bezüge und den Anspruch des Autors wider. Das Repertoire reicht vom derben Bierzelt-Lied über den deutschen Schlager der 1960er-Jahre bis hin zu klassischen Chansons oder modernen Rock- und Pop-Songs – natürlich auch in verschiedenen Sprachen wie Deutsch, Englisch, Französisch und sogar Roma.

Dem literarischen Kanon und den damit zusammenhängenden unterschiedlichen intertextuellen Bezügen ist der Analyseteil in 3.4 gewidmet. Es wurde aufgezeigt, dass Haas nicht nur auf Textpassagen in Form von Zitaten oder durch inhaltliche Zusammenhänge in Form von Anspielungen verweist, sondern auch strukturell auf mehr oder weniger bekannte literarische Prätexte zurückgreift. Besonders hervorzuheben sind in diesem Abschnitt die Parodie von Schneiders „furchtbare[m] Hörerlebnis"[684] aus *Schlafes Bruder* durch Haas' „wunderbares Ertaubungserlebnis" (KsT, S. 215) in KsT sowie die Übernahme struktureller und inhaltlicher Elemente in S! aus Patrick Süskinds *Das Parfum.*

Auffällig ist, dass Wolf Haas die intertextuellen Bezüge nicht immer gleich stark markiert. So werden in den ersten beiden Romanen AdT und DK noch nahezu alle Verweise vom Erzähler thematisiert und explizit markiert, während sich Haas bei den Bezügen der späteren Romane schon mal auf den einen oder anderen Hinweis beschränkt, der dem Leser vielleicht nicht sofort als intertextuell ins Auge sticht.

Dass Kultur, Themen und Mythen – wie in 3.5 beschrieben – auch als Text im literaturhistorischen Sinne betrachtet werden können, hat der Versuch einer Textdefinition anhand der Theorien von Geertz und Montrose im Sinne des New Historicism in 1.1 ergeben, auch die Relevanz dieses Bereichs für die Intertextualitätsanalyse der Brenner-Romane konnte dort geklärt werden. Für die Analyse an sich wurde schließlich die Intertextualitätsdefinition von Broich / Pfister herangezogen, die damit eine versöhnli-

---

683 edition schreibkraft 2003, S. 48.

684 Schneider 1992, S. 37.

che Kombination des hermeneutischen Intertextualitätsansatzes und des poststrukturalistischen Alles-ist-Text-Begriffs schaffen. Anhand von drei Beispielen, die zum jeweiligen aktuellen Zeitpunkt – und auch heute immer wieder noch – in den Medien sehr präsent waren, konnte der Nachweis von intertextuellen Bezügen der Zeitgeschichte als Systemreferenz in Haas' Brenner-Romanen erbracht werden.

Den Redewendungen und Sprichwörtern wird in 3.6 Genüge getan. Neben dem üblichen Gebrauch dieser Sätze und Satzgebilde zeigt sich eine deutliche Tendenz von Haas, sowohl Sprichwörter als auch Redewendungen wörtlich zu nehmen und in seinen Brenner-Romanen einzusetzen. Auch textuelle Veränderungen von Sprichwörtern und Redewendungen, je nach aktuellem Bedarf, sowie Textstellen, die auf Sprichwörter und Redewendungen anspielen wie z. B. „Für Senkgruben gilt: Hals noch viel unangenehmer" als Synonym für „bis zum Hals in der Scheiße stecken", finden sich gehäuft.

Haas' „Faible für Gottesbeweise"[685] wird schließlich in 3.7, gemeinsam mit seinen Bezügen auf weitere kulturgeschichtliche Zusammenhange beschrieben. Neben der Thematisierung des „Fall Groer" und den mehrfachen Anspielungen auf das Fehlverhalten der Institution Kirche finden sich auch einige religiöse Verweise aus Bibel und Neuem Testament. Die Integration der zahlreichen – oft österreichischen – Marken- und Firmennamen als Merkmal der Popliteratur führt schließlich zur Diskussion über die Zuordnung von Haas' Romanen zur Popliteratur oder Postmoderne in Kapitel 4.

Als zwischen Postmoderne und Popliteratur verortet werden die Brenner-Romane schließlich in Kapitel 4 angenommen. Zwar weisen Haas' Detektivromane zahlreiche Merkmale der Postmoderne auf – von der vieldiskutierten Pluralität (allerdings nicht im Sinne von Beliebigkeit), die sowohl die Titel, die Namensgebung von Charakteren, die bereits erwähnten Sprichwörter und Redewendungen als auch Szenen und Situationen betrifft, bis zur Bedeutung des Zufalls in den Brenner-Romanen, dem Subjektzerfall, der Ironie und den zahlreichen fiktiven Zitaten realitätsnaher Textarten –, doch scheitert Brenner nicht vollständig, steht die Lösung des Falles immer

---

685 Christian Schachinger im Interview mit Wolf Haas: „Den habe ich mir eingetreten"; in: derStandard.at vom 26.08.2009; auf: http://derstandard.at/1250691296113/STANDARD-Interview-Den-habe ich mir eingetreten, abgerufen am 12.11.2010 um 12.15 Uhr.

am Ende. Auch der Popliteratur entsprechen die Brenner-Romane nur einigen Merkmalen, insofern zwar ein „Arsenal von ›sekundären Texten‹“[686] wie eben auch die „Waren- und Medienwelt des 21. Jahrhunderts“[687] zur Konzeption gehören, der Fokus jedoch nicht auf der Unterhaltung der Rezipienten durch einen DJ-artigen Mix an beliebig eingesetzten Zitaten liegt, sondern auf einer durchdachten Integration von ausgewählten Prätexten, der zumeist mehr als nur eine Bedeutung zukommt.

Haas' Kunst ist die Verbindung von Merkmalen der Hochliteratur mit denen der Unterhaltungsliteratur, hierzu gehören die Integration der Konsum- und Warenwelt der heutigen Gesellschaft und die Erschaffung einer völlig neuen Art von Roman, in diesem Falle einer neuen Form des Detektivromans. Der Brenner-Stil ist unverkennbar und Haas selbst ist ein Autor, der mit seiner „hochartifiziellen Umgangssprache“[688] einen „Subversive[n] im konservativen Krimi-Genre“[689] darstellt.

---

686 Jörgen Schäfer, zit. nach Seiler 2006, S. 27.

687 Ebd.

688 René Freund: Der Wolf im Haaspelz; in: Wiener Zeitung, Ausgabe 245, 22.12.2000, S. 10

689 Ebd.

Siglenverzeichnis

AdT	Haas, Wolf: Auferstehung der Toten
DK	Haas, Wolf: Der Knochenmann.
KsT	Haas, Wolf: Komm, süßer Tod
S!	Haas, Wolf: Silentium!
WdT	Haas, Wolf: Wie die Tiere
DeL	Haas, Wolf: Das ewige Leben
DBlG	Haas, Wolf: Der Brenner und der liebe Gott

Literaturverzeichnis

Primärliteratur

Haas, Wolf: Auferstehung der Toten. 18.-22. Tausend. Reinbek bei Hamburg: Rowohlt Taschenbuch 1998 (rororo Thriller; 43244).

Haas, Wolf: Der Knochenmann. 24.-27. Tausend. Reinbek bei Hamburg: Rowohlt Taschenbuch 1999 (rororo Thriller; 43258).

Haas, Wolf: Komm, süßer Tod. 2. Auflage. Reinbek bei Hamburg: Rowohlt Taschenbuch 2000.

Haas, Wolf: Silentium! 29.-38. Tausend. Reinbek bei Hamburg: Rowohlt Taschenbuch 1999 (rororo Thriller; 43346).

Haas, Wolf: Wie die Tiere. 5. Auflage. Reinbek bei Hamburg: Rowohlt Taschenbuch 2004.

Haas, Wolf: Das ewige Leben. Genehmige Lizenzausgabe. Augsburg: Weltbild 2006.

Haas, Wolf: Der Brenner und der liebe Gott. Ungekürzte Ausgabe. München: dtv 2011.

Broch, Ulrich / Manfred Pfister [Hrsg.]: Intertextualität. Formen, Funktionen, anglistische Fallstudien. Unter Mitarbeit von Bernd Schulte-Middelich. Tübingen: Niemeyer 1985 (Konzepte der Sprach- und Literaturwissenschaft; 35).

Genette, Gérard: Palimpseste. Die Literatur auf zweiter Stufe. Aus dem Französischen von Wolfram Bayer und Dieter Hornig. Übersetzt nach der ergänzten 2. Auflage. Frankfurt am Main: Suhrkamp 1993 (Edition Suhrkamp; 1683 = Neue Folge; 683 : Aesthetica).

Sekundärliteratur

Anz, Thomas / Heinrich Kaulen [Hrsg.]: Literatur als Spiel. Evolutionsbiologische, ästhetische und pädagogische Konzepte. Berlin: de Gruyter 2009 (spectrum Literaturwissenschaft; Komparatistische Studien; 22).

Anz, Thomas: Literatur und Lust. Glück und Unglück beim Lesen. München: C. H. Beck 1998.

Aristoteles: Poetik. Griechisch/deutsch. Übers. und hrsg. von Manfred Fuhrmann. Stuttgart: Reclam 2003.

Baasner, Rainer / Maria Zens: Methoden und Modelle der Literaturwissenschaft. Eine Einführung. 2., überarbeitete und erweiterte Auflage. Berlin: Erich Schmidt 2001.

Bach, Johann Sebastian Matthäus-Passion. Johannes-Passion. Weihnachts-Oratorium. H-Moll-Messe. Stuttgart: Reclam 1965 (Universal-Bibliothek; 5918).

Barnbeck, Sebastian Heinrich [Hrsg. bzw. „zu finden bey"]: Das Vollständige und vermehrte Leipziger Gesang-Buch, Worinnen Die auserlesensten Lieder, welche in der evangelischen Kirche gebräuchlich, an der Zahl 852, Aus den besten Autoribus und Lieder-Dichtern mit Fleiß gesammelt, und nebst einem Wohleingerichteten Gebet-Buche, Allen andächtigen Seelen zu nützl. Gebrauch, so wohl in der Kirche, als auch zu Hause, und auf Reisen in diesem bequemen Format mitgetheilet werden. Vormahls von Vopelio, ietzo aber aufs neue verbessert und vermehrt heraus gegeben. Leipzig 1729.

Barthes, Roland: Die Lust am Text. Aus dem Französischen von Traugott König. Frankfurt am Main: Suhrkamp 1974 (Bibliothek Suhrkamp; 378).

Baßler, Moritz: Der deutsche Pop-Roman. Die neuen Archivisten. München: C. H. Beck 2002 (Beck'sche Reihe, 1474).

Beekman, Klaus / Ralf Grüttemeier [Hrsg.]: Instrument Zitat. Über den literarhistorischen und institutionellen Nutzen von Zitaten und Zitieren. Amsterdam, Atlanta: Editions Rodopi B. V. 2000 (Avant Garde Critical Studies; 13).

Böhmer, Direktor Dipl.-Ing. Hans: Über den derzeitigen Stand der Bauarbeiten am Tauernkraftwerk Kaprun. Erweiterter Sonderabdruck aus der „Zeitschrift des Österreichischen Ingenieur- und Architekten-Vereines“, Heft 23/24, 1948. Wien: Springer 1949 (Schriftenreihe des Österreichischen Wasserwirtschaftsverbandes, Heft 14).

Borchmeyer, Dieter / Viktor Žmegač [Hrsg.]: Moderne Literatur in Grundbegriffen. 2., neu bearbeitete Auflage. Tübingen: Niemeyer 1994.

Bremer, Alida: Kriminalistische Dekonstruktion. Zur Poetik der postmodernen Kriminalromane. Würzburg: Königshausen & Neumann 1999 (Saarbrücker Beiträge zur Vergleichenden Literatur- und Kulturwissenschaft; Band 5).

Broughton, Simon / Mark Ellingham / Richard Trillo [Hrsg.]: World Music. Volume 1: Africa, Europe and the Middle East. Zweite Auflage. London: The Rough Guides 2000 (The Rough Guide).

Büchner, Georg: Dantons Tod and Woyzeck. German texts. Edited by Margaret Jacobs. Manchester: The University Press 1971.

Büchner, Georg: Lenz / Der Hessische Landbote. Stuttgart: Philipp Reclam jun. 2000 (Reclams Universal-Bibliothek; 7955).

Büchner, Georg: Werke und Briefe. Münchner Ausgabe. 12. Auflage. Herausgegeben von Karl Pörnbacher, Gerhard Schaub, Hans-Joachim Simm und Edda Ziegler. München: Deutscher Taschenbuch 2006.

Cervantes, Miguel de: Don Quijote. 5. Auflage. Düsseldorf: Patmos Verlag 2008.

Cicero, Marcus Tullius: Gespräche in Tusculum: lat.-dt.. 7. Auflage. Mit ausführl. Anm. neu hrsg. von Olof Gigon. Düsseldorf, Zürich: Artemis & Winkler 1998 (Sammlung Tusculum).

Cross, Charles R.: Jimi Hendrix – Hinter den Spiegeln. Aus dem Englischen von Conny Lösch. Höfen: Hannibal 2006.

Culler, Jonathan: Literaturtheorie. Eine kurze Einführung. Aus dem Englischen übersetzt von Andreas Mahler. Stuttgart: Philipp Reclam jun. 2002 (Reclams Universal-Bibliothek; 18166).

Dürrenmatt, Friedrich: Das Versprechen. Requiem auf den Kriminalroman. Zürich: Diogenes 1985.

Eco, Umberto: Der Name der Rose. Lizenzausgabe. München: Süddeutsche Zeitung 2004.

edition schreibkraft [Hrsg.]: brennermania. Ausgabe 09/2003. Graz 2003.

Ernst, Thomas: Popliteratur. Berlin: Rotbuch 2001 (Rotbuch 3000).

Eversberg, Gerd / Karl-Ernst Laage [Hrsg.]: Theodor Storm und die Medien. Zur Mediengeschichte eines poetischen Realisten. Berlin: Erich Schmidt 1999 (Husumer Beiträge zur Storm-Forschung; Bd. 1).

Feurstein, Christoph: [ein]geprägt. Täter, Opfer, Menschen. 10 Porträts. Wien: Ueberreuter 2008.

Gemeinde Kaprun [Hrsg.]: Festschrift zum 1075. Jahrestag der ersten urkundlichen Erwähnung von Kaprun am 9. Februar 931. Kaprun: Selbstverlag 2006.

Genette, Gérard: Paratexte. Das Buch vom Beiwerk des Buches. Mit einem Vorwort von Harald Weinrich. Aus dem Französischen von Dieter Hornig. Frankfurt am Main: Suhrkamp 2001 (Suhrkamp Taschenbuch Wissenschaft; 1510).

Gerhardt, Paulus: geistliche Lieder. getreu nach der bei seinen Lebzeiten erschienen Ausgabe wiederabgedruckt. Zweite Auflage. Neuer Abdruck. Stuttgart: Samuel Gottlieb Liesching 1853.

Goethe, Johann Wolfgang: Die Leiden des jungen Werther. Stuttgart: Reclam 1986.

Greenspan: Charlotte: Pick Yourself Up. Dorothy Fields and the American Musical. New York: Oxford University Press 2010.

Grimm, Brüder: Kinder- und Haus-Märchen. Band 1. Große Ausgabe. Berlin: Realschulbuchhandlung 1812.

Haas, Alois M.: Todesbilder im Mittelalter. Fakten und Hinweise in der deutschen Literatur. Darmstadt: Wissenschaftliche Buchgesellschaft 1989.

Haas, Wolf: Das Wetter vor 15 Jahren. 2. Auflage. München: Deutscher Taschenbuch 2009.

Hartung, Günter: Literatur und Welt. Vorträge. Leipziger Universitätsverlag 2002 (Gesammelte Aufsätze und Vorträge; Bd. 2).

Helbig, Jörg: Intertextualität und Markierung. Heidelberg: Winter 1996 (Beiträge zur neueren Literaturgeschichte; Folge 3; Bd. 141).

Hoesterey, Ingeborg: Verschlungene Schriftzeichen. Intertextualität von Literatur und Kunst in der Moderne/Postmoderne. Frankfurt am Main: Athenäum 1988 (athenäum[s] monografien; Literaturwissenschaft; Bd. 92).

Holthuis, Susanne: Intertextualität – Aspekte einer rezeptionsorientierten Konzeption. Tübingen. Stauffenburg 1993 (Stauffenburg-Colloquium; Bd. 28).

Kammer, Stephan / Roger Lüdeke [Hrsg.]: Texte zur Theorie des Textes. Stuttgart: Philipp Reclam jun. 2005 (Reclams Universal-Bibliothek; 17652).

Kayser, Dietrich: Schlager – Das Lied als Ware. Untersuchungen zu einer Kategorie der Illusionsindustrie. Stuttgart: J. B. Metzler 1975.

Knapp, Raymond: The American musical and the performance of personal identity. Princeton, Oxford: Princeton University Press 2006.

Köhlmeier, Michael: Sagen des klassischen Altertums. 6. Auflage. München Piper 1997.

Königs Erläuterungen Spezial: Lyrik der Romantik. Hollfeld: C. Bange 2009.

Kopp-Marx, Michaela: Zwischen Petrarca und Madonna. Der Roman der Postmoderne. München: C. H. Beck 2005.

Linke, Angelika / Markus Nussbaumer / Paul R. Portmann: Studienbuch Linguistik. Ergänzt um ein Kapitel »Phonetik und Phonologie« von Urs Willi. 4., unveränderte Auflage. Tübingen: Niemeyer 2001 (Germanistische Linguistik; 121).

Lotman, Jurij M.: Die Struktur literarischer Texte. Übersetzt von Rolf-Dietrich Keil. 4., unveränderte Auflage. München: Wilhelm Fink 1993 (UTB; 103)

Lotman, Jurji M.: Die Struktur des künstlerischen Textes. Herausgegeben mit einem Nachwort und einem Register von Rainer Grübel. Vollständige, autorisierte, um ein neues Vorwort des Autors vermehrte Übersetzung aus dem Russischen von Rainer Grübel, Walter Kroll und Hans-Eberhard Seidel. Frankfurt am Main: Suhrkamp 1973 (Edition Suhrkamp; 582).

Marcel, Luc-André: Johann Sebastian Bach. Mit Selbstzeugnissen und Bilddokumenten. Aus dem Französischen von Clarita Waege und Hortensia Weiher-Waege. 128.-131. Tausend. Reinbek bei Hamburg: Rowohlt Taschenbuch 1988 (rororo bildmonographien).

Mezger, Werner: Schlager. Versuch einer Gesamtdarstellung unter besonderer Berücksichtigung des Musikmarktes der Bundesrepublik Deutschland. Tübingen: Tübinger Vereinigung für Volkskunde 1975 (Untersuchungen des Ludwig-Uhland-Instituts der Universität Tübingen; Band 39).

Montagna, Paolo: Monza. Una Grande Storia – A Glorious History. Mailand: Girogio Nada 2005.

Mozart, Wolfgang Amadeus: Die Entführung aus dem Serail. Stuttgart: Philipp Reclam jun. 2005 (Reclams Universal-Bibliothek; 18400).

Müller, Wilhelm: Die Winterreise und andere Gedichte. Herausgegeben von Hans-Rüdiger Schwab. Frankfurt am Main: Insel 1986 (insel taschenbuch 901).

Neuhaus, Stefan: Grundriss der Literaturwissenschaft. 2. Auflage. Tübingen und Basel: A. Francke 2005 (UTB; 2477).

Nietzsche, Friedrich: Also sprach Zarathustra. I-IV. 11. Auflage. Kritische Studienausgabe. Herausgegeben von Giorgio Colli und Mazzino Montinari. München: Deutscher Taschenbuch Verlag 2007 (Friedrich Nietzsche: Sämtliche Werke, Kritische Studienausgabe in 15 Bänden, KSA 4).

Nusser, Peter: Der Kriminalroman. 3., aktualisierte und erweiterte Auflage. Stuttgart, Weimar: J. B. Metzler 2003 (Sammlung Metzler, Band 191).

Ohler, Norbert: Sterben und Tod im Mittelalter. München, Zürich: Artemis 1990.

Pflanzer, Barbara: Der österreichische ‚Anti-Krimi' in Literatur und Film. Phil. Dipl., Innsbruck 2010.

Plett, Heinrich F.: Intertextuality. Berlin, New York: de Gruyter 1991 (Untersuchungen zur Texttheorie, Vol. 15).

Ranke-Graves, Robert von: Griechische Mythologie. Quellen und Deutung. 13.-18. Tausend. Reinbek bei Hamburg: Rowohlt 1986 (rowohlts enzyklopädie 404).

Rathkolb, Oliver: Die paradoxe Republik. Österreich bis 1945 bis 2005. Wien: Paul Zsolnay 2005.

Rilke, Rainer Maria: Das Buch der Bilder. Zweite sehr vermehrte Ausgabe. Berlin / Leipzig, Stuttgart: Axel Junker 1906.

Rilke, Rainer Maria: Die Gedichte. Frankfurt am Main, Leipzig: Insel 2006.

Rudersdorf, Manfred [Hrsg.]: Johann Christoph Gottsched in seiner Zeit. Neue Beiträge zu Leben, Werk und Wirkung. Walter de Gruyter 2007.

Safranski, Rüdiger: Nietzsche. Biographie seines Denkens. 4. Auflage. Frankfurt: Fischer Taschenbuch 2002.

Salomon, Gerhard: Zahlen der Bibel. 2. Auflage. Lahr-Dinglingen: Verlag der St.-Johannis-Druckerei C. Schweickhardt 1989.

Saussure, Ferdinand de: Cours de linguistique générale. Grundfragen der allgemeinen Sprachwissenschaft. Herausgegeben von Charles Bally und Albert Sechehaye. Unter Mitwirkung von Albert Riedlinger. Übersetzt von Herman Lommel. 3., um ein Nachwort von Peter Ernst erweiterte Auflage. Berlin: Walter de Gruyter 2001.

Schedel, Susanne: »Wer weiß, wie es vor Zeiten wirklich gewesen ist?« Textbeziehungen als Mittel der Geschichtsdarstellung bei W.G. Seebald. Würzburg: Königshausen & Neumann 2004 (Film – Medium – Diskurs, herausgegeben von Oliver Jahraus und Stefan Neuhaus, Band 3).

Schneider, Robert: Schlafes Bruder. Lizenzausgabe für die Büchergilde Gutenberg. Leipzig: Reclam 1992.

Seiler, Sascha: »Das einfache wahre Abschreiben der Welt«. Popdiskurse in der deutschen Literatur nach 1960. Göttingen: Vandenhoeck & Ruprecht 2006 (Palaestra; Untersuchungen aus der deutschen und skandinavischen Philologie; Band 324).

Shakespeare, William: Othello. Bern, München: Francke 1977 (Englisch-deutsche Studienausgabe der Dramen Shakespeares).

Süskind, Patrick: Das Parfum. Die Geschichte eines Mörders. Zürich: Diogenes Taschenbuch 1994.

Tauernkraftwerke AG [Hrsg.]: Werksgruppe Glockner-Kaprun Salzburg. 18. Auflage. Zell am See: Selbstverlag 1977.

Trakl, Georg: Gedichte. Auswahl und Nachwort von Marie Luise Kaschnitz. Frankfurt am Main: Suhrkamp 1974 (Bibliothek Suhrkamp; 420).

Trakl, Georg: In den Nachmittag geflüstert. Gedichte 1909-1914. Wiesbaden: marix 2009.

Valentin, Karl: Die alten Rittersleut. Szenen und Couplets. Originalausgabe. Herausgegeben mit einem Nachwort von Helmut Bachmaier. München: Piper 1995 (Serie Piper, Band 2027).

Welsch, Wolfgang: Postmoderne – Pluralität als ethischer und politischer Weg. Köln: Wirtschaftsverlag Bachem 1988a (Kleine Reihe; Walter-Raymond-Stiftung; H. 45).

Welsch, Wolfgang: Unsere postmoderne Moderne. 7. Auflage. Berlin: Akademie 2008 (Acta humaniora; Schriften zur Kunstgeschichte und Philosophie).

Welsch, Wolfgang [Hrsg.]: Wege aus der Moderne. Schlüsseltexte der Postmoderne-Diskussion. Weinheim: VCH, Acta Humaniora 1988b.

Zima, Peter V.: Moderne – Postmoderne: Gesellschaft, Philosophie, Literatur. 2., überarbeitete Auflage. Tübingen, Basel: Francke 2001 (UTB; 1967).

Zimmermann, Bernhard: Die griechische Tragödie. Eine Einführung. Zweite, durchgesehene und erweiterte Auflage. Düsseldorf und Zürich: Artemis & Winkler 1992.

Aufsätze, Beiträge in Sammelbänden

Baasner, Rainer: New Historicism; in: Baasner, Rainer / Maria Zens: Methoden und Modelle der Literaturwissenschaft. Eine Einführung. 2., überarbeitete und erweiterte Auflage. Berlin: Erich Schmidt 2001, S. 239-242.

Baasner, Rainer: Strukturalistische Ansätze; in: Baasner, Rainer / Maria Zens: Methoden und Modelle der Literaturwissenschaft. Eine Einführung. 2., überarbeitete und erweiterte Auflage. Berlin: Erich Schmidt 2001, S. 115-136.

Bachtin, Michail M.: Das Problem des Textes; in: Kammer, Stephan / Roger Lüdeke [Hrsg.]: Texte zur Theorie des Textes. Stuttgart: Philipp Reclam jun. 2005 (Reclams Universal-Bibliothek; 17652), S. 172-183.

Baßler, Moritz: die rettung des bürgerlichen wissens in seiner unterbietung; in: edition schreibkraft [Hrsg.]: brennermania. Ausgabe 09/2003. Graz 2003, S. 26-35.

Borchmeyer, Dieter: Postmoderne; in: Borchmeyer, Dieter / Viktor Žmegač [Hrsg.]: Moderne Literatur in Grundbegriffen. 2., neu bearbeitete Auflage. Tübingen: Niemeyer 1994.

Broich, Ulrich: Detektivliteratur; in: Borchmeyer, Dieter / Viktor Žmegač [Hrsg.]: Moderne Literatur in Grundbegriffen. 2., neu bearbeitete Auflage. Tübingen: Niemeyer 1994.

Broich, Ulrich: Formen der Markierung von Intertextualität; in: Broch, Ulrich / Manfred Pfister [Hrsg.]: Intertextualität. Formen, Funktionen, anglistische Fallstudien. Unter Mitarbeit von Bernd Schulte-Middelich. Tübingen: Niemeyer 1985 (Konzepte der Sprach- und Literaturwissenschaft; 35), S. 31-47.

Broich, Ulrich: Zur Einzeltextreferenz; in: Broch, Ulrich / Manfred Pfister [Hrsg.]: Intertextualität. Formen, Funktionen, anglistische Fallstudien. Unter Mitarbeit von Bernd Schulte-Middelich. Tübingen: Niemeyer 1985 (Konzepte der Sprach- und Literaturwissenschaft; 35), S. 48-52.

Broughton, Simon: Gypsy Music: kings and queens of the road; in: Broughton, Simon / Mark Ellingham / Richard Trillo [Hrsg.]: World Music. Volume 1: Africa, Europe and the Middle East. Zweite Auflage. London: The Rough Guides 2000 (The Rough Guide), S. 146-158.

Dopsch, Heinz: Mythos Kaprun. Hochalpiner Kraftwerksbau in Krieg und Frieden; in: Gemeinde Kaprun [Hrsg.]: Festschrift zum 1075. Jahrestag der ersten urkundlichen Erwähnung von Kaprun am 9. Februar 931. Kaprun: Selbstverlag 2006. S. 16-17.

Eco, Umberto: Postmodernismus, Ironie und Vergnügen; in: Welsch, Wolfgang [Hrsg.]: Wege aus der Moderne. Schlüsseltexte der Postmoderne-Diskussion. Weinheim: VCH, Acta Humaniora 1988b, S. 75-78.

Feurstein, Christoph: Ein Rebell vor dem Herrn – Pater Udo Fischer und die Affäre Groër; in: Feuerstein, Christoph: [ein]geprägt. Täter, Opfer, Menschen. 10 Porträts. Wien: Ueberreuter 2008, S. 69-94.

Fiedler, Leslie A.: Überquert die Grenze, schließt den Graben! Über die Postmoderne; in: Welsch, Wolfgang [Hrsg.]: Wege aus der Moderne. Schlüsseltexte der Postmoderne-Diskussion. Weinheim: VCH, Acta Humaniora 1988b.

Geertz, Clifford: Dichte Beschreibung. Bemerkungen zu einer deutenden Theorie von Kultur; in: Kammer, Stephan / Roger Lüdeke [Hrsg.]: Texte zur Theorie des Textes. Stuttgart: Philipp Reclam jun. 2005 (Reclams Universal-Bibliothek; 17652), S. 274-292.

Hassan, Ihab: Postmoderne heute; in: Welsch, Wolfgang [Hrsg.]: Wege aus der Moderne. Schlüsseltexte der Postmoderne-Diskussion. Weinheim: VCH, Acta Humaniora 1988b.

Karrer, Wolfgang: Intertextualität als Elementen und Struktur-Reproduktion; in: Broch, Ulrich / Manfred Pfister [Hrsg.]: Intertextualität. Formen, Funktionen, anglistische Fallstudien. Unter Mitarbeit von Bernd Schulte-Middelich. Tübingen: Niemeyer 1985 (Konzepte der Sprach- und Literaturwissenschaft; 35), S. 98-116.

Lotman, Jurij M.: Der Begriff Text; in: Kammer, Stephan / Roger Lüdeke [Hrsg.]: Texte zur Theorie des Textes. Stuttgart: Philipp Reclam jun. 2005 (Reclams Universal-Bibliothek; 17652), S. 26-36.

Martens, Gunter: Was ist ein Text? Ansätze zur Bestimmung eines Leitbegriffs der Textphilologie; in: Kammer, Stephan / Roger Lüdeke [Hrsg.]: Texte zur Theorie des Textes. Stuttgart: Philipp Reclam jun. 2005 (Reclams Universal-Bibliothek; 17652), S. 94-113.

Montrose, Louis A.: Die Renaissance behaupten. Poetik und Politik der Kultur; in: Kammer, Stephan / Roger Lüdeke [Hrsg.]: Texte zur Theorie des Textes. Stuttgart: Philipp Reclam jun. 2005 (Reclams Universal-Bibliothek; 17652), S. 296-314.

Neuhaus, Stefan: Das Subversive des Spiels. Überlegungen zur Literatur der Postmoderne; in: Anz, Thomas / Heinrich Kaulen [Hrsg.]: Literatur als Spiel. Evolutionsbiologische, ästhetische und pädagogische Konzepte. Berlin: de Gruyter 2009 (spectrum Literaturwissenschaft; Komparatistische Studien; 22), S. 371-390.

Otto, Rüdiger: Ein Leipziger Dichterstreit: Die Auseinandersetzung Gottscheds mit Christian Friedrich Henrici; in: Rudersdorf, Manfred [Hrsg.]: Johann Christoph Gottsched in seiner Zeit. Neue Beiträge zu Leben, Werk und Wirkung. Walter de Gruyter 2007, S. 92-154.

Plumpe, Gerhard: Gedächtnis und Erzählung. Zur Ästhetisierung des Erinnerns im Zeitalter der Information; in: Eversberg, Gerd / Karl-Ernst Laage [Hrsg.]: Theodor Storm und die Medien. Zur Mediengeschichte eines poetischen Realisten. Berlin: Erich Schmidt 1999 (Husumer Beiträge zur Storm-Forschung; Bd. 1), Seite 67-79.

Pfister, Manfred: Konzepte der Intertextualität; in: Broch, Ulrich / Manfred Pfister [Hrsg.]: Intertextualität. Formen, Funktionen, anglistische Fallstudien. Unter Mitarbeit von Bernd Schulte-Middelich. Tübingen: Niemeyer 1985 (Konzepte der Sprach- und Literaturwissenschaft; 35), S. 1-30.

Pfister, Manfred: Zur Systemreferenz; in: Broch, Ulrich / Manfred Pfister [Hrsg.]: Intertextualität. Formen, Funktionen, anglistische Fallstudien. Unter Mitarbeit von Bernd Schulte-Middelich. Tübingen: Niemeyer 1985 (Konzepte der Sprach- und Literaturwissenschaft; 35), S. 52-58.

Suerbaum, Ulrich: Intertextualität und Gattung; in: Broch, Ulrich / Manfred Pfister [Hrsg.]: Intertextualität. Formen, Funktionen, anglistische Fallstudien. Unter Mitarbeit von Bernd Schulte-Middelich. Tübingen: Niemeyer 1985 (Konzepte der Sprach- und Literaturwissenschaft; 35), S. 58-77.

Zander, Horst: Intertextualität und Medienwechsel; in: Broch, Ulrich / Manfred Pfister [Hrsg.]: Intertextualität. Formen, Funktionen, anglistische Fallstudien. Unter Mitarbeit von Bernd Schulte-Middelich. Tübingen: Niemeyer 1985 (Konzepte der Sprach- und Literaturwissenschaft; 35), S. 178-196.

Zima, Peter: Zitat – Intertextualität – Subjektivität. Zum Funktionswandel des literarischen Zitats zwischen Moderne und Postmoderne; in: Beekman, Klaus / Ralf Grüttemeier [Hrsg.]: Instrument Zitat. Über den literarhistorischen und institutionellen Nutzen von Zitaten und Zitieren. Amsterdam, Atlanta: Editions Rodopi B. V. 2000 (Avant Garde Critical Studies; 13), S. 297-326.

Wörterbücher, Lexika

Lück, Heiner: Gerichtsstätten. In: Lück, Heiner / Albrecht Cordes / Christa Bertelsmeier-Kierst: Handwörterbuch zur deutschen Rechtsgeschichte. 2., völlig überarbeitete und erweiterte Auflage. Berlin: Erich Schmidt 2004, 9. Lfg., Sp. 174.

Horstmann, Susanne: Text; in: Müller, Jan-Dirk gemeinsam mit Georg Braungart, Harald Fricke, Klaus Grubmüller, Friedrich Vollhardt und Klaus Weimar: Reallexikon der deutschen Literaturwissenschaft. Neubearbeitung des Reallexikons der deutschen Literaturgeschichte. Band III. P-Z. Berlin: Walter de Gruyter 2003, S. 594-597.

Kluge, Friedrich: Etymologisches Wörterbuch der deutschen Sprache. Bearbeitet von Elmar Seebold. 24., durchgesehene und erweiterte Auflage. Berlin: Walter de Gruyter 2002, S. 914.

Lokotsch, Karl: Etymologisches Wörterbuch der amerikanischen (indianischen) Wörter im Deutschen. Mit steter Berücksichtigung der englischen, spanischen und französischen Formen. Heidelberg: Carl Winters Universitätsbuchhandlung 1926 (Germanische Bibliothek begründet von Wilhelm Streitberg, I. Sammlung germanischer Elementar- und Handbücher, IV. Reihe Wörterbücher, Sechster Band), S. 46.

Zeitungsartikel

APA-Meldung: Kaprun – Symbol für den Wiederaufbau Österreichs. 12.08.1955; auf: http://www.historisch.apa.at/cms/apa-historisch/dossier.html?dossierID=AHD_19550301_AHD0001, abgerufen am 16.03.2007 um 10.00 Uhr.

Banse, D. / L. Wiegelmann: Uwe Barschel, der Tote in Zimmer 317; in: Welt online, 21.11.2010; auf: http://www.welt.de/politik/deutschland/article11104929/Uwe-Barschel-der-Tote-in-Zimmer-317.html, abgerufen am 24.05.2011 um 10.45 Uhr.

Bobi, Emil: Missbrauch – Generalvikar Helmut Schüller kritisiert Kardinal Schönborn; auf: http://www.profil.at/articles/1103/560/286985/missbrauch-generalvikar-helmut-schueller-kardinal-schoenborn, abgerufen am 28.04.2011 um 12.40 Uhr.

Buhre, Jakob im Interview mit Wolf Haas: Wenn jemand besonders glänzend auftritt, versuche ich das Lächerliche daran zu sehen; in: Planet Interview, 13.02.2005; auf: http://www.planet-interview.de/wolf-haas-13022005.html, abgerufen am 06.03.2007 um 11.40 Uhr.

Der Spiegel: Aufbruch. Kirche / Johannes XXIII. Ausgabe 24, 12.06.1963, S. 66-76.

Der Spiegel: Vater und Söhne. Vatikan / Papst-Nachfolge. Ausgabe 52, 26.12.1962, S. 41-43.

Der Spiegel: Scharfe Kurve. Kirche / Konzil. Ausgabe 51, 19.12.1962, S. 40-43.

F.A.Z.-Buchrezension: Das Churchill-Prinzip. Wie ein Alphatier funktioniert; in: Frankfurter Allgemeine Zeitung, 29.08.2007, Nr. 200, S. 34.

Flieher, Bernhard im Interview mit Wolf Haas: „Dann erschieße ich die Sprache“; in: Salzburger Nachrichten, Ausgabe 197, 27.08.2009, S. 9.

Focus online: Schimanski, Dallas. Mauerfall; auf: http://www.focus.de/politik-/deutschland/60-jahre-bundesrepublik/80er-jahre-schimanski-dallas-mauerfall_aid_-378850.html, abgerufen am 14.05.2011 um 10.10 Uhr.

Freund, René: Der Wolf im Haaspelz; in: Wiener Zeitung, Ausgabe 245, 22.12.2000, S. 10.

Graber, Renate: RLB Tirol: Ein Sittenbild aus dem heiligen Land; in: Der Standard, 11.05.2004, online seit 19.05.2004; auf: http://der standard.at/1660648, abgerufen am 29.05.2011 um 19.50 Uhr.

Haas, Franz: Aufklärung in Österreich. Wolf Haas und seine erhellenden Kriminalromane; in: Neue Zürcher Zeitung, Ausgabe 7, 10.01.2004, S. 45.

Kämmerlings, Richard: Hat der Autor ein Motiv?; auf: http://www.faz.net/00m6ov, abgerufen am 12.05.2011 um 14.50 Uhr.

Knust, Christine: Friede den Hütten! Krieg den Palästen!; in: GEO Epoche, Nr. 37, Juni 2009; auf: http://www.geo.de/GEO/kultur/geschichte/60972.html, abgerufen am 28.05.2011 um 23.00 Uhr.

Kriener, Manfred: Ein GAU pro Jahr schadet nicht; in: Die Zeit, Nr. 16, 14.04.2011; auf: http://www.zeit.de/2011/16/Strahlung?page=all, abgerufen am 15.05.2011 um 15.00 Uhr.

Kromp, Renate im Interview mit Wolf Haas: Brenners Wiederkehr; in: News, Ausgabe 35/09, 26.08.2009, S. 72-74.

Kronsbein, Joachim: Requiem für einen Tollpatsch; in: Der Spiegel, Ausgabe 11, 10.03.2003, S. 192-193.

Kutschera, Lothar: Der fliegende Finne; in: Motorrad, 03.06.1998; auf: http://www.motorradonline.de/de/motorraeder/archiv/25tode stag-von-jarno-saarinen/180495, abgerufen am 06.06.2011 um 10.00 Uhr.

Moritz, Rainer: Was tun mit dem Entjungferungskomplex?, 09.2006; auf: http://www.kultiversum.de/Literatur-Literaturen/Roman-Wolf-Haas-Das-Wetter-vor-15-Jahren.html, abgerufen am 12.05.2011 um 15.00 Uhr.

News-Review: Dagmar Koller – 70. Geburtstag; auf: http://www.news.at/nw1/gen/slideshows/slide/show;leute/frauen_neu/k/koller_dagmar/;kid;40;pos;-27?flags=nopop;1, abgerufen am 08.06.2011 um 15.15 Uhr.

Nüchtern, Klaus: Wie es würklich war; in: Falter, Ausgabe 36, 06.09.2006; auf: http://www.falter.at/web/print/detail.php?id=341, abgerufen am 12.05.2011 um 13:20 Uhr.

ORF-News, auf: http://www.orf.at/040712-76240/76234txt_story.html, abgerufen am 13.03.2007 um 17.00 Uhr.

ORF Wien: „Koller: ‚Die Kunst eine Frau zu sein'", auf: http://wien.orf.at/magazin-/magazin/trends/stories/485873/, abgerufen am 08.06.2011 um 15.20 Uhr.

ORF Wien zu „Wiener Wahl 05", 23.10.2005; auf: http://wien.orf.at/stories/65731/, abgerufen am 07.06.2011 um 22.30 Uhr.

Paterno, Wolfgang: Rezension ‚Autofahrer unterwegs'; in: Falter, Ausgabe 37, 10.09.2003, S. 71.

Reichensperger, Richard: Der abschweifende Kinderblick im Krimi. Wolf-Haas-Tage beim „steirischen herbst"; in: Der Standard, Ausgabe 4501, 21.10.2003, S. 26.

RLB-Tirol: Presseinformation der Raiffeisen-Landesbank Tirol AG: Fritz Hakl – 60 Jahre. 16.01.2003; auf: www.rlb.info/d/pic/upload/presse/1120_GD-Pressetext_60rtf.rtf, abgerufen am 30.05.2011 um 00.20 Uhr.

RP Online: Stabhochspringer holte sechs WM-Titel in Folge. Bubka will Karriere in Sydney beenden; in: RPO Archiv, 01.08.2000; auf: http://www.rp-online.de/sport/Bubka-will-Karriere-in-Sydney-beenden_aid_294367.html, abgerufen am 08.06.2011 um 22.30 Uhr.

Schachinger, Christian im Interview mit Wolf Haas: „Den habe ich mir eingetreten", derStandard.at, 26.08.2009: auf: http://derstandard.at/1250691296113/STANDARD-Interview-Den-habe-ich-mir-eingetreten, abgerufen am 12.11.2010 um 12.15 Uhr.

Siegert, Michael: US-Priester: 5% Kinderschänder?; in: profil, Ausgabe 13, 26. Jg., 27.03.1995, S. 72-73.

Strigl, Daniela: Eine Suada, die die Welt verändert; in: F.A.Z., 25.09.2009; auf: http://www.faz.net/artikel/C30347/wolf-haas-der-bren ner-und-der-liebe-gott-eine-suada-die-die-welt-veraendert-3007 1202.html, abgerufen am 04.01.2011 um 16.20 Uhr.

The New York Times, 09.04.1994; auf: http://www.nytimes.com/1994/04/09/-obituaries/lee-brilleaux-41-british-blues-singer.html, abgerufen am 23.05.2011 um 11.50 Uhr.

Time Magazine: Medicine: Poison Paintbrush, 04.06.1928; auf: http://www.time.com/time/magazine/article/0,9171,731868,00.html, abgerufen am 15.05.2011 um 15.15 Uhr.

Time Magazine: Medicine: Radium Women. 11.08.1930; auf: http://www.time.com/time/magazine/article/0,9171,740056,00.html, abgerufen am 15.05.2011 um 15.30 Uhr.

Votzi, Josef: Bekenntnisse des Josef H.; in: profil, Ausgabe 13, 26. Jg., 27.03.1995, S. 64-70.

Votzi, Josef im Interview mit Josef Hartmann; in: profil, Ausgabe 13, 26. Jg., 27.03.1995, S. 72-73.

Votzi, Josef im Vorwort; in: profil, Ausgabe 13, 26. Jg., 27.03.1995, S. 64-70.

Znaymer, E.: Das Denken ist ein Unfall; in: Datum; auf: http://www.datum.at/0505-/stories/782980/, abgerufen am 06.06.2011 um 14.05 Uhr.

Sonstige Internetquellen

Alterwegmair, Katrin: Popular Education, Solidarity-based Economy and Urban Development; auf: http://www.paulofreirezentrum.at/index.php?art_id=849, abgerufen am 27.05.2011 um 14.00 Uhr

Assel, Jutta / Georg Jäger: Wilhelm Müller-Motive auf Postkarten. Eine Dokumentation; auf: http://www.goethezeitportal.de/index.php?id=2887#Postkarten, abgerufen am 31.05.2011 um 11.05 Uhr.

Belwe, Andreas Dr.: Nietzsche, die Peitsche und das Weib – Ein philosophisches Missverständnis. Philosophie-Blog des P. M. Magazins vom 01.12.2010; auf: http://blogs.pm-magazin.de/Philosophie-Blog/stories/2085/, abgerufen am 24.05.2011 um 16.00 Uhr.

Bílá, Věra: Offizielle Website; auf: http://www.verabila.com/index.php?pid=1, abgerufen am 14.03.2007 um 14.30 Uhr.

Bundesgesetz, mit dem das Tabakmonopol neu geregelt wird, und mit dem das Kriegsopferversorgungsgesetz 1957, das Opferfürsorgegesetz und das Heeresversorgungsgesetz geändert werden (Tabakmonopolgesetz 1996 – TabMG 1996), § 29, Vorzugsrechte; auf: http://www.ris.bka.gv.at/GeltendeFassung.wxe?Abfrage=Bundesnormen&Gesetzesnummer=10005006, abgerufen am 08.06.2011 um 16.10 Uhr.

Bundesgesetz über das Urheberrecht an Werken der Literatur und der Kunst und über verwandte Schutzrechte (Urheberrechtsgesetz), VIII. Abschnitt, § 60 (1); auf: http://www.ris.bka.gv.at/GeltendeFassung.wxe?Abfrage=Bundesnormen&Gesetzesnummer=10001848, abgerufen am 27.04.2011 um 10.30 Uhr.

Burdon, Eric & The Animals: The Very Best of Eric Burdon and the Animals. Audio-CD; auf: http://www.amazon.de/Very-Best-Eric-Burdon-Animals/dp/B000006SGY/ref=sr_1_1?ie=UTF8&s=music&qid=1306684527&sr=8-1, abgerufen am 29.05.2011 um 17.55 Uhr.

Dr. Feelgood: Fast Women Slow Horses. Audio-CD; auf: http://www.amazon.de/Fast-Women-Slow-Horses-Dr-Feelgood/dp/B00000IMIV/ref=sr_1_2?ie=UTF8&qid-=1306271066&sr=8-2, abgerufen am 12.03.2007 um 12.30 Uhr.

Eröffnung der Limbergsperre durch Bundespräsident Körner, September 1951. Film des Österreichischen Produktivitätszentrms (ÖPZ). Um 1952. (ausschnitt). Österreichische Mediathek, P-00421-DB-3, http://www.mediathek.at/staatsvertrag/Wiederaufbau/Weg_zum_quotWirtschaftswunderquot/kaprun.htm, abgerufen am 16.03.2007 um 10.30 Uhr.

Escher, Maurits Cornelis: Offizielle Website; auf: http://www.mcescher.com/, abgerufen am 15.05.2011 um 13.20 Uhr

Hoffmann, Robert: Die Entstehung einer Legende. Alexander von Humboldts angeblicher Ausspruch über Salzburg. In: Humboldt im Netz – Eine Online-Informationsplattform zu Humbold-Aktivitäten der Universität Potsdam, HiN VII, 12 (2006); auf: http://www.salzburg.com/wiki/images/c/c9/Humboldt_Legende.pdf, abgerufen am 02.06.2011.

Jürgens, Udo: Offizielle Website; auf: http://www.udojuergens.at/start6.htm, abgerufen am 21.04.2011 um 14.30 Uhr.

Katholische Bibelanstalt Stuttgart: Einheitsübersetzung der Heiligen Schrift. 1980; auf: http://www.bibleserver.com, abgerufen am 16.05.2011 um 17.00 Uhr.

Katholische Bibelanstalt Stuttgart: Bibel nach der Übersetzung Martin Luther in der revidierten Fassung von 1984, abgerufen am 16.05.2011 um 17.00 Uhr.

Monopolverwaltungs GmbH: Geschichte der Monopolverwaltung; auf: http://www.mvg.at/index.php?cid=73, abgerufen am 08.06.2011 um 16.15 Uhr.

Moustaki, George: Offizielle Website; auf: http://www.creatweb.com/moustaki-/Aindex.htm, abgerufen am 13.03.2007 um 14.30 Uhr.

Pfarre Feldbach: Offiz8ielle Website; auf: http://feldbach.graz-seckau.at/?d=der-turm, abgerufen am 18.05.2011 um 14.30 Uhr.

The Internet Movie Database (IMDb): Tarzan, der Affenmensch (1932); auf: http://www.imdb.com/title/tt0023551/, abgerufen am 18.05.2011 um 16.55 Uhr.

Verbund: Firmenwebsite; auf http://www.verbund.at/cps/rde/xchg/internet/hs.xsl-/354_2727.htm, abgerufen am 14.4.2007 um 10.20 Uhr.

Wikipedia: Aktenzeichen XY ungelöst…; auf: http://de.wikipedia.org/wiki/Aktenzeichen_xy, abgerufen am 17.05.2011 um 09.45 Uhr.

Wikipedia: Nobody knows the Trouble I've seen; auf: http://de.wikipedia.org/wiki/Nobody_Knows_the_Trouble_I%E2%80%99ve_Seen, abgerufen am 14.05.2011 um 21.25 Uhr.

Wikipedia: Undark-Werbeplakat; auf: http://en.wikipedia.org/wiki/Undark, abgerufen am 15.05.2011 um 15.05 Uhr.

Wikipedia: United States Radium Corporation; auf: http://en.wikipedia.org/wiki/United_States_Radium_Corporation, abgerufen am 15.05.2011 um 15.30 Uhr.

http://www.biologie.de/biowiki/Kraftwerk_Kaprun, abgerufen am 13.03.2007 um 10.00 Uhr.

http://www.deutsches-museum.de/en/exhibitions/verkehr/wasserbau/wasserkraft/, abgerufen am 16.03.2007 um 09.30 Uhr.

http://www.glaubeaktuell.net/portal/denkanstoss/index.php?IDD=1034318516, abgerufen am 12.05.2011 um 13.45 Uhr.

http://www.kulturvereinigung.com/de/georg-trakl/gedichttafeln.html, abgerufen am 21.04.2011 um 13.30 Uhr.

http://libraries.umdnj.edu/History_of_Medicine/USRadiumCorp.html, abgerufen am 15.05.2011 um 15.35 Uhr.

http://music.aol.com/song/georges-moustaki/rien-n-a-changa/2275830, abgerufen am 14.05.2011 um 13.15 Uhr.

http://www.paroles.net, abgerufen am 15.03.2007 um 16.20 Uhr.

Zeitfracht Medien GmbH
Ferdinand-Jühlke-Straße 7
99095 Erfurt, Deutschland
produktsicherheit@kolibri360.de